览十载春华秋实
谱职教改革新篇

洛科这十年高质量发展记

刘丽彬 董延寿 著

西南大学出版社
国家一级出版社 全国百佳图书出版单位

图书在版编目(CIP)数据

览十载春华秋实　谱职教改革新篇：洛科这十年高质量发展记/刘丽彬,董延寿著. -- 重庆：西南大学出版社,2024.3

ISBN 978-7-5697-2336-6

Ⅰ.①览… Ⅱ.①刘… ②董… Ⅲ.①高等职业教育-教育改革-研究-洛阳 Ⅳ.①G719.21

中国国家版本馆CIP数据核字(2024)第067036号

览十载春华秋实　谱职教改革新篇
——洛科这十年高质量发展记

LAN SHIZAI CHUNHUA QIUSHI PU ZHIJIAO GAIGE XINPIAN
——LUOKE ZHE SHINIAN GAO ZHILIANG FAZHAN JI

刘丽彬　董延寿　著

责任编辑	尹清强
责任校对	李　勇
装帧设计	艺点设计
排　　版	陈智慧
出版发行	西南大学出版社
地　　址	重庆市北碚区天生路2号
邮　　编	400715
印　　刷	重庆正文印务有限公司
幅面尺寸	170 mm×240 mm
印　　张	19
字　　数	256千字
版　　次	2024年3月第1版
印　　次	2024年3月第1次印刷
书　　号	ISBN 978-7-5697-2336-6
定　　价	86.00元

校长刘丽彬在"洛科这十年高质量发展大会"上的讲话

览十载春华秋实,谱职教改革新篇
——洛科这十年高质量发展报告
(代序)

弦歌不辍,薪火相传。2023年,洛阳科技职业学院(简称"洛科")迎来了建校35周年,也是学校高职办学10周年,更是学校高质量持续发展的关键之年。在这金秋送爽、丹桂飘香的十月,为回顾发展历程,总结办学经验,展示办学成就,凝聚师生力量,展望未来发展,我们以洛科这十年高质量发展为主体内容,撰写出版了《览十载春华秋实 谱职教改革新篇——洛科这十年高质量发展记》《河洛文化传承与大学校园文化建设——洛科文化体系释义》《中国特色职教书院实践与探索》三本学术著作,以此见证这一重要的发展历史,答谢长期以来社会各界对洛科发展的热切关注与大力支持。

一、过去十年发展回顾

十八大以来,习近平总书记对职业教育工作多次作出重要指示,强调:"在全面建设社会主义现代化国家新征程中,职业教育前途广阔、大有可为","加快构建现代职业教育体系,培养更多高素质技术技能人才、能工巧匠、大国工匠"。学校顺应时代发展要求,顺应国家发展战略,顺应职业教育改革,迎来了高质量发展的新时期。高职办学十年来学校荣获"职业教育院校卓越奖""中国特色知名院校""河南省语言文字规范化示范校""河南省深化创新创业教育示范校""河南省优质特色学校""中原十大品牌影响力典范院校""河南省最受高中生关注高职院校"等荣誉,并且连续三年荣获全国高职院校百强校称号,得到了各级领导和社会各界的高度认可。全国政协副主席朱永新,河南省委常委、洛阳市委书记江凌等国家、省市领导先后到校调研指导。

(一)这十年,我们高举旗帜凝心聚力,党建工作成绩斐然

学校深入学习贯彻落实习近平新时代中国特色社会主义思想和党的十八大、十九大、二十大精神,坚持社会主义办学方向,深入落实全国全省职业教育大会精神,紧紧围绕新时代党建"5+2"总体布局,矢志教育初心,不断加强党建机制建设,配优党建思政队伍,创新党建育人模式,注重党建社会服务,坚守为党育人、为国育才使命,以高质量党建引领学校事业高质量发展。

学校抓党建促发展得到了上级党组织和教育主管部门的充分肯定,学校党建思政工作荣获"河南省先进基层党组织""河南省样板党支部"等省级及以上荣誉200余项,学校党建工作经验做法得到了学习强国、河南省教育厅、河南日报等平台的高度关注和深度报道。

(二)这十年,我们青年友好文化育人,环境氛围迅速提升

"文化是一个国家、一个民族的灵魂。文化兴国运兴,文化强民族强。"立足高质量发展新时代,学校积极推进大学文化建设,用文化引领学校高质量发展。学校坚持"以父母之心育人,帮助学生成就梦想"的办学宗旨,践行"理实一体、知行合一"校训,树立"认同、尊重、激活"育人新理念,致力于建设青年友好型职业大学,深入推进"学院书院、双院育人""政校行企、协同育人",形成了"一体两翼"的洛科特色育人模式,围绕"建'双高',升本科,办高水平职业技术大学"战略目标,打造洛科的精神图腾洛科鼎及河图洛书、丝绸之路铜浮雕;发布

《洛科赋》《洛科鼎铭》、校歌《匠心追梦》;建设洛科大讲堂思政育人平台,打造焦桐大道、焦裕禄广场,以文育人,以文化人。9月3日我们成功举办河洛文化传承与大学校园文化建设研讨会,传播量超十亿。

(三)这十年,我们学院书院双院育人,育人模式锐意创新

学校持续深化人才培养模式变革,用高素质人才培养牵引高质量发展。全面贯彻落实教育部高校"一站式"学生社区综合管理模式建设推进会会议精神,对照《河南省高校"一站式"学生社区综合管理模式建设工作实施方案》要求,全面推进书院制改革。洛科书院由八大书院构成,坚持以思政教育为核心,以技术技能培养为导向,以人文素养培育为基础,以主题工坊为依托,以特色活动为载体,以书院文化浸润心灵,构建"三全育人"新模式。坚持全方位育人,党组织、团组织、学生自治委员会全部进入书院,各书院有独特的院训、院徽、院旗以及核心素养目标,学生社团组织、主题工坊特色鲜明,不同学科、不同年级、不同背景的学生在各个住宿书院里,文理渗透、专业互补、思想碰撞、个性彰显,使学生跨界思维、跨专业交流、人际协调等综合素质得到全方位提升。坚持全员育人,学院有行政班主任、任课教师、学业导师和就业导师,书院有党员导师、育人导师、生活导师和朋辈导师,学工体系全面融入书院,形成了五级网格化育人体系,让全员育人落到了实处。学校坚持全过程育人,全面推进基于成果导向的OBE[①]教育模式变革,建设了应用型人才培养目标体系;依托教学管理云平台,打造线上线下混合式教学新形态,将"三全育人"理念贯穿在整个教育教学过程,培养厚德博学、内心充盈、敏行善言的高素质技术技能人才。

(四)这十年,我们政校行企协同育人,人才培养初显成效

近年来,学校顺应发展潮流,主动融入区域产业发展和经济建

---

① Outcomes-Based Education,以成果为导向的教育或以产出为本的教育。

设,按照"地方离不开,行业都认可,国际可交流"的要求,积极推进"一群对接一产业,产业学院强融合"的产教融合创新模式。对标区域发展战略,依托专业群与行业企业合作建立了9个现代产业学院,4个产教融合研究院,与中信重工、京东方、一拖集团、中软国际、北京软通动力、南京第五十五所、江苏京东金科、洛阳科创、洛阳广电、洛阳国宏等128家国际国内知名企业建立了长期合作关系,建成了25个校内实训基地和159个校外实训基地。当选了全国现代服务业职业教育集团副理事长单位,全国机械行业现代机电技术职教集团副理事长单位,河南机电设备与自动化职业教育集团副理事长单位,新一代信息技术产教融合联盟副理事长单位,高校毕业生就业协会学前教育与托育服务工作委员会副理事长单位,UK NARIC①中方理事会成员单位,全球工匠联盟(亚太区)常务理事单位,形成了产教融合、校企合作、工学交替、学工一体的人才培养模式,增强学生就业竞争力,实现教学与就业的紧密对接,为社会输送了十余万名高职人才。

(五)这十年,我们专业建设适配需求,内涵建设成果凸显

专业建设是学校教育教学工作的龙头。在专业建设方面,学校坚持多元化育人体系建设,主动对接国家、省、市及县域产业、经济、社会发展大局,适配社会发展对高职教育的要求,专业结构瞄准产业结构,专业升级紧跟产业升级,不断改革创新,与时俱进。在专业设置上既有体现当代气息的跨境电商、空中乘务、城市轨道交通运营管理、动漫制作、大数据、云计算等专业,也有改造升级重新焕发青春的传统专业,如汽车维修专业更新为新能源汽车专业,机械加工专业升级为数控技术专业等。

学校积极推进专业内涵建设,成功申报了3个省级骨干专业群,9

---

① 英国国家学历学位评估认证中心。

个品牌专业,其中国家级1个,省级8个;成为教育部中德先进职业教育合作项目(SGAVE)首批试点院校;教学成果奖、精品课程建设成果奖不断涌现;《玉雕技艺传承与创新应用人才培养》入选国家艺术基金项目,电子商务专业教师队伍获评河南省教师教学创新团队。

(六)这十年,我们坚持高质量就业是立校之本,就业工作成果突出

学校坚持高质量就业是立校之本,不断改革教学关系,以学生为中心,深化校企合作,加强实习实训,积极构建特色产教融合育人模式,专业群对接支柱产业和新兴产业,通过产业学院加强人才培养供给侧与产业需求侧紧密互融互通,促进课程内容与技术发展对接、教学过程与生产过程对接,让学生在实际生产、操作中掌握专业知识、提升专业技能。

学校多年来毕业生就业去向落实率均超过97%,连续多年毕业生就业率处于全省前列,并连续多次荣获河南省、洛阳市就业先进单位。多行业多领域均有洛科优秀学子的身影,如在经济发达、创新活跃的京津冀、长三角、珠三角地区,在吉利汽车、北京京东、比亚迪股份等世界500强,在迈为科技、隆基绿能、中信重工、北方玻璃等上市企业公司,在能源电力生产供应、智能制造设备等基础产业,在高端制造业、软件与信息服务业、建筑业、科学研究和技术服务业、金融业,等等。

(七)这十年,我们强化双师双能,师资质量快速提升

学校高度重视教职工队伍建设,坚持德才兼备、以德为先原则,顺应新时代职业教育改革新要求,制订职业教育师资素质培养提升计划,开发职业教育师资培养课程体系,开展定制化、个性化培养培训。深入实施高级人才引进、教师学历提升、双师型队伍建设等工程,设置灵活的用人机制,选聘行业企业的能工巧匠、专家名家走进课堂担任

兼职教师。加大高学历高职称人才的引进力度,目前教授、副教授等副高及以上职称教师占教师总数的30%以上,博士、硕士学位教师占教师总数的40%以上,双师型教师占专业课教师的70%,兼职教师超过30%,打造了一支师德高尚、素质优良、技艺精湛、结构科学、专兼结合的高素质专业化教师队伍,为学校的高质量发展提供了坚强有力的保障。

(八)这十年,我们助力终身教育,社会服务卓有成效

学校依托校内实训基地、国家职业技能鉴定所,充分发挥人才、资源和技术优势,持续提升区域社会服务水平,取得显著成效。助力社会发展方面,学校推动行业、企业、高校三方共同发力,依托学校中国物流学会产学研基地、河南省高校众创空间、河南省钨钼材料数字成型工程研究中心、洛阳市数控加工工程技术研究中心、"洛克8"众创空间、洛阳市5G网络空口管理研究重点实验室、洛阳市数控加工工程技术中心等,推进终身教育体系建设,多措并举助力区域社会发展。技能鉴定和培训方面,学校具备78个项目的职业技能等级认定资质,面向社会适龄青年和各类群体提供多样化服务,营造了人人皆可成才、人人尽展其才的良好社会环境,培训人数、鉴定人次在洛阳市名列前茅。服务地方经济、助力乡村振兴方面,学校与洛阳国家高新技术产业开发区等多地地方政府签订战略合作协议,共同组建跨境电商产业学院;与洛阳市洛新产业集聚区合作共建河南省智能化示范园区;与清华大学天津高端装备研究院洛阳先进制造产业研发基地进行战略合作,孵化、服务优秀企业。学校还发挥职教优势,助力乡村精准脱贫,在洛阳市委的统一领导下先后承担完成新安县和伊川县的扶贫任务。我们同新安县政府合作,在每个乡镇建立电商培训点,把乡村的手工制品、土特产、水果等通过电商销售到全国各地。

回首洛科这些年走过的历程，从几间校舍几百名学生，薪火传承，教泽绵延，到如今繁花似锦的涧水之沿高楼林立、名师荟萃，砥砺奋进之路艰难曲折而又光辉灿烂。"年年桃李，岁岁芬芳"，学校蓬勃发展取得的成绩，得益于国家新时代发展趋势，得益于职业教育大改革大发展，得益于学校坚持正确办学方向，坚守"以父母之心育人"初心。这些成绩的取得，离不开党和国家政策的重视与指引，离不开各级党委政府和社会各界的关心支持，离不开中国新高教集团的投入和赋能，离不开一代代洛科人的无私奉献和艰苦奋斗！借此机会我代表洛阳科技职业学院，向关心、支持学校改革、发展和建设的各级党委政府、社会各界人士及全体洛科人致以崇高的敬意和衷心的感谢！

二、新征程新任务新发展

习近平总书记在党的二十大报告中强调，要"健全终身职业技能培训制度"，加快建设包括大国工匠和高技能人才在内的"国家战略人才力量"。当前，新职业教育法颁布生效，全国全省教育工作会议相继召开，国家《关于深化现代职业教育体系建设改革的意见》《职业教育产教融合赋能提升行动实施方案（2023—2025年）》先后发布，党和政府对职业教育的重视提升到前所未有的高度。学校发展又站在了一个新的历史起点，进入到战略发展的关键时期。

学校将继续坚持以高质量发展为战略方向，锚定"建'双高'，升本科，办高水平职业技术大学"战略目标，以"师生体验佳，校园环境美，学生发展好，教学质量优，师资队伍强"为战略支撑，聚焦"一个加强""四个打造""五个提升"十大工程建设，着力提升高素质技术技能人才培养质量，打造特色鲜明的高职办学品牌，建成"双高"校，力争实现升格本科层次职业大学。

（一）"一个加强"引领学校高质量发展

"一个加强"即加强党的领导。充分发挥党组织政治核心作用，持续强化党建引领。贯彻党的教育方针，坚持社会主义办学方向，践行立德树人初心和为党育人、为国育才使命，把党的领导落实到办学治校、立德树人全过程。同时大力夯实基层党组织建设，加强思想政治教育和德育工作。

（二）"四个打造"引领学校高质量发展

一是打造以建设"青年友好型职业大学"为主体，"学院-书院双院育人""政-校-行-企协同育人"为两翼的"一体两翼"发展模式。积极探索中国特色职教书院改革之路。全面推进学分制和习分制建设，确立"学院+书院"管理融合及基本运行机制，实现"三全育人"新格局。深化"政-校-行-企协同育人"新机制，探索"产教融合"新路径，将"政-校-行-企协同育人"模式融入国家战略、融入区域发展、融入行业进步。

二是打造产教融合、服务创新平台。构建"一群对接一产业，产业学院强融合"的产教融合模式。面向市场，围绕行业、产业发展，以"专业对接产业、人才服务区域"为中心，充分发挥产教融合、校企合作在高素质技术技能人才培养，高水平专业群规划与建设，学生创新创业能力塑造与终身发展方面的引领作用。强化创新创业及就业服务平台建设，打造学校双创实施新路径。

三是打造高水平专业群。围绕区域产业发展组建高水平专业群。结合区域地方经济和产业特色，瞄准职业岗位和需求，准确把握市场对各类人才的需求情况，做实八大专业群。坚持OBE理念，推动"三教"改革。持续推进OBE理念下的"三教"改革，全面实施"强一线行动"，让一线教师干扰更小、支持更多、流程更优、激励更大、能力更强、发展更好;掀起课堂革命,提升教师教研教改能力;"升级"教材、"激活"教法,提高人才培养质量。创新专业管理,构建"产业-专业-就业"三位一体的人才培养模式。

四是打造高水平师资队伍。构建专兼结合、结构合理的师资队伍,完善学校人才引进体系,不断优化学校师资队伍结构。健全教师研修体系,促进教师职业发展。以进一步提高教师学历层次为目标,建立多元人才发展通道,鼓励教师攻读硕士、博士学位,改善师资队伍的学历结构。完善人才激励机制,激发人才内在活力。

(三)"五个提升"引领学校高质量发展

一是提升校企合作水平。服务区域发展战略,精准对接区域产业体系。瞄准河南省"456"战略性新兴产业和未来产业体系,以及洛阳市"'1+10'+7+'5+5'"的产业布局体系前景目标,学校八大专业群建设精准对接区域产业体系转型升级需求,服务区域产业发展战略。创新政校行企合作机制,聚焦产业学院、职教集团建设,提升校企合作层次和质量。

二是提升服务发展水平。围绕"人人持证、技能河南",大力提升社会培训能力,助力"技能河南"目标实现。拓宽社会服务范围,提高社会服务层次,实现经营效益。提升横向课题研究能力,强化课题成果应用。

三是提升学校治理水平。健全学术治理架构,完善学校学术委员会、教学委员会建设。强化院校二级管理体制,完善考核评价机制。

四是提升校园建设与管理水平。持续推进校园基础建设,为学校高质量发展奠定坚实基础。加快智慧校园建设,促进信息化教学和服务能力提升。创新教育教学模式,提升校园文化生活品质。

五是提升国际化水平。要坚定不移在联合、引进、消化、吸收、创新和扩大上下功夫。参与职业教育国际标准制定,推动专业国际认证。服务"一带一路"建设,提升国际化技术技能培训能力。主动对接国家战略,推动与"一带一路"共建国家高校职业教育方面的双向合作与交流。不断提高国际化合作办学层次和水平。在办学理念国际化、教学组织国际化、学生国际化、教师国际化、课程国际化和中外合作办学等方面找到契合点,重点突破,做出成效。

征程万里云鹏举,风正帆悬正可期。

新起点,新目标,新征程,让我们始终秉承"以父母之心育人,帮助学生成就梦想"的办学宗旨,坚持"以学生为中心,以贡献者为本,组织利益至上"的核心价值观,积极践行"理实一体、知行合一"的校训,坚持高质量就业是立校之本的发展策略,紧紧围绕"建'双高',升本科,办高水平职业技术大学"的战略目标,努力成为扎根中原大地的高水平职业技术大学,为服务地区经济社会发展再添新力。

最后,感谢社会各界对洛科的厚爱,祝愿洛科蒸蒸日上、越办越好!

2023 年 10 月 15 日于洛阳科技职业学院

目 录

第一章 | 洛科十年 厚积薄发

一、学校概况与简史(1988—2023年) /1

二、高职办学十年发展(2013—2023年) /18

第二章 | 党建引领 思政铸魂

一、政治核心作用 /37

二、党建创新品牌 /42

三、大思政体系构建 /48

四、洛科大讲堂 /58

五、党建主体责任 /64

第三章 | 青年友好 文化育人

一、建设青年友好型职业大学 /72

二、文化理念 /75

三、精神图腾 /79

四、"力量大厦" /89

五、校园文化的表达 /91

六、焦裕禄精神思政新平台 /112

七、书院文化 /116

第四章 | 学院书院 双院育人

一、学院发展 /125

二、书院建设 /134

三、双院育人 /142

第五章 | 政校行企 协同育人

一、育人模式 /150

二、政府合作 /153

三、校企合作 /156

四、产业学院 /168

五、平台搭建 /172

六、国际合作 /174

第六章 | 专业建设 适配需求

一、加强专业建设 /178

二、打造高水平专业群 /186

三、助力区域发展 /191

第七章 | 就业导向 人才辈出

一、高质量就业是立校之本 /201

二、创新教学实践服务就业 /205

三、人才辈出 /226

第八章 | 五湖四海 双师双能

一、专任教师队伍建设 /256

二、兼职型教师队伍建设 /258

三、双师型教师队伍建设 /260

四、思政教师队伍建设 /262

五、育人导师队伍建设 /265

六、最美洛科人 /267

第九章 | 人人持证 终身教育

一、继续教育 /274

二、社会服务 /277

后记 /283

第一章

洛科十年　厚积薄发

洛阳科技职业学院自1988年建校至2023年,已走过三十五年历程了。三十五年薪火相传,由技校、中专发展到大专;三十五年弦歌不辍,在职业教育的路上,步履铿锵,捷报频传。尤其是2013年升格为大专以后,学校稳步发展,教育教学成绩突出,校企合作、协同育人成就斐然,办学特色明显,社会关注度、社会美誉度、社会贡献度日益提高。十年大专开创洛阳民办高等教育新格局,十年大专奠定学校高质量发展坚实基础,十年大专更激励洛科师生踔厉奋发,奋勇向前!

一、学校概况与简史(1988—2023年)

(一)学校概况

洛阳科技职业学院是经河南省人民政府批准、教育部备案的一所全日制综合性普通高等职业院校。学校位于中国七大古都之一的历史文化名城洛阳,地处新中国确立的第一批重点工业基地涧西工业区的西部,既受到悠久帝王之都文化的熏染,又受到现代工业体系及科技发展的浸润,更重要的是学校欣逢职业教育高质量发展的新阶段。得益于得天独厚的历史、地理、文化、工业基础等条件,在国家民办教育政策、职业教育政策的指引下,加上自身持续不断的努力,学校一步一步成长起来,成为全国颇有影响的100强民办高校。

1. 学校环境优美,发展方向明确

洛阳科技职业学院地理位置优越,环境优美,山清水秀,背依邙山,涧河中流,长桥卧波。文化积淀深厚,历史上就是学风炽盛之地,明清的川上书院、芝泉书院近在咫尺,培养出无数青年才俊。学校拥有2421亩生态校园,以历史名河涧河为界,分河东、河西两大校区。现有8个二级学院,开设37个专业,形成了服务区域战略的8个独具特色的专业集群,拥有3个省级骨干专业群。学校积极建设青年友好型职业大学,深入推进"学院-书院双院育人","政-校-行-企协同育人"办学机制,形成了"一体两翼"的洛科特色育人模式。围绕"建'双高',升本科,办高水平职业技术大学"的战略目标,学校立足洛阳,服务中原,辐射全国,不断深化教育教学改革,不断提升育人质量,增强服务区域战略、服务行业产业人才供给能力,努力"成为扎根中原大地的高水平职业技术大学"。

2. 学校矢志改革,引领职教发展

洛阳科技职业学院顺应时代发展,屹立改革潮头,矢志职业教育改革,积极开拓创新,践行新时代职业教育发展新要求,在青年友好型职业大学建设、双院制育人、产教融合、产业学院建设等方面取得了一系列成绩,学校独具特色的育人理念、高水平的人才培养质量得到社会各界的广泛关注和认可,人民网、凤凰网、中国教育在线、河南日报、大河网、洛阳网等众多媒体竞相报道。学校还荣获"职业教育院校卓越奖""中原十大品牌影响力典范院校""中原民办教育就业竞争力品牌",被誉为"中国高等职业教育改革的先行者"。

3. 学校立德树人,以学生为中心

洛阳科技职业学院全面贯彻党的教育方针,坚持立德树人、德技并修,秉承"以父母之心育人,帮助学生成就梦想"的办学宗旨,拥有"以学生为中心,以贡献者为本,组织利益至上"的核心价值观,积极践行"理实一体、知行合一"的校训,实施"认同、尊重、激活"的育人理念,致力建设青年友好型职业大学,努力推进"学院-书院双院育人,政-校-行-企协同育人"模式,以自己的持续不断的工作,努力成为扎根中原大地的高水平职业技术大学。尤其是学校在焦裕禄精神培育、高技能人才培养、系列优秀文化浸润等方面开展的工作,把立德树人、为党育人、为国育才工作落到了实处,引起了巨大的社会反响。

4. 学校根植中原,做强职教书院

洛阳科技职业学院积极推进学生全员书院制改革,洛科书院下设八大书院,分别是日新书院、忠信书院、慎德书院、慈涧书院、鲁班书院、张衡书院、仲景书院、文远书院。洛科书院坚持全面贯彻党的教育方针,落实"立德树人、德技并修"育人目标,秉承"以父母之心育人,帮助学生成就梦想"的办学宗旨,践行"理实一体、知行合一"的校训,坚持"认同、尊重、激活"的育人理念,以思政教育为核心,以技术技能培养为导向,以人文素养培育为基础,以主题工坊为依托,以特色活动为载体,以书院文化浸润学生心灵,构建"三全育人"新模式,培养厚德博学、内心充盈、敏行善言的高素质技术技能人才,致力成为扎根中原大地的职教书院典范。

5. 学校重视就业,构建完善体系

学校与中信重工、阿里巴巴、美的、格力、海尔、老板电器、清华大学天津高端装备研究院洛阳先进制造产业研发基地、苏州富纳艾尔科技有限公司等128家国际国内知名企业建立了长期合作关系,建成了25个校内实训基地和159个校外实训基地。

2021年联合阿里巴巴、字节跳动、谷歌、河南安装集团获批教育部就业育人项目,2023年学校获批教育部第一批现场工程师专项培养计划河南推荐项目。学校建立正大新零售产业学院、数智产业学院、软件产业学院、网络产业学院、智慧财税产业学院、跨境电商产业学院、富纳智能制造产业学院、北玻高端智能产业学院、信创产业学院共计9个产业学院,成立4个产教融合研究院,为学生的就业创造了全方位的条件。走进洛科,就是走进技能,走进技术。学校就是学生成长成才的摇篮!

作为全国现代服务业职业教育集团副理事长单位、高校毕业生就业协会学前教育与托育服务工作委员会副理事长单位、全国机械行业现代机电技术职业教育集团副理事长单位,学校紧扣用人单位需求,精准输出专业契合度高的高质量技术技能人才。

6. 学校打造"双师",突出人才引领

洛阳科技职业学院根据职业院校高质量发展需要选聘师资,以素质工程为抓手,深入实施"高级人才引进、教工学历提升、教工职称提升、双师型队伍建设、思政教师提升"五大工程,吸引具有行业影响力的专家、企业专业人才和能工巧匠等作为专任教师,使专业建设紧跟产业发展,教师队伍的整体素质和教育教学水平显著提高。其中教授、副教授等副高及以上职称的教师占教师总数的30%以上,具有博士、硕士学位的教师占教师总数的40%以上,双师型教师占专业课教师的70%,一大批中青年教师已成为教育教学、精心育人的中坚力量。

7. 区域优势明显,契合产教融合

洛阳科技职业学院坐落在素有"十三朝古都"之称的千年古城——中国洛阳。洛阳是华夏文明的重要发祥地、国务院首批公布的国家历史文化名城、国家区域性中心城市、中原城市群副中心城市、丝绸之路的东方起点、隋唐大运河的中心。近年来,洛阳致力于打造青年友好型城市,现有各级各类研发平台2378个、专业技术人员18万余人,其中国家级创新平台94个、"两院"院士5名、省级院士工作站36个,在航空航天、电子信息、国防科技等高科技领域位居全国先进水平。洛阳自古为"九州腹地、十省通衢",具有承东启西、纵贯南北的区位优势,是我国中西部地区重要的交通枢纽。洛阳"颜值"和"气质"兼具,综合吸引力强。洛阳让居者心怡、来者心悦,已成为海内外有识之士纷至沓来的投资热土、创业高地。洛阳优越的历史、地理条件为坐落于其中的洛阳科技职业学院的持续发展、高质量发展、特色发展,打造百年名校提供了厚重、坚实的经济、社会、文化生态和广阔、深远的发展空间。在学校发展中,洛阳市委、市政府对我们这一所洛阳第一家民办高校极为重视,在很多方面给予政策优惠,洛阳市主管教育的副市长,新安县委书记、县长等多次现场办公,解决学校发展中的问题,一个前景广阔,潜力无限的高水平职业技术大学已矗立在世人面前。

8. 各级领导重视,赋能指导发展

学校在发展中得到各级领导的高度重视,国家、省市领导多次到校视察、调研、指导工作。2011年9月14日,河南省委常委、洛阳市委书记毛万春同志到学校现场办公,解决学校发展中的土地等问题。2020年7月16日,河南省委常委、统战部部长孙守刚同志到学校调研,高度肯定学校的育人工作。2021年10月21日,河南省委常委、洛阳市委书记江凌同志专程到学校,就高等职业教育事业发展进行考察调研,对学校的实训教学、书院制改革、餐饮工作等高度评价,并对学校的下一步工作作了明确指示。2023年6月19日,全国政协副主席、民进中央常务副主席朱永新率全国政协教科卫体委员会调研组到洛阳科技职业学院,围绕"加快构建现代职业教育体系"开展专题调研并在学校召开专题座谈会,实地了解洛科校园文化、书院育人及产教融合特色项目。朱永新副主席对洛阳科技职业学院在推进现代职业教育体系建设方面取得的成绩给予肯定。他指出,学校在办学过程中,充分发挥自身优势,主动适应经济社会发展需求,不断改革创新、提高办学质量和水平,为地方经济建设和社会发展做出了积极贡献。希望学校进一步发挥职业教育优势,努力为社会经济发展提供强有力的人才支撑。长期以来,河南省教育厅的领导,洛阳市各级领导,新安县委、县政府领导等多次莅临学校指导工作,为学校的发展持续赋能。鉴于洛科长期的教育教学积累,洛阳市委、市政府已把洛科升本列入洛阳市"十四五"发展规划,鼎力支持洛科在"十四五"期间升格为本科职业大学。

(二)学校35年发展简史

洛阳科技职业学院是洛阳市比较早的职业学校之一,也是洛阳民办教学单位中第一个从中专升格为大专的。洛科的发展壮大,最重要的是得益于党和政府政策的指引与指导。我国是历史悠久的文明古国,私立教育、民办教育源远流长。远在春秋时期,孔子等就开始兴办私学。战国时期,形成了以儒、墨、道、法为代表的私学"百家争鸣"的局面。自此以后,私立学校在传承中华文明方面发挥了重要作用。改革开放以来,民办教育也进入了新的发展时期。

1982年11月26日,彭真委员长在第五届全国人民代表大会第五次会议上所作的《关于中华人民共和国宪法修改草案的报告》中提出"两条腿"办教育的方针,鼓励社会资本投入教育事业。

1985年5月中共中央发布《关于教育体制改革的决定》,指出"地方要鼓励和指导国家企业、社会团体和个人办学"。这个时期出现的民办教育多是非学历的文化补习性质的培训机构。

1992年以后,随着邓小平同志视察南方谈话的发表,中国加速了改革开放的进程。同年召开了中国共产党第十四次全国代表大会,大会报告指出"鼓励多渠道、多形式社会集资办学和民间办学,改变国家包办教育的做法"。

1993年2月中共中央、国务院颁布的《中国教育改革和发展纲要》提出改变政府包揽办学的格局,逐步建立以政府办学为主体、社会各界共同办学的体制。国家对社会团体和公民个人依法办学,采取积极鼓励、大力支持、正确引导、加强管理的方针。民办教育推进到中、高等职业教育和职业培训领域。

1997年,国务院颁布《社会力量办学条例》,这是新中国第一个规范民办教育的行政法规,标志着中国民办教育进入了依法办学、依法管理、依法行政的新阶段。1997年中国共产党第十五次全国代表大会提出了"科教兴国"战略,政府加大了教育改革与发展的力度。1999年夏,全国教育工作会议召开,会议提出要大力发展民办教育。会议决定,在我国第十个五年计划期间,要基本形成以政府办学为主体,公办学校与民办学校共同发展的教育格局。

2002年底,《民办教育促进法》颁布,我国民办教育又进入了一个快速发展期。到2004年,民办中等职业学校达1377所,在校生达79.31万人;民办高等学校175所,在校生81万人;民办的其他高等教育机构1104所,注册学生100.40万人。另外,有培训机构10631个,参加培训人次393.81万。

洛阳科技职业学院的发展历程可以说是我国民办高职教育发展的一个缩影,它从技能培训开始,逐步发展到中等学历教育,再到高等教育,一步一个脚印,处处彰显着政策的活力。洛阳科技职业学院的前身是始建于1988年的荣华技校,最初的办学地点在洛阳市老城区西关的坛角小学,由创办人荣华租用西关坛角小学的校舍进行办学。

老城西关是洛阳老城的四大关之一,其他三关是东关、南关、北关。由这四关形成的老洛阳城是宋、金洛阳城的基础,当时城池比较小,但沿袭的时间比较长,建设得比较正规精致。就拿西关来说,就有许多著名的建筑,如西关的关楼丽景门,在宋、金城楼中是非常有特色的,如今也是洛阳老城旅游的必去之地。看老洛阳城,感受洛阳老城文化,品尝洛阳传统美食如洛阳水席,洛阳"不翻汤""丸子汤",购买洛阳的旅游商品,浏览洛阳的书画市场,丽景门是来洛游客的不二选择。

坛角小学东对面是洛阳著名的城隍庙。我国凡是有名的古城,大都有城隍庙,里面塑有城隍,就是城市的保护神。洛阳的城隍庙比较特别,有两座,一座是河南府的城隍,一座是洛阳县的城隍,一座城两个城隍,这种情况在中国的城市中独一无二。有很长一段时间,洛阳的城隍庙是办学的地方,中州路把"城隍庙"一分为二,南边是洛阳三十中,北边是洛阳六中,这两个中学当时都是洛阳中学里面的名校,为洛阳培养了许多人才。

坛角小学是洛阳当时小学中的名校。坛角小学得名于小学南边的西关花坛,学校在西关花坛的北侧,故名坛角小学。坛角小学始建于1954年,地处洛阳市老城区繁华地段,紧邻现在的九龙鼎雕塑及洛阳著名的中州路,学校占地面积6600多平方米,建有省级一类达标实验室、图书室、电脑教室、多媒体电教室、卫星电视闭路系统,学校教学设施先进、教学质量优异,是老城区对外开放的窗口学校。当时荣华校长在此租地办校,正是看中了坛角小学的区位优势、交通优势、文化优势、人流优势及社会需求优势等。西关是洛阳老城的西边门户,周边厂矿比较多,有洛阳建机厂、洛阳铸造厂、洛阳印刷厂等,是洛阳当时人口稠密的地区之一,连接洛阳老城区与洛阳西工区,亦连接洛阳北邙与洛河以南地区。

从办学的需求来看,洛阳的大厂比较多,尤其是"一五"期间的国字头的大厂,如洛阳东方红拖拉机厂、洛阳矿山机器厂、洛阳铜加工厂、洛阳轴承厂等大都在涧西,而涧西这些大厂因为是"国家队",故这些大厂的人才需求比较多,但每个厂均实力雄厚,大都能办自己的技校、中专,解决自己所需技工及中等人才培养问题。

一方面，老城区与西工区的接合地带，有技能人才的培养需求，但这些地方的地方国营工厂，如洛阳建机厂、洛阳铸造厂等不如直属中央的国营大厂有实力，因此大都没有自己的技工学校。另一方面，老城人口密度大，改革开放以后，洛阳市人民政府比较重视专门人才的培养，为此，先后成立了洛阳大学、洛阳教师进修学院、洛阳教育学院、洛阳电大等，而技术培训、技工培训这一块相对薄弱一些，且民间对技能人才的需求也逐渐增加，学一门技能，养活自己及家人也是当时社会发展的趋势之一。这种情况下，荣华技校应运而生，应该说这是时代的产物、社会发展的产物，当然与荣华校长独具慧眼，发现"商机"也有密切的关系。

洛阳技工培训当时以公办为主、以大企业培训为主。据《洛阳市志·教育科技志》记载，洛阳最早开办技术教育的是洛阳矿山机器厂，其后是第一拖拉机制造厂。"文化大革命"开始后，洛阳的技工学校全部停办，1973年渐次复办，到1975年共恢复5所。党的十一届三中全会后，技工教育跨入新的里程。1978—1981年，先后恢复技工学校4所，又新建技工学校14所，1985年达22所，1990年达24所，在校学生达7310人。

而荣华技校就是在改革开放以后，随着教育政策的放开而建立的。它的出现一是因为对人才的需求，二是因为政策的引导，三是因为创办者敏锐的眼光及果断的行动。

当时荣华技校所办的专业是社会急需的专业，如家电维修、烹饪技术、缝纫技术、美容美发、无线电、电工、摩托车修理、汽车修理等，办学的方向就是社会需要什么人才就培养什么人才，社会需要什么专业就办什么专业，师资不够，就从洛阳的高校中聘请。

当时学校在培养体制上以短期培训为主，不限学历、不限年龄、不限地区，以学生学会学成为目的，没有学会的，可以免费重新学习。当时学校租用坛角小学的教室进行培训，为了适应不同的培训对象，还开设星期天班和夜间班,总之,社会的需求,就是办学的导向。正因为技校的体制机制比较灵活,荣华技校在洛阳老城一带享有比较高的社会声誉。

在洛阳的民办技校中,荣华技校是创建比较早的技校之一,也是做得比较好的技校。在办学实践中,学校也认识到了学历教育的重要,因而在成功举办技校的基础上,于2005年又成功申办了荣华中专,办学的层次、内涵、专业、教学模式等又有了进一步的发展。由技校转为中专是极为关键的一步,为2013年申办大专奠定了坚实的基础,没有这一步,若只是简单停留在技校的层次上,就不会有后来的升格发展。

在办学的过程中,学校的办学地点也有一些变化,最早在西关坛角小学,后迁到西关洛阳市第六中学,即洛阳老城隍庙的位置办学,然后又迁到涧西区谷水西边的新安县工业园区(后改为新安县高新产业集聚区,即现在位于新安县磁涧镇的新安县经济开发区)。这一次办学位置的迁移,对学校以后的发展影响巨大。搬到园区办学后,先是在现在欧亚学校的位置办学,后又购买了现河东校区,与新高教集团联合办学后又购置了河西校区,从而使学校有了比较大的地理空间,为以后的发展奠定了坚实的基础。

在洛阳的民办教育机构中,荣华中专是第一家升格为大专的,截至2022年,也是唯一的一家升格为高职院校的,还是唯一一家把学校办在经济开发区的大专院校。升格十年,学校的发展大致分为三个阶段。

第一个阶段是2013年—2017年,大专初创阶段,这段时间办学地点主要在现在的欧亚学校及现在的河东校区。欧亚校区占地50余亩,所办的专业有机械设计与制造、汽车工程、市场营销、建筑工程、电子商务、艺术设计、表演艺术、烹饪技术、美容美发等,在校内设有数控技术生产车间、电器技术实训车间、计算机实训车间、无人机实训车间、烹饪技术实训车间、汽车维修实训车间、舞蹈训练实训车间等。学校教学管理、行政管理、科研管理、党务管理、后勤管理等机制基本形成并有效运转,学生的就业率普遍高于同类学校,就业工作等获得洛阳市、河南省教育厅的好评,在河南的民办高校及洛阳的高校中有一定的影响。

在学校的升格过程中特别是升格初期,学校的出资人聘请洛阳师范学院党委原副书记张辛卯同志担任学校升格后的首任校长。张辛卯同志长期在高校工作,是党务方面、思政方面、管理方面的专家。张辛卯同志担任校长后,在教学管理、行政管理、内涵提升等方面做了大量工作,使洛科软硬件方面有了很大的变化。升格以后,学校在内涵建设上下功夫,结合学校所在地新安县的经济发展实际,结合洛阳经济的发展实际,走校企合作的办学路子,先后同北京云图、江苏富纳、洛阳云锋机械设备有限公司、洛阳正伟汽车服务有限公司等企业合作,联合培养社会需要的技能人才,先后获得省市优秀民办教学单位等荣誉称号。艺术学院同洛阳舜谛文化有限公司合作,推出了洛阳演艺界有名的史诗剧《武则天》户外大型实景演出活动,成为洛阳夜间旅游的一张名片,为洛阳旅游的发展做出了一定的贡献,在洛阳旅游界、河南旅游界有一定的影响。此项合作,对学校艺术表演人才的培养起了比较大的作用,既活跃了洛阳的旅游市场,又培养了社会所需的应用型人才。

第二阶段是2018年1月—2020年5月,中国新高教集团同荣华教育有限公司联合办学阶段。经过相互考察及多轮磋商,双方于2018年元月正式签订了合作办学协议,学校进入合作办学阶段。因新高教集团是大股东,持股百分之五十五,学校的董事长由新高教集团的总经理赵帅担任,荣华先生任副董事长,学校的管理实行董事长领导下的校长负责制,党建方面由洛阳市教育局机关党委统筹领导。学校校长由集团董事会委派,联合办学阶段首任校长是牛耀堂同志。牛耀堂同志,黄淮学院原副校长,硕士研究生学历,教授,硕士生导师,知名教育管理专家、思政教育专家,曾任新高教集团旗下的恩施学院的副校长,因工作业绩突出,由新高教集团委派到洛科担任校长。

在第二阶段中,洛科颇有建树,招生类型增多,学生规模扩大,教学质量提高,社会影响力扩大。这个时期,学校的招生类型有五年制大专班、三加三大专班、单独招生、对口招生、普通高考招生等,此外还有专升本培训,中外联合招生、成教招生及各种短期培训、技能鉴定证书发放等,招生人数每届达万余人,在校生人数最多时达3万余人,是洛阳乃至河南省规模比较大的高职院校之一。

在这个时期,洛科的发展空间拓展了。新高教集团的介入,新的发展理念的输入,建设资金的投入,使洛科的发展开始进入快车道。学校同洛阳国家高新技术产业开发区达成共建智慧产业园的协议,协议约定,学校在河西校区新征土地700余亩,打造智慧产业园、校企合作示范育人基地、新兴专业成长基地。这个时期,横跨东西校区的大桥——涧桥飞架两岸,东西两校区连为一体;与此同时,学生上课的教学楼——匠心楼圆满完工,迎接了前来学习的第一批学生;学生住宿的三个组团圆满竣工,安排1.5万余名学生入住,住宿为4人间,有独立的卫生间、空调、盥洗室等一应俱全,硬件设施、管理水平、服务水平等在洛阳高校中名列前茅,在社会上有很好的美誉度。这个时期,容纳200户教职工的教师公寓如期封顶,为引进人才、稳定人才、学校高质量发展提供了强有力的支撑。

在专业建设上,学校初步形成了服务地方、服务行业、服务社会的职业技术人才培养体系,电子商务学院、智能制造与汽车工程学院、信息与数字工程学院、艺术与设计学院等已形成自己富有特色的东西,专业与特色专业群已具备一定基础,在教育部认可的56项大赛中获得省级及以上优秀成绩,尤其是电商的"三创"大赛,获得全国特等奖的优异成绩。电商专业、智能制造专业、计算机应用专业、汽车工程专业等被认定为省级特色培育专业。学校荣获河南省优秀民办学校、河南省招生先进单位、洛阳市党建先进单位、河南省教育系统党建先进单位等荣誉。

这个时期，集团高度关心学校的发展，集团董事长李孝轩同志多次深入学校调研，解决学校发展中存在的重大问题。在干部队伍建设上集团倾注心血，把急需的干部调往洛科，在稳定大局，保证人才培养质量上开展了许多行之有效的工作。与此同时对学校一期的建设规划进行了修订完善，补办了建设规划许可证、施工许可证，完善了消防手续，解决了一些历史遗留问题，并顺利拿到河西校区第一批土地488亩的土地证，为学校合规办学消除了一定的隐患。

2020年5月至今，是洛科升格发展的第三个阶段。这个阶段，学校由原来的合资变成了独资，由原来的股份制变成了新高教集团统一领导，由洛阳市代管变为由省教育厅直管，党委书记由河南省委组织部直接委派，刘茂钦同志由洛阳市教育局（局长）到学校担任党委书记，加强了学校党的领导，加强了思政工作的队伍建设，学校进入快速发展期。

这个阶段，刘丽彬同志由新高教集团奉调到洛科担任校长。刘丽彬同志曾任中国新高教集团党委书记、首席运营官、首席人力官，此前担任过北京朝阳区教委副主任，北京第八十中学校长、党委书记。刘丽彬同志是北京大学教育经济学博士研究生，曾是国家公派留学美国的硕士研究生，兼任中华职业教育社社会服务与办学指导委员会委员、欧美同学会留美分会副会长，中国应用技术大学联盟副秘书长，中国教育战略学会国际专委会常务理事，中国社科院研究生院硕士研究生导师等。刘丽彬同志熟悉各类教育，精通教育管理，专业背景扎实，创新开拓能力强，在充分调查研究的基础上，明确提出了"建'双高'，升本科，办高水平职业技术大学"的战略目标。在刘丽彬校长及班子的坚强领导下，学校秉承"以父母之心育人，帮助学生成就梦想"的办学宗旨,带领全校师生瞄准打造百年名校的愿景,殚精竭虑,踔厉奋发,短短两年多时间,学校的面貌发生了巨大变化。

专业建设有新的突破。教学是学校的生命线,高职教育的核心是培养方式的转变。学校提出的育人模式是"政-校-行-企协同育人",这是学校发展"一体两翼"的重要一翼。学校把同政府的合作、大学校际之间的合作、行业的合作、企业的合作上升到了战略层面。政府层面,学校的升本问题,得到新安县委、县政府,洛阳市教育局,洛阳市发改委,尤其是洛阳市委、市政府的高度重视,洛科升本被列入洛阳市"十四五"规划。学校层面,我们与洛阳的高校如河南科技大学、洛阳理工学院、洛阳师范学院、洛阳职业技术学院等保持良好关系,尤其是同洛阳职业技术学院达成共识,两校建立战略合作关系,"资源共用、师资共有、课程互通,合作共赢",共同合作,为洛阳社会经济的发展培养技术技能人才。

行业合作有深度的发展。我校同洛阳自贸区签订正式合作协议,跨境电商专业已进驻自贸区招商大楼开展教学实训、实践、实营活动;我们同北玻集团签订了战略合作协议,学生已按行业标准进行"量身定做"式的培养。校企合作已有了稳固持久的合作伙伴,如智能制造与汽车工程学院同江苏富纳合作。江苏富纳在学校投入了设备,建设了实验室,已形成完整的人才培养链条。信息与数字工程学院同北京云图合作,云图集团在学校建有完善的实训室,学生校内实训完成后,到云图旗下的企业顶岗实习,顶岗实习考核合格后,就被该集团正式录用,成为云图集团的正式员工。

这几年根据高职教育发展的要求,学校大胆进行人才培养顶层设计,先后基于专业建设的实际,与众多企业联合成立了产业学院,如正大新零售产业学院、数智产业学院、软件产业学院、网络产业学院、智慧财税产业学院、跨境电商产业学院、富纳智能制造产业学院、北玻高端智能产业学院、信创产业学院等。产业学院是对接产业的最好抓手,让我们的学生一开始就接触企业实际,在实际生产环节中锻炼成长,在生产线上磨砺成才。

2022年5月以来,学校在学生课余生活、专业学习之外业余生活的管理上提出了新的思路,进行了新的实践,即提出并实施洛科学生全员书院制管理的新实践,目的是打造职教书院的典范,在中原大地推出一种全新的、涉及全体学生,旨在提高学生综合素质,立足学生长远发展的书院教育新模式。

学校成立了书院总院,下辖八个书院,人文为主的四个书院:慈涧书院、慎德书院、日新书院、忠信书院,位于河东校区;科技为主的四个书院:鲁班书院、仲景书院、张衡书院、文远书院,位于河西校区。书院重在培养学生的综合素质,尤其是职业素质,为其以后从业奠定坚实基础。"书院-学院双院育人"和"政-校-行-企协同育人"是洛科发展的"两翼",只有两翼齐飞,方能行稳致远,锻造更多的技术技能人才,担负起中国制造、中国创造的重任。

把学校建设成什么样的大学,是学校班子,尤其是校长长期思索的重要问题之一。大学要培养人才,大学要服务当地经济、产业、文化、社会等,大学要契合当地城市的发展定位,为城市的发展提供人才支撑。洛阳市新一届市委领导提出洛阳要建"青年友好型城市",举行"青年友好型城市高层论坛",刘丽彬校长应邀参会,并作主旨发言,介绍学校青年友好型职业大学建设情况,受到与会者好评。学校在青年友好型职业大学的建设中,提出了"以父母之心育人,帮助学生成就梦想"的办学宗旨,在学校的"力量大厦"中,明确提出"认同、尊重、激活"的以学生为本的工作路径。同时学校成立学生体验中心,作为学校职能部门之一,将学生方方面面的体验,如教学、实训、实习、餐饮、住宿、校内购物等全部纳入到日常管理当中,并实行全方位的监控及反馈,更重要的是把学生的体验纳入到学校职能部门、二级学院及服务系统,并以此对部门工作做绩效方面的评价,把青年友好落实在学校工作的每一个方面。

集团全面管理以来,学校高度重视校园规划工作,如对河西校区的规划问题,学校请清华大学建筑设计研究院重新进行了高水平、高质量、更加切合学校发展实际的设计,为学校后续高质量发展、打造百年名校奠定了坚实基础。河西校区南大门的建设获得新安县委、县政府的大力支持,南大门所需建设用地已获国土资源部门批准,河西校区的建设项目已被省发展改革委列为省重点建设项目,并享受省重点项目的优惠政策,学校的建设已进入发展的快速道。

学校在文化建设方面有了很大发展。学校的校名书写是学校的门面,集团全面管理以后,高度重视这个问题,组织专家进行深入论证,最后选定了洛阳著名书法家、洛阳书法家协会副主席、洛阳理工学院教授郭朝卿先生精心挑选的"毛体"方案。该方案全面系统梳理毛主席写过的全部有关字体,经过反复推敲,既看个体,又看整体。该方案推出后,社会反响强烈,省书协原副主席、洛阳书协主席王鸣先生,省书协副主席、国家书协专家委员会主任陈春思先生等给予高度评价,认为全国众多高校校名集"毛体"方案中,洛科的方案大气磅礴,立意高远,漂亮传神,仿佛就是毛主席专门为洛科专门书写的。

学校文化建设上有一个举动在洛阳的高校中,乃至河南的高校中有比较大的影响,就是对学校的建筑、道路、广场、桥梁、餐厅等进行富有新的文化含义的命名。刘丽彬校长对此事非常重视,要求不能简单从事,要以"理念先导,研究先行,数据支撑,评估保障"的原则来慎重办理这一件大事。学校为此专门成立了学校文化建设小组,由当时的副校长董延寿同志负责,认真开展命名研究工作。当时来校视察的集团副总刘凤明教授对此事非常重视,要求学校做好试点,以全新的视野做好学校的综合命名工作。

经过深入学习与调研,学校首先确定了底层逻辑,从中国优秀的传统文化中找到依据,再结合学校实际进行科学合理的命名。为此,学校提出了河东校区的命名以传统经典《大学》一书为依据,因为洛阳是中国著名古都之一、历史文化名城,文化底蕴深厚,若想打造百年知名大学就要从优秀的文化积淀中寻找"营养"。有鉴于此,文化建设小组的同志们认真研究《大学》这部经典,领会其精神实质及在当代的现实意义。在认真研究、反复推敲的基础上拿出了河东校区的命名方案,包括建筑楼宇的命名,书院的命名,道路的命名,餐厅的命名,运动场的命名等,因为有总体思考在里面,故让人感觉哲理深刻,文化深厚,浑然一体,丝丝入扣,易辨易记。至善大厦、明德楼、新民学堂、格物楼、致知楼等让人印象深刻,难以忘怀。

河西校区相对于河东校区是新建校区,理工类的教学楼、实训楼大都安排在这个区域。为突出理工特点、职教性质,学校经过认真研究、反复推敲,确定河西校区的命名要突出科技特点、理工科特点、职教特点。为此,学校把我国古代科技的历史、科技名人与现代科技的发展融入到校区的命名之中,如命名了"天工大厦""问天楼""匠心楼""鲁班书院""张衡书院""仲景书院""文远书院"等,突出科技精神、职业精神、工匠精神,发挥环境育人的独特作用。

命名方案,在洛科诸多的文化工程中是一个比较耐人寻味的案例,其逻辑支撑比较扎实,运作过程比较严密,实际效果也比较好,受到师生及到访人员的好评。他们普遍认为洛科的校园有文化味,置身其中,顿感扑面而来的浓郁文化气息。

学校突出的文化亮点就是洛科"精神图腾"——洛科鼎的推出。大学是教书育人的地方,教师是阳光下最神圣的事业,如何坚持社会主义的办学方向,培养"德技并修"的高职人才,办传承百年的知名大学,大学文化至关重要。文化是培根的,文化是铸魂的,文化是管长远的。洛科设在洛阳,目标是成为扎根中原的高水平职业技术大学,因此,在文化建设的设计上既要继承更要创新,既要瞄准本地又要根植中原,既要考虑眼前又要放眼未来。正因如此,学校领导班子,尤其是刘丽彬校长在充分调研的基础上提出了洛科鼎的理念,这个理念在向集团汇报后得到董事长及集团高层的认同。具体说,学校的发展理念在"鼎"上得到体现,凝结了师生共识,成为高质量发展的精神载体。这个鼎不是一般意义上的鼎,是以洛阳出土的西周贵族墓中青铜器上的饕餮纹、兽面纹为"蓝本",进行艺术加工,融入洛科元素、重新加工升华的具有现代文物价值的一个新鼎——洛科鼎。

大学主要有四大功能:教学、科研、文化传承、社会服务。洛科是高职高专类型的大学,重点是培养职业型、技能型人才。洛科鼎代表着育人,代表着高职院校的育人,即培养能工巧匠、技术技能人才。洛科鼎恰恰体现了这一特色。鼎是古代社会科学技术高度发展的象征,代表冶金技术、铸造技术、雕塑技术、成型技术、制作技术的水平,以鼎寓意培养能工巧匠,十分贴切,非常传神。

此外,学校还设置了与此相关的两块铜雕壁画:河图洛书、丝绸之路。河图洛书象征着文化传承,丝绸之路象征着服务社会及走向国际,这正是大学在新的发展背景下所要奋发践行的。

洛科鼎、河图洛书、丝绸之路既具有物理属性,更具有情感属性。物理属性是三个具象的物体契合洛科的办学之道,情感属性是以物载志,把学校的培养目标、学校的高质量发展、学校打造百年名校的办学远景通过具象的美好东西呈现。成为百年名校的目标任重道远,但必然实现。

二、高职办学十年发展(2013—2023年)

洛科升格这十年,在职教改革的背景下顺应时代要求、响应国家政策,高质量发展,协调发展,取得了一系列令人瞩目的成就。

(一)这十年来,我们响应国家政策,提升层次,规模发展

升格的道路是不平坦的。当时,洛阳市公办的中专,包括各国营

大厂及行业系统班的中专有30余所,民办的中专有20余所,有些中专在当时有些影响甚至比荣华中专还要大,但在这么多的中专中,洛科为什么能够冲出来?确实有内在的、外在的诸多因素。

政府主导,学校发力。当时国家、省、市的政策鼓励支持民办教育发展。洛阳市在2012年5月18日专门成立了洛阳科技职业学院筹建工作领导小组,市长李柳身任领导小组组长,主管教育的副市长杨萍任副组长。有关职能部门的主要负责人参加,统筹协调洛科的升格工作,解决工作中出现的问题。毛万春等同志多次莅临学校,对学校升格发展中的土地问题、专业建设问题、师资队伍建设问题、办学经费问题等深入了解,现场解决,体现了市委、市政府对洛阳第一所民办大学的高度重视。

为解决升格的瓶颈问题,即学校设在非市区的问题,杨萍副市长多次赴省政府、省教育厅汇报工作,说明情况,表达洛阳市人民政府对洛阳民办高等教育的殷切期盼及办学条件上的支持,最后使这一棘手问题得到妥善解决,并在全省开创了大专设在市辖县的先例。

河南省政府高度重视洛阳民办大学的设置工作,把洛阳科技职业学院的设置工作列入河南省"十二五"高校设置规划,并对筹建工作提出相关要求。

2013年3月1日,河南省人民政府发布《河南省人民政府关于设置洛阳科技职业学院的批复》,同意在洛阳市荣华中等专业学校基础上设置洛阳科技职业学院,同时撤销洛阳市荣华中等专业学校的建制。同时要求:"洛阳科技职业学院主要面向地方培养适应经济建设、社会发展需要的高等技术应用型人才,同时继续承担中等职业教育的任务……要加大经费投入,改善办学条件,加强专业建设和师资队伍建设,加强教学实践环节和实验实训基地建设,不断提高教育质量和办学效益,努力使学校办出特色、办出水平。"

学校升格后,如虎添翼,在教育教学、专业建设、服务社会等方面有了长足的进步,为洛阳职业教育,高等技术人才、应用型人才的培养做了大量工作,做出了应有的贡献。

人才的培养类型及规模上有新的发展。升格以后,学校的平台跃升,在社会上的知名度、美誉度提高,广受社会的欢迎,学校瞄准市场,锐意创新,扩大生源,稳中求进。学校的招生类型有普通高考的大专招生、对口大专招生、大专单招、五年一贯制招生、三加三招生、中外联合办学、短期培训、专项培训、继续教育招生等,虽然不是本科层次,但招生规模在洛阳的大专院校中是名列前茅的,为洛阳乃至河南的经济社会发展提供了强有力的人才支撑。

在规模发展中,大专的学生是主体,占比为70%,五年制的学生大致占到10%,三加三升大专的学生为10%,其他中专的、短期训练的占到10%,整个结构是比较合理的,有效地支持了学校所在地新安县、洛阳市、河南省经济的发展。

在发展过程中,学校精益求精,稳定规模后,逐渐向高质量发展的道路上迈进。2020年5月以后,学校明确提出了"建'双高',升本科,办高水平职业技术大学"的战略目标。建"双高"就是建设高水平职教专业,建设高水平职业技术院校;升本科就是学校整体或部分专业升格为本科专业;在升本科的基础上,进而成为扎根中原的高水平职业技术大学。为了尽快实现这一目标,更是为了高质量发展,学校实施"精兵"战略,聚焦大专优势专业发展,把影响发展的"五年一贯制"招生、三加三招生等予以停招,集中精力招好大专,办好大专,突出特色,为升格本科奠定基础。近两年来学校每年招生规模控制在8000人左右,在校生总规模2.5万人左右,设有八个教学学院,形成了八大专业群,37个专业,涵盖文、理、工、经济、教育、体育等诸多学科门类。

(二)这十年来,我们顺应时代要求,青年友好,文化育人

青年友好是时代的发展方向,大学是青年人聚集的地方,最能体现青年人的特质,也最能让青年学子发挥作用。集团管理洛科以来,始终把青年友好摆在办学的突出位置,提出了"一体两翼"的发展战略。这个"一体"就是"青年友好",学校的办学目标就是建设青年友好型大学。

学校秉承"以父母之心育人,帮助学生成就梦想"的办学宗旨,是学校的实际举办者、中国新高教集团的董事长李孝轩先生提出来的。李孝轩先生是十三届全国人大代表、十四届全国政协委员、民进中央委员、民进云南省委副主委,我国集团化办学的开拓者、典型代表之一,全国民办高等教育的重要领军人物。"以父母之心育人"就是把手按到青年学生的脉搏上,知其冷暖,知其所思,知其所需;"帮助学生成就梦想",就是让青年学生掌握真才实学,在职业上成才,有一个幸福的人生。为了把青年友好的事情做好,学校专门成立了"学生工作体验中心",管理与学生学习体验、生活体验、活动体验等有关的事宜,凡是学生满意的,我们尽力去做,凡是学生不满意的,我们尽力去改,目的是让学生满意,助力学生学业上成才,生活上顺利,最大可能挖掘青年学生的潜能。

青年友好,体现在大学,体现在高职院校,就是给学生的成长发展提供更好的平台。学校支持学生以专业为基础,积极参加教育部认可的56项技能大赛,鼓励学生岗位成才。据不完全统计,我校学生在省级及以上技能比赛中获奖500余项,其中国家级230余项,省级奖励270余项。

青年友好,体现在学生参与学校活动的方方面面。教学上,每个班都有教学联络员,及时反馈学生对教学的看法;每学期还要举行学生评教活动,学生的评教直接影响教师的绩效、评奖及职称晋升。在后勤保障方面,尤其是餐饮方面,学校成立学生餐饮委员会,对学校餐厅的价格、餐饮质量进行监督,保证学生的利益不受损害;学校团委牵头成立各种学生社团,让学生的各种兴趣得到尽情发展;学校每年举行校园文化节,学生自编自演节目,参加系列文化活动,在活动中找到自信的自己。

文化育人是学校的强项,也是学校持之以恒在做的工作,包含几项大的文化工程。文化聚魂工程,即打造洛科的精神图腾洛科鼎及河图洛书、丝绸之路铜浮雕;校训及办学理念凝聚工程,进一步明确学校的办学定位及高质量发展的方向;校名及校园建筑题写命名工程,对学校的校名题写、建筑物的命名进行系统梳理,在继承的基础上进行创新,赋予时代的含义;校园优美环境打造工程,修建鲁班书院、慈涧书院,修建东大门、七号门,修建焦桐大道、焦桐广场、玫瑰园、集装箱广场等,为学生创建美好宜居的育人环境。开展系列活动,发挥文化的浸润作用,如校园文化节、开学典礼、毕业典礼、洛科大讲堂、教师节庆典活动、专升本宣誓活动、草坪音乐会等,彰显校园文化的独特魅力,以文化人,以情感人。

(三)这十年来,我们创新育人模式,学院-书院双院育人

教育教学工作是人才培养的关键环节,围绕产教融合、校企合作、工学交替,培养社会需要的技术型人才,我校大胆改革,锐意进取,在人才培养模式上突出了高职院校独有的"一体两翼"育人模式。

学校贯彻落实中共中央、国务院《关于加强和改进新形势下高校思想政治工作的意见》提出的坚持全员全过程全方位育人("三全育人")的要求,学校不断深化教育教学改革,积极落实"立德树人、德技并修"育人目标,坚持以不同类型课程为基础,推进OBE教学改革,在学院教学上构建"三全育人"新模式。

学校积极推进内涵建设,2022年,成功申报了3个省级骨干专业群,立项品牌专业9个,其中国家级1个,省级8个;成为教育部中德先进职业教育合作项目(SGAVE)首批试点院校;获评1个省级教学成果奖和5个省级信息化优秀教学成果奖;完成2门省级精品在线开放课

程结项、2门省级精品在线开放课程立项、4个大师工作室申报及16门校级精品课的立项及阶段性建设等工作;《玉雕技艺传承与创新应用人才培养》入选国家艺术基金项目,电子商务专业获评河南省教师教学创新团队。

学校推进"书院制"育人模式改革,建设了八大书院,明确书院、学院的功能定位,完善制度机制,形成"学院-书院"双院育人特色,促进学生德技融通全面发展。

为适应学校"建'双高',升本科,建高水平职业技术大学"的战略目标,落实"以父母之心育人,帮助学生成就梦想"的办学宗旨,践行"理实一体、知行合一"的校训,2021年9月,学校启动了书院制改革,致力于打造"中国特色、职教书院",形成学院-书院双院育人模式。

书院制以学生公寓为教育空间,将学生的日常管理、素质培养和职业理念教育相结合,从而促进"全人教育目标"的实现。

洛科书院以"成为扎根中原大地的职教书院典范"为愿景,以"扎根中原,光耀四方"为院训,下设八大书院。八大书院各具特色,并围绕各自特色设置了不同的院徽、院旗。同时,每个书院打造各自的内涵体系与院训,以核心素养为方向,打造思政文化、社团文化、工坊课程文化,致力于让每一个洛科学子都具有国际视野,谨言慎行、诚实笃行、慈爱奉献,具备数字思维、未来思维,自我健全、实证探索。

洛科书院与二级学院交相呼应,在实践中积累经验,构建了五级网格化管理体系,以思政教育为核心,以技能培养为导向,以人文素养为基础,依托书院主题工坊,构建"三全育人"新模式,为"学生全面发展,高质量就业,做一个对社会有贡献的人"服务,培养厚德博学、内心充盈、敏行善言的高素质技术技能人才。双院制育人模式,是洛科独特的育人模式,目的是打造河南省的职教书院典范。

(四)这十年来,我们突显高职特色,政-校-行-企协同育人

我校是高职院校,坚持不变的育人模式就是"政-校-行-企协同育人",即围绕国家所需、社会所需、行业所需、企业所需,多元化、多平台培养应用技术型人才,为经济、社会现代化发展提供坚实的人才支撑。高职特色、职业属性是我们的显著标识。

学校坚持协同创新、协同育人,深化与企业、行业和政府部门的合作,充分利用现有资源,与行业和地方龙头企业如中软国际等48家公司签订校企合作协议。通过各种形式的合作,学校积极采取生产线、工位、岗位现场教学模式,现代学徒制办学模式,联合举办订单班形式,在课程教学、师资培训、实习就业等方面,实现资源共享、优势互补,促进产教融合,提升学校专业建设水平,促进校企双方共同发展,达到学校、企业和学生的多方共赢,共同培养技术技能人才的目标。学校依托现有资源,汇聚政、校、行、企和社会各方力量,深入推进协同育人培养模式。建立健全规章制度,为校企合作顺利运行提供制度保障;引导地方主导产业进驻学校,扩大合作领域,密切合作程度;优化资源配置,构建现代职业教育体系;深入推进校企融合,探索新型人才培养模式。通过政、校、行、企的紧密合作,优化与当地产业发展相适应的职教专业体系和中高职对接的人才培养体系,在互利共赢的基础上资源共享,搭建人才培养、职业培训和技术研发创新平台,创新办学体制和人才培养工作机制,提升了人才培养质量及服务经济社会和产业发展的能力。

洛科作为一所民办高等职业院校,办学的成功实践就是依托政府资源、区域资源、企业资源、社会资源等,协同开展人才培养工作,把社会资源充分吸纳到我们的人才培养体系中,让企业、让人才需求部门深度参与我们的教学活动,打造企业需要的人才。我们同洛阳自贸区合作,建立学生实习实训平台,把跨境电商专业办到了政府进出口

贸易大厅；我们同洛阳退役军人管理局合作，联合举办退伍军人学历提升班、技术技能班，培养社会所需应用型人才；我们同新安县政府合作，在每个乡镇建立电商培训点，把乡村的手工制品、土特产、水果等通过电商销售到全国各地。合作的企业就更多了，每个学院、每个专业都有相对固定的合作单位，在学校的人才培养中发挥着举足轻重的作用。

这些年与我校合作取得很好效果的单位有江苏富纳、浙江春客、北京云图、北京微软、南京第五十五所、洛阳轴研所、洛阳北玻、洛阳帝舜文化公司、武汉优能、上海特斯拉等。学校形成了产教融合、校企合作、工学交替、学工一体的人才培养模式，陆续为社会输送了十余万高职人才。

(五)这十年来，我们重视专业发展，专业建设适配需求

学校申报了电子商务、艺术设计、机械制造及自动化专业群3个省级骨干专业群，立项品牌专业9个，其中国家级1个，省级8个。成为教育部中德先进职业教育合作项目首批试点院校，智能制造与汽车工程学院机械制造及自动化专业入选试点专业。获评5个省级信息化优秀教学成果奖；完成2门省级精品在线开放课程，立项2门省级精品在线开放课程；完成16门校级精品课的立项及阶段性建设工作；成功申报和培育省市大师工作室4个。因教改成绩比较突出，艺术设计专业被评为2021年度河南省职业院校教师技艺技能传承创新平台，电子商务专业获评河南省教师教学创新团队。

专业建设是学校教育教学工作的龙头。学校现有八个专业学院，形成了八大专业群等等。

在专业建设中，坚持多元化育人体系建设，主动对接国家、省、市及县域产业、经济、社会发展大局，适配社会发展对高职教育的要求，专业、专业群对接产业，走出了一条洛科独具特色的办学之路。学校

围绕区域经济发展需要，专业设置对接产业发展，专业结构瞄准产业结构，专业升级紧跟产业升级，不断改革创新，与时俱进，在专业设置上既有体现时代特征的"跨境电商""空中乘务""城市轨道交通运营管理""动漫制作""大数据""云计算"等专业，也有改造升级重新焕发青春的传统专业，如："汽车维修专业"更新为"新能源汽车专业"，"机械加工专业"升级为"数控技术专业"，等等。目前，高职开设有28个专业：机械制造与自动化、机械制造与自动化（3D打印技术方向）、数控技术、焊接技术及自动化、汽车检测与维修技术、软件技术、计算机应用技术、金融管理、电子商务、人力资源管理、城市轨道交通运营管理、电气自动化技术、动漫制作技术、动漫制作技术（虚拟现实方向）、建设工程管理、药品生产技术、表演艺术、艺术设计、会计、空中乘务、工业机器人技术、物联网应用技术、新能源汽车技术、电子竞技运动与管理、现代物流管理、大数据技术与应用、云计算技术与应用、智能产品开发等，基本形成了科学合理的专业体系。学校"以父母之心育人"，实行"三保教育"，保成才，保证书，保就业，目的是让学生满意、家长满意、社会满意。

职业教育研究是决定职教深度的重要手段，学校高度重视新形势下的高职教育研究，获得省级教学成果奖二等奖一项（由艺术与设计学院院长金卓教授主持完成）、省级及以上教改项目二十余项。

（六）这十年来，我们强化实践教学、就业导向，人才辈出

按教育部要求，高职院校实践性教学要占到全部教学时数的50%以上，学校转变观念，创新人才培养模式，积极践行"政-校-行-企协同育人"，在实践性教学上进行了许多有益尝试。

学校认真落实河南省科教强省战略，认真落实河南省委、省政府《关于推动现代职业教育高质量发展的实施意见》的要求，对接河南省产业发展要求、洛阳市产业发展要求，建设技能社会，弘扬工匠精神，

打造国家职业教育发展新高地,培养更多高素质技术技能人才,紧密围绕"一群对接一产业"和"一体两翼"的专业群组建方法,形成了面向洛阳及全省的装备制造业的机械制造及自动化专业群,面向信息产业的电子商务专业群,面向艺术设计、工艺设计的艺术设计专业群,这三个专业群均为省级特色专业群。此外还有比较成熟的校级专业群:计算机应用技术专业群、机械制造及自动化专业群、电气自动化专业群、新能源汽车技术专业群、市场营销专业群、学前教育专业群、艺术设计专业群、电子商务专业群,这些专业群与区域产业发展呼应度、匹配度高,深受社会欢迎,回应了社会需求,支撑了区域经济的发展。

学校智能制造与汽车工程学院的机械制造及自动化专业群,组群逻辑清晰,对接洛阳产业发展,尤其是对接洛阳全国先进装备制造业。该院以数控技术、智能制造装备技术为支撑的机械制造及自动化专业群,形成了"四共一融通"的人才培养模式和"宽基础、大平台、活模块"的课程体系,培养面向通用设备制造业、专用设备制造业的机械工程技术、机械冷加工等职业群,能够从事机械产品设计与制造、工艺和工装夹具设计、数控编程与设备操作、机械产品质量检测、自动化产线调试及维护等工作的高素质技术技能人才。

智能制造与汽车工程学院构建了以电气自动化专业为核心,机电一体化技术、工业机器人技术为支撑的电气自动化专业群,对接洛阳市先进装备制造产业,形成了"三递进、三融合、四对接"的人才培养模式和"基础共享、中层分立、高层互选"的课程体系,培养面向通用设备制造业、专用设备制造业,能够从事数控设备机械装调、自动生产线运维、工业机器人应用、智能制造控制系统的维护维修、机电设备维护等工作的高素质技术技能人才。

智能制造与汽车工程学院因实践教学成绩突出、效果明显,获批了省教育厅的专业建设资金,支持特色化发展。该院的机械制造及自动化专业还顺利通过2023年河南省职业教育示范性专业点建设项目审批,实现了学校优势专业建设的重大突破!该专业按照"科学规划、分期建设、以点带面、整体推进、突出内涵、区域共享"的建设原则,以"一体化设计、结构化课程、颗粒化资源"为逻辑,结合专业特点和信息化特征,实现教学内容创新与改革,专业建设上取得了突破。

以上仅是学校对接产业发展,实践性教学方面的案例,其他类似的情况在电子商务学院、信息工程学院、经济与管理学院、教育学院等都得到了普遍应用,取得了良好的育人效果。

这十年来,学校坚持就业导向。连年来,就业率不断提升,多次荣获河南省、洛阳市就业先进单位,在学生就业问题上,学校有许多成功的实践,着力抓好高质量就业、高品质就业,把就业工作奉为学校的立校之本,视为学校工作的重中之重,以就业为导向,反推学校其他工作到位,牵引学校工作围绕立校之本持续不断发力。

学校全面落实和深化就业工作"一把手"工程。建立健全全员参与就业工作制度,学校、职能部门、学院、学生发展中心、班级纵向互通,班主任、辅导员、学院就业指导师、校友、学生骨干、学生家长横向互联,各司其职、通力配合,形成了期初有部署、过程有督导、期末有考核的就业创业工作方案,审势而谋、应势而变,齐抓共管聚合力,多措并举促就业。尤其是2023年,学校召开了2023届毕业生就业工作推进会。刘丽彬校长再次系统阐述了双院育人架构下学校就业工作的管理体制,提出"落实全员职责,抓细、抓实、抓好就业工作"的要求,形成了全员抓就业的共识。

就业导向体现在学校围绕专业发展、专业群发展成立的产业学院上。洛科积极构建特色产教融合育人模式,重点打造"一群对接一产业,产业学院强融合"品牌。"一群对接一产业",专业群对接支柱产业或新兴产业,成立服务于产业链的产业学院,通过产业学院加强人才培养供给侧与产业需求侧紧密互融互通,促进课程内容与技术发展对接、教学过程与生产过程对接。目前,学校成立了跨境电商产业学院、富纳智能制造产业学院、北玻高端智能产业学院、智慧财税产业学院、正大新零售产业学院、软件产业学院、数智产业学院、信创产业学院、网络产业学院等,把专业教育落实到产业学院中,让学生在实际生产、实际操作中掌握专业知识、专业技能,为就业奠定基础。

为引导大学生树立正确的就业观,普及大学生职业生涯和就业指导教育,进一步提升大学生职业生涯规划和实战求职能力,仅2022年9月至2023年底,就业服务中心就组织了26场职业生涯规划、简历制作和面试技巧等线上就业指导讲座,同时联合洛阳市大学生就业导师团和行业大咖开展线下大型就业讲座6场,各毕业班学生职业生涯规划意识明显加强,求职能力得到显著提升。

学校就业方面涌现出许多典型代表,有参军报国,在建党一百周年庆典上隆重登场的解放军仪仗队成员,他们是我校优秀毕业生电子商务学院张森、智能制造与汽车工程学院赵武龙;有个人创业,从事电商直播的我校艺术与设计学院优秀毕业生李思思,年收入达百万以上;有创业新秀王浩伊、张家乐。王浩伊2016年毕业于我校智能制造与汽车工程学院数控专业,目前就职于河南赛恩斯仪器设备有限公司,担任销售经理,业绩颇佳;张家乐,2022年毕业于我校艺术与设计学院表演艺术专业,目前任八音艺能一站式综合艺术培训服务平台林溪校区校长,办学成绩比较突出。

还有就业典型刘士万同学,他是内蒙古赤峰人,1994年11月出生,现任洛阳昀润商贸有限公司总经理。他在校期间选择在洛阳创业,2017年成立洛阳昀润商贸有限公司,依托地理区位、资源保障、科技人才等优势,融合工业与城市发展,打造一站式维修服务群,形成"低成本、高效率、好服务"的核心竞争力,目前已广泛服务冶金、化工、轻工、环保、电力等领域,得到客户的一致好评。公司直接、间接带动600余人就业,与大唐、中铁集团等大型企业有合作关系,与高校、研究所合作,大力推进"工学一体"技能培训。公司多次在企业时报网、中国教育在线、河南在线等媒体上被报道,他本人获得第八届"互联网+"大学生创新创业大赛国赛铜奖、省级二等奖。作为一个90后,刘士万弘扬"创新、创业、创优"的时代精神,用实际行动展示了一个有理想、敢作为、能干事的好青年形象。

再者是学生创业典型黄珂,他是洛阳科技职业学院2019级高职电商班学生,在拼多多、天猫、淘宝等平台开设网络店铺,主销农产品。他的店铺日均成交约1万单,月营业额200万元左右。目前已有数位洛科毕业生在其所开设在新安县电商产业园的公司实习并就业。经过4年的拼搏和努力,现在黄珂拥有4家天猫店铺,2家抖音小店,6家拼多多销量达到10万+的店铺,运营团队达15人,库房打包员工40人。回顾4年的电商经历,黄珂深有感触:"电商难做是事实,但如果因为困难就放弃,那不如不开始。我始终相信只要坚持自己的想法,用心做产品、创品牌,做好客户服务,再加上不懈的坚持和努力,总会成功。"

学校专升本考试历年来比例不断攀升,位于同类学校的前列,先后有毕业生考入河南科技大学、洛阳师范学院、洛阳理工学院等大学。以我校2023届毕业生参加专升本考试为例,参加考试1707人,被本科院校录取805人,升学率为47.16%,高于河南省平均录取率39.84%。此外还有许多毕业生选择出国留学深造,取得了国外名牌大学的本科、硕士研究生文凭。

因就业工作比较突出,学校荣获中国教育在线·就业桥"2022年度就业工作创新奖",省教育厅2022年河南省深化创新创业教育示范高校(职业教育)。

(七)这十年来,我们强化队伍建设,五湖四海,双师双能

在学校的发展中,人才是最宝贵的资源,是第一生产力,为此,学校高度重视管理队伍、教师队伍、辅导员队伍、后勤服务管理队伍建

设,坚持德才兼备、以德为先原则,造就了一支理想信念坚定、能打硬仗、敢攻山头、组织利益至上的过硬队伍,为学校的高质量发展提供了坚强有力的保障。2020年至今,教师队伍学历结构、职称结构、双师型教师数量等有了显著变化。硕士研究生由122人增至207人,增长69.7%;中级职称由40人增至202人,增长405%;副高级及以上职称由17人增至26人,增长52.9%;双师型教师由253人增至303人,增长19.8%;教授、博士等高层人才共引进72名。

学校引进的高层次人才,来自五湖四海。有来自东北的,如艺术与设计学院院长、教授金卓博士;有来自安徽的,如信息与数字工程学院院长宋启祥教授;有来自山东的,如艺术与设计学院张嘉伟教授;有来自公办大学的,如经济与管理学院院长、教授郭凯博士;有来自民办大学的,如教育学院院长、博导、刘金平教授;等等。他们在学校的发展中起到了很大的作用,他们中有许多是全国全省的知名专家,学术造诣深厚,精于高职人才培养,专于校企合作、多元化办学,人脉资源丰厚,善于对接企业,等等。下面简要介绍几位我校引进的知名专家。

韩全力,副校长,硕士,二级教授。国家质量工程项目"电气自动化技术专业国家级教学团队"带头人,教育部创新发展行动计划智能制造应用技术协同创新中心主任,国家骨干高校建设电气自动化专业负责人,全国机械行业特色专业机电一体化技术专业带头人,河南省南阳市第六届拔尖人才,被河南省人民政府表彰为"全民技能振兴工程先进个人",河南省首届高层次人才特殊支持中原领军人才,被河南省认定为高层次(B类)人才。

郭凯,经济与管理学院院长,博士,教授。MATRIZ三级国际认证专家,国家自然科学基金委员会函审专家,河南省提质增效咨询专家,河南省"管理科学与工程"重点学科骨干成员;洛阳市工业和信息化专家,洛阳市制造业高质量发展咨询专家委员会委员,美国圣地亚哥州立大学创业与创新研究中心公派访问学者,俄罗斯托木斯克理工大学公派访问学者。

金卓,艺术与设计学院院长,博士、教授、研究员。泰国马哈沙拉堪大学艺术学博士生导师,河南省教育厅学术技术带头人,中国包装联合会理事,中国广告协会学术委员会委员。

宋启祥,信息与数字工程学院院长、教授。宿州市计算机学会理事长,安徽省计算机学会常务理事,安徽省计算机教育研究会常务理事,农业生态大数据分析与应用技术国家地方联合工程研究中心宿州实验室主任,宿州学院大数据+新技术应用研究所所长。

张兰花,洛科书院研究院院长,博士、教授。中原文化产业研究中心主任,许昌市三国文化研究会副会长,中国三国演义学会理事,河南省非遗保护专家委员会委员,许昌英才。

刘琳娜,马克思主义学院(通识教育学院)院长,博士,三级教授。河南省教育厅学术技术带头人,河南省教育厅"三育人"先进个人,许昌市专业技术"拔尖人才"。

刘金平,教育学院院长,博士,二级教授,博士研究生导师。中国心理学会认定的心理学家,中国心理学会心理学教学工作委员会委员,中国社会心理学理事,河南省教育厅学术技术带头人,河南省高等学校青年骨干教师。

以上介绍的仅是部分知名专家的情况,还有多位专家的情况在学校的网站上有比较详尽的介绍。除上述全职在学校工作的专家以外,还有一批社会知名度很高,学术成就卓然的专家担任学校兼职教授,承担学校学术专家、学术带头人、青年教师指导专家、科研项目指导专家、发展指导专家等重要工作,为学校的高质量发展发挥着举足轻重的作用。

如经济与管理学院名誉院长王卓教授,曾为天津大学管理决策与运筹技术方向博士后、副教授,北京联合大学教授,北京现代服务业发展研究院副院长兼国际研究所所长,兼任清华大学机械工程系压铸研究基地副主任、北京大学经济新思维与企业实战管理总裁班教授、中国普天集团电子城科技孵化器创业导师、世界中医药联合会儿童产业分会名誉副理事长。主持和参与国家、省部级等各类项目30余项,出版著作9部,在核心期刊发表论文60余篇。

信息与数字工程学院学术带头人俞俊生教授,博士生导师,北京邮电大学-伦敦玛丽女王大学国际开放实验室中方主任。主要从事无线电技术、健康大数据与人工智能、危机心理救助方法以及中共党史教育研究。国家"十三五"航天技术专家组成员,中国电子学会电波传播分会理事,中国兵工学会太赫兹分会理事,教育部中国教育发展战略学会国际教育专委会学术委员会委员,中国生物物理学会太赫兹生物物理分会学术委员会委员,IEEE[①]高级会员,IET[②]会士。

学校实施教工学历提升计划,以进一步提高教师学历层次为目标,鼓励教师攻读硕士、博士学位,改善师资队伍的学历、学缘结构。同时进一步建立和健全以更新知识、全面提高教师素质为主要内容的继续教育制度。教师的继续教育坚持"在职为主、形式多样、加强实践"的原则,以中青年骨干教师为重点,着眼于加强师德教育、更新和拓展知识结构、提高教育教学能力。

实施教工职称提升计划。按照职称评审的有关要求,学校制定科学公正、体现高职教育特点的职称评聘政策,进一步加大政策支持力度,有效破解职称评审特别是职称聘任中的各种难题。

实施思政教师提升计划,加强思想政治理论课程师资队伍、专职辅导员队伍、心理健康教育与指导教师队伍建设。根据教育部有关文件精神,按照"政治过硬、道德模范、业务骨干、育人标兵"标准,以及

[①] 电气与电子工程师协会。
[②] 英国工程技术学会。

"爱国守法、敬业爱生、育人为本、终身学习、为人师表"的要求,通过进一步加强在职培训、研修并强化绩效考核,整体优化思想政治理论课教师和专职辅导员的队伍结构,不断提升其师德水准、综合素质和业务能力。

实施双师型队伍建设计划。健全学校双师型教师认定标准及认定机制,建立"双师"素养导向的新教师转入机制和考核评价制度。构建校企双主体的教师培养培训模式,通过学习培训或到企业见习等方式,提升教师面向行业企业的社会服务能力和教学成果转化能力。优化校企人员双向交流机制,完善学校高层次技术技能人才聘请机制和兼职教师管理办法,完善教师定期赴企业见习制度。从企业或科研单位引进既有工作经验,又有扎实理论基础的专业技术人员和管理人员充实教师队伍。目前,学校认定的双师型教师有300余位,涵盖学校的所有学科,他们在基础教学、实践教学、职教改革中发挥着重要作用。

(八)这十年来,我们遵循社会需求,人人持证,终身教育

社会需求是我们办学的导向,近些年,国家出台了许多高职教育应遵循的政策,如"类型教育""三全育人""产教融合""校企合作"等,其中需求导向是高职教育的重中之重。我们围绕社会需求,及时调整专业方向,同社会的需求度紧密结合,先后申报了社会急需的专业十数个,如跨境电商、智能制造、新能源汽车、婴幼儿托育与教育、老年健康与护理、城市轨道交通服务等,极大满足了社会需求。

职业教育是重大的民生工程,2020年9月,教育部等九部门印发《职业教育提质培优行动计划(2020—2023年)》,要求健全服务全民终身学习的职业教育制度。我们以在校学生为主,同时面向社会适龄青年和各类群体提供多样化服务,如对未升学的初高中毕业生、农民、

退役军人、企事业单位员工、失业人员等群体,进行灵活多样的职业教育和培训,营造了人人皆可成才、人人尽展其才的良好社会环境。

对在校学生,我们积极帮助他们参加专升本考试,2019—2022年我校学生参加专升本考试共计2726人,其中专升本上线1402人,千余名专升本学生被河南省45所本科院校录取。

"人人持证、技能河南",我校也奋勇争先。学校进一步推进人力资源供给侧改革。以建设知识型、技能型、创新型劳动者大军,构建科学的技能人才评价标准体系,提升技能人才的技能水平,实现人尽其才、才尽其用,为经济社会发展和企业转型升级提供强大的技能人才支撑为目标,我校自2021年9月以来积极开展职业技能认定工作。

作为首批社会培训评价组织中的高职院校,洛阳科技职业学院将充分发挥综合性高职院校的资源优势,成为洛阳市职业技能提升的主阵地,构建"标准化、专业化、实体化"社会培训评价组织。目前我校的社会培训认定涵盖22个职业38个工种。

截至2023年底,我校技能等级认定中心累计认定17792人次,在洛阳市名列前茅,且在河南省"人人持证、技能河南"工作推进会议中,洛科的工作成果受到了省主管部门高度认可。

为大力推进乡村振兴工程建设,学校走访各县区人社局及各乡镇单位,组织农村劳动力进行培训及技能认定工作,目前取证3000余人次。

我校积极创造条件,申报并获得省退役军人职业技能培训的资质。根据2019年《高职扩招专项工作实施方案》扩大招生计划,做好高职招生的补报名工作,我校面向我省退役军人开展招生,先后招收退役军人学生300余名,使退役军人获得全日制学历教育,文化素养和专业技能有很大提升,为国家的退役军人素质提升工作做出了应有贡献。

洛科办学十年，学校的办学效益、办学声誉等显著提升，近年荣获"职业教育院校突出奖"、"中国特色知名院校"、教育部中德先进职业教育（SGAVE）合作项目首批试点院校、"河南省高等教学成果二等奖"、"河南省深化创新创业教育示范校"、"河南省优质特色学校"、"中原十大品牌影响力典范学校"、"河南省最受高中生关注高职院校"等多项荣誉，并且连续三年位列校友会全国高职院校排名前100名。

第二章

党建引领　思政铸魂

一、政治核心作用

十年来，在上级党委和主管部门的支持下，学校党委始终坚持社会主义办学方向，紧紧围绕习近平新时代中国特色社会主义思想，牢牢把握社会主义办学方向，落实立德树人根本任务，贯彻全面从严治党要求，团结带领全校师生员工，围绕学校战略目标，以创新发展和特色发展为抓手，充分发挥党委政治核心作用，全力做好学习宣传贯彻落实党的创新理论，坚持党建引领，以高质量党建促进学校高质量发展。

(一)党建工作机制

学校认真贯彻党和国家的方针、路线、政策,同党中央保持高度一致,坚持以培养人才为主,坚持公益性原则,坚持育人为本、德育为先。通过党政联席会、党委中心组理论学习会、党代会、工代会以及与董事会的协调沟通等形式,贯彻党的教育方针政策,把握正确办学方向,对学校发展规划、人事安排、财务预算、基本建设、招生收费等重大事项实行科学化、民主化决策。

通过修订学校章程和二级学院党政联席会议议事规则,明确党组织参与重大事项决策的范围、程序和权限,使政治引领在决策层面得到保障。学校依法成立理事会,理事会为学校最高决策机构。理事会由学校的举办者代表、校长、党委书记和教职工代表等共七人组成。校长依法行使教育教学和行政管理职责,理事会积极主动地支持校长行使职权。监事会为学校监督机构,监督理事会及行政机构的办学行为。校党委积极发挥政治核心作用,确保社会主义办学方向。[1]

校委会对学校"三重一大"事项进行集体决策,"三重一大"事项,是指涉及学校建设与发展的重大决策事项、重要人事任免、重大项目安排及大额度资金使用事项。[2]校委会由校长主持,或校长委托校委会其他成员主持。校委会参会人员由学校理事会决定,学校党委书记为校委会当然人选。[3]学校党委认真履行领导职责,党委书记、校长为第一责任人,分管校领导具体落实党建工作。

严格落实《教育部等八部门关于加快构建高校思想政治工作体系的意见》要求,年均党建思政经费预算投入100余万元,符合上级在校生总数每生每年不低于30元的标准,设立网络思政工作专项经费和在校生总数每生每年不低于20元的标准,设立思想政治工作和党务工作队伍建设专项经费的要求。

---

[1]《洛阳科技职业学院章程》第二章第十六条、第十七条。
[2]《洛阳科技职业学院"三重一大"管理实施办法》第一章第三条。
[3]《洛阳科技职业学院校委会议事规则与决策制度》第一章第三条。

(二)党务思政队伍

2013年9月学校建立了党委。2020年,学校完成了党组织隶属关系由中共洛阳市教育局党组转移至河南省委高校工作委员会。2021年7月省委组织部选派政治素质高、业务能力强的刘茂钦到我校任党委书记,2022年4月省委教育工委选派梁广成到我校任党委副书记、党建指导员。截至2023年6月,我校共有党员1257名,其中教职工党员460名,学生党员797名。

中国共产党洛阳科技职业学院第三次代表大会

2021年12月21日,中国共产党洛阳科技职业学院第三次代表大会在新民学堂隆重召开,大会审议通过了中共洛阳科技职业学院第二届委员会工作报告、中共洛阳科技职业学院第二届纪律检查委员会工作报告,选举产生了中共洛阳科技职业学院第三届委员会和中共洛阳科技职业学院第三届纪律检查委员会。时任学校领导刘茂钦、刘丽彬、牛耀堂、米万平、董延寿、杨建宏、赵兵、谷广青、罗晓瑜等和全校近120名党代会代表出席会议,河南省委高校工委、洛阳市委相关领导到会指导。部分处级以上干部、基层党务干部以及党外知识分子代表列席会议。大会通过了《中国共产党洛阳科技职业学院第三次代表大会关于中国共产党洛阳科技职业学院第二届委员会工作报告的决议》，共选举出九名同志为中国共产党洛阳科技职业学院第三届委员会委员；选举出七名同志为中国共产党洛阳科技职业学院第三届纪律检查委员会委员。

学校实行党组织班子与学校决策层、管理层"双向进入、交叉任职"，校长刘丽彬任党委副书记，副校长牛耀堂任党委副书记，党委书记、副书记进入校委会。截至2023年8月，学校有党委委员10人，设有党委办公室、组织部、宣传部、统战工作部、学生工作部、武装部等职能部门，设有14个党总支、6个直属党支部，党总支下设党支部26个，党务机构齐全，结构合理。

学校配齐、配优各部门党务工作人员和思政工作队伍，建设"双培"工程——坚持注重把教学科研管理骨干培养成党员，把优秀党员教师培养成学科带头人。积极推进实施"双高"(即政治素质高、师生威信高)和"双带头人"培育工程，注重从优秀辅导员中选拔学生党支部书记，每年对党支部书记进行培训。现有专兼职基层党务干部103人，配备专职辅导员130名，思政课专职教师65名。

学校事业的全面发展，离不开群团组织的参与和支持。学校支持各民主党派、统战团体加强组织建设和队伍建设，做好民族团结工作，做好港澳台侨工作，构建统一战线工作大格局，引导广大成员自觉聚焦"三个转变"发展战略，为学校改革发展贡献才智和力量。加强对工会、共青团和学生会等群团组织的领导，强化政治引领，推动改革创新，切实增强群团组织的政治性、先进性和群众性；加大关注青年、关心青年、关爱青年工作力度，大力推进"青马工程"，引领青年坚定马克思主义信仰，主动将个人理想与国家前途命运紧密结合起来。充分发挥教职工代表大会的作用，最大限度支持群团组织融入学校干事创业行动中，支持学校广大青年师生把个人理想融入党和国家事业之中，立大志、明大德、成大才、担大任，提升各方力量在实现学校建设中国特色高水平大学远景目标伟大实践中的参与感、荣誉感和幸福感，为学校事业高质量发展汇聚最广泛、最强大、最持久的磅礴力量。

（三）全面从严治党

学校高度重视全面从严治党，切实落实全面从严治党主体责任，每年和相关人员签订《全面从严治党责任书》《党风廉政建设责任书》等，制定了《洛阳科技职业学院意识形态工作责任制实施细则》《洛阳科技职业学院学术报告讲座管理办法》等。认真贯彻新时代党的建设总体要求，全面落实中央八项规定精神，提高政治判断力、政治领悟力、政治执行力。严格落实《中共河南省委关于落实党风廉政建设党委主体责任和纪委监督责任的意见》，明确党委主体责任和纪委监督责任界限。坚持抓早抓小，体现严管厚爱，以严明的政治纪律带动组织纪律、廉洁纪律、群众纪律、工作纪律和生活纪律，精准运用"四种形态"，特别是用好用活"第一种形态"。每逢节假日等重要时间节点，提前发送廉洁信息，提醒党员干部廉洁过节。守好课堂教学等主阵地，实现学术会议"一会一报"。强化监督制约和执纪问责，严肃查处损害师生利益的不正之风和腐败问题，重实干、重实绩，激发党员干部担当尽责、干事创业的热情，为担当者担当，为负责者负责，为干事者撑腰。

加强对各类学术报告会、研讨会和讲座的管理。学校利用舆情监测软件、校长信箱等方式，建立舆情收集、信息分析、管理控制等方面的协调处置机制。加强党建思想主阵地，建立"洛科党建"微平台，充分利用新媒体做好高校思想政治工作，进行抵御宗教渗透教育和反邪教宣传教育，巩固马克思主义在意识形态领域的指导地位。巩固和发展最广泛的爱国统一战线，形成了大统战工作格局，坚持教育与宗教相分离原则，坚决防范和抵御各类非法传教、渗透活动，健全"双防"工作机制。充分利用班会、黑板报、校园广播等开展党史学习教育，利用"两微一端"等新媒体平台,加强宣传动员,牢牢掌握网络意识形态工作的领导权、管理权和话语权。近年来,学校没有发生一起重大舆情和涉意识形态安全事件。

二、党建创新品牌

党的十九大报告提出,创新是引领发展的第一动力,是建设现代化经济体系的战略支撑。2021年9月,洛阳市委书记江凌同志以《坚持以创新引领发展 建强副中心 形成增长极 在现代化建设新征程中重振洛阳辉煌》为题作中国共产党洛阳市第十二次代表大会的报告。同年10月12日,洛阳科技职业学院党委书记刘茂钦,以《创新引领促发展,开创洛科新局面》为主题为全校师生作专题报告。刘茂钦强调:思想是行动的先导,全校教职员工要深入领会和践行习近平新时代中国特色社会主义思想为主要内容的党的创新理论,坚持立德树人为首要任务,要以学校党员导师制等不断创新党建引领发展,以书院制改革创新,既突出重点、又抓好统筹,带动全方位创新,更好发挥创新的乘数效应。

学校全面贯彻新时代党的建设总体要求和新时代党的组织路线,通过深入研究新时期学校全面加强党的建设方面面临的热点、难点问题,立足深入推进全面从严治党、服务保障省市区域经济建设、推动学校事业高质量发展,围绕党建与教育教学、双院制育人、思政建设、专业建设、科技创新、人才引育、"三全育人"、文化传承方面的深度融合,持续挖掘学校党建思政工作经验,引导全校教职员工在探索业务拓展、提升办学质量的同时,提炼党建思政促育人、促业务、促质量的创新做法,形成党建工作创新型举措和推广性做法,改善以往党组织在教育、管理、监督和服务方面形式单一、针对性不强、工作结合不够紧密等问题,塑造叫得响、有影响、上水平的党建品牌。

（一）党员导师育新人，同心共筑学子梦

洛阳科技职业学院党员导师聘任仪式

学校持续加强党建引领，凝聚奋进力量，以"党建引领，帮助学生成就梦想"为主题，成立以学校党委书记和校长为组长的工作领导小组，学校领导和全体教师党员参与，采用分批聘用党员导师的形式，确保了全校统筹推进全校党员导师制工作。党员导师制采取学生自愿申报的形式，每名党员导师原则上负责指导5名学生，对他们进行传、帮、带，根据每个学生的个性特点，有针对性地进行指导、引导和教导，从而培养学生健全人格，为经济社会发展培养更多高素质高技能的实用型人才，起到了显著的育人效果。自2020年12月份党员导师制实施以来，学校以"党建引领，帮助学生成就梦想"为主题，开展以党委书记和校长为首的共375名党员导师和1875名指导对象的党员导师制工作，已实现学校教师党员全覆盖。党员导师制的实施构建了学校"三全育人"的新格局，是以学生为中心理念的具体实践，最终目的是帮助学生成就梦想。

1. 思想引导

通过党员导师们持续的思想引领,学校被指导的学生积极向党组织靠拢,很多学生提交入党申请书。在指导过程中,党员导师坚持以习近平新时代中国特色社会主义思想为指导,强化党史学习教育和"四史"教育等,同时以疫情、灾情和当前国内外形势教育为契机,积极开展弘扬伟大抗疫精神教育,把小我融入大我,青春奉献祖国,学校党员导师涌现出以麦陆南、段天豪为代表的优秀教师,学生自愿参加抗疫和7·20抗洪,他们用实际行动诠释了高校师生"把灾难当教材、与祖国共成长"的生动实践,凝聚全校学生价值认同,使抗击疫情成为最厚重的思政大课和最鲜活的爱国主义教材,让学生接受了深刻思想洗礼。党员导师在讲好洛阳红色故事上下功夫,让学生更多了解洛阳优秀厚重的历史文化,走进洛阳博物馆、八路军驻洛办事处纪念馆等红色基地,聆听红色故事、接受红色洗礼,现场感悟思想伟力,汲取党的光荣传统和优良作风,用心用情感受先辈们的革命精神和崇高品格。

2. 学业辅导

党员导师孙路路在日常谈心谈话中,了解到一名性格内向的学生对三维绘图软件很擅长,并观察到他经常在朋友圈分享他绘制的卡通人物、汽车等复杂造型。在发现了他的特长后,孙老师指导该学生主动制订人生规划和学习计划,并根据其特点及特长给予学习建议,制定了有针对性、可行性的学习方案,提高计划的执行能力。在组织"全员化成图大赛选拔赛"时,该学生踊跃报名,突出重围,最终代表学院参赛并获得了省赛个人全能一等奖的好成绩!

3. 生活指导

党员导师用他们的实际行动关注学生成长,循序善导,带着满腔热忱欣赏每个学生的点滴进步,以实际行动感召学生,助力学生成长成才。面对学生在生活和人际沟通中遇到的障碍,刘锐峰老师通过了解，发现部分学生因为家庭情况和成长经历等原因，很难融入集体生活。刘老师给学生购置新的被褥、枕头和衣服鞋子等物品，主动走进宿舍同学生交流互动，通过让学生树立信心、传授人际交流技巧、加强与宿舍学生的沟通等方式，帮助学生克服了交往障碍，学生也变得更加自信。

4. 就业指导

为了学生未来就业，助力学生人生梦想实现，党员导师们还持续关注学生的就业指导。当前，高校大学生就业压力增大，"危机"意识和"躺平""躺赢"等心态交织。其中2020级高职跨境电商班的党员导师王玮珵和其所在团队共同指导一名原来学习积极性不高的学生，这名学生不断进步，最终荣获全国"三创"大赛特等奖。经过党员导师和该学生的不断努力，通过在专业比赛中获得不断的成功，该学生重拾对工作和未来的信心。

5. 心理疏导

主要是关心学生的身心健康，维护学生心理健康，及时帮助学生疏导、克服和消除心理障碍，激发他们自尊、自爱、自信和乐观豁达、蓬勃向上的健康心理。如对来自单亲家庭的同学，专升本、就业形势不乐观的学生，党员导师们积极进行心理疏导，给他们更多关心关爱，引导学生树立积极乐观的心态，同时和学校心理咨询中心互动，为他们排除各方面的干扰，放下思想包袱，让其全身心投入到学习中。

2020年12月14日，洛阳科技职业学院在学术报告厅隆重举行党员导师聘任仪式。公布了首批党员导师聘任名单。聘任仪式上，作为党员导师制领导小组组长和首批党员导师的刘丽彬与牛耀堂相互颁发聘书。随后，校领导分组依次为75名党员导师颁发聘书。2021年6月30日，洛阳科技职业学院庆祝建党100周年表彰大会在学术报告厅举行，对姬颖等17名优秀党员导师进行了表彰。

2021年12月2日，洛阳科技职业学院党委在新民学堂举行新发展党员入党宣誓和党员导师聘任仪式，为刘茂钦等180名第二批党员导师颁发了聘书。2022年6月24日，在至善大厦九楼党员活动室召开庆祝中国共产党成立101周年暨"七一"表彰座谈会，对25名优秀党员导师进行表彰，表彰他们充分发挥党员的无私奉献精神和大爱精神，鼓励他们主动关注学生的成长成才，积极与学生同频共振，在思想引导、学业辅导、生活指导、就业指导、心理疏导等方面全方位、多维度、深层次进行指导，助力学生成就出彩的人生。

2022年全年，学校各级党组织充分利用党员导师座谈会、交流会等，及时总结党员导师的典型案例，推进形成长效机制，深入研究党员导师活动，不断创新工作方式方法，同时与书院制改革结合，真正发挥好党员导师的作用，形成洛科的最佳方案，创新洛科特色党建品牌。2022年11月，在中共河南省委教育工委、河南省教育厅发布的《关于公布高等学校"同心喜迎二十大 师德筑梦育新人"教师思想政治教育典型案例征集展示活动评选结果的通知》（豫教工委〔2022〕108号）中，《党员导师育新人，同心共筑学子梦》在列，荣获征文类三等奖。

（二）"一院一品牌、一支部一特色"党建特色品牌创建

2023年2月24日，为学习贯彻落实党的二十大精神，全面贯彻新时代党的建设总要求和新时代党的组织路线，进一步落实《中国共产党普通高等学校基层组织工作条例》《关于开展全省高校党建工作强基引领"三级联创"活动的通知》等文件精神，增强基层党组织政治功能，建立健全基层党建工作长效创新机制，全面提升基层党建水平，推进党建工作和学校事业发展深度融合，学校印发《关于开展"一院一品牌、一支部一特色"党建特色品牌创建工作实施方案的通知》，力求在全面建强基层党组织的基础上，积极探索符合新时代要求、特色鲜明、内涵丰富的党建工作新路径，充分发挥各级党组织优势特色，创建和

培育一批具有较强创新性、实效性、推广性的党建工作好做法和好经验，形成具有较强示范性的党建工作特色品牌，进一步激发基层党组织创新活力、凝聚力和战斗力，推动基层党建工作能力水平全面提升，以高质量党建引领学校事业高质量发展，为实现"建'双高'，升本科，办高水平职业技术大学"战略目标提供坚强的组织保证。

围绕中心、服务大局，突出问题导向、结果导向，立足深入推进全面从严治党、服务保障省市区域经济建设、推动学校事业高质量发展，围绕党建与教育教学、双院制育人、思政建设、专业建设、科技创新、人才引育、"三全育人"、文化传承方面的深度融合，各级党组织坚持在充分调研论证基础上，按照特色品牌设计、特色品牌创建、特色品牌评比、特色品牌推广四个步骤，积极开展党建特色品牌创建工作，力图找准党建工作痛点难点，形成党建工作创新性举措和推广性做法，改善以往党组织在教育、管理、监督和服务方面形式单一、针对性不强、工作结合不够紧密等问题，塑造叫得响、有影响、上水平的党建品牌。

2023年4月，各二级学院、书院党总支和各党支部结合方案要求，立足本单位党建工作实际，通过深入调查研究和广泛听取意见，总结党建工作现状，凝练工作特色亮点，找准"切入点"和"着力点"，经过充分酝酿，精心选定拟申报的基层党建品牌名称和内容，着重在围绕中心工作抓好党建重点任务落实的思路、内容、形式及载体上寻求突破点和创新点；围绕基层党建工作中具有基础性、全局性、前瞻性的实际问题创造性开展特色鲜明、主题突出、形式新颖、易于操作的党建项目或主题实践活动，把党建工作成效明显、师生满意度高、可塑性强、具有特色品牌发展潜质的党建典型确定为特色品牌培育项目。各级党组织坚持软件建设和硬件建设相结合、统筹规划和分步实施相结合、整体提升和品牌塑造相结合，按照名称简短有力、内涵丰富深刻、理念先进精辟、内容突出特色、培育突出精品的要求开展特色品牌创建工作。

三、大思政体系构建

学校依托思政教育平台,积极拓宽"三全育人"格局,先后投资300余万元,建设焦桐大道与焦裕禄广场,作为弘扬焦裕禄精神的思政教育平台,创新思政教育新载体,传承弘扬焦裕禄精神,将思政课堂搬出教室,打造沉浸式、有风景的思政课堂,引导师生从焦裕禄精神中感悟思想伟力、传承革命精神。设立焦裕禄精神研究院,挖掘精神内涵及育人元素,并通过开展"沉浸式体验""氛围式观感""访谈式交流"等教学方式将焦裕禄精神有机融入思政课教学实践中,着力打造"大思政"教育工作特色品牌。

(一)党的创新理论学习

学校坚持用党的创新理论夯实党对学校事业领导的政治基础,带头认真落实"第一议题"和理论学习中心组制度,将学习贯彻党的十八大、十九大、二十大精神和习近平总书记系列重要讲话等列入党委会"第一议题",开设党建学习园地栏目,发布《党建学习参考》,编发专题学习资料,把学习贯彻党的创新理论与学校中心工作有机结合起来,推进"五种学习方式"制度化、常态化。

坚持把理论学习摆在突出位置,紧抓"关键少数",坚持党委、校领导带头先学一步、学深一层,示范带动全校党员干部层层跟进、层层深入,采取"集中学习+个人自学+专题辅导+交流研讨"等形式,坚持读原著、学原文、悟原理,在真学、真懂、真用上做实功。在开展理论学习的同时,充分发挥中央党校课程资源和高校的学科优势、师资优势,通过中央党校知名专家视频辅导、校内外专家名师专题辅导、校领导带头研讨交流等方式,切实提高理论学习的针对性和实效性。

1. 学习贯彻落实党的二十大精神

党的二十大召开后,学校党委第一时间组织全校2万余师生在新民学堂及300多个教室内集体收听收看党的二十大开幕会,认真聆听习近平总书记代表十九届中央委员会向大会所作的报告;召开党委(扩大)会议,认真学习党的二十大精神。

以"洛科大讲堂"为载体,学校先后邀请全国人大代表李孝轩,省市宣讲团成员刘晓丽、白选杰和杜遂卿作为主讲嘉宾,分别作题为《矢志不渝跟党走 携手奋进新时代》《踔厉奋发,勇毅前行——准确领会党的二十大精神的思想精髓和核心要义》《认真学习贯彻党的二十大精神》和《认真学习贯彻党的二十大精神 在新征程上展现新作为》等专题报告,开展"学习党的二十大 砥砺奋进新征程"系列主题学习活动。

党支部召开学习党的二十大系列主题活动,举办喜迎二十大教师书画展、座谈会、讲红色故事、红色传承剪纸、红歌比赛、党内知识竞赛等,引导学生积极参与、展示风采,进一步学习贯彻党的二十大精神。

2. 党史学习教育

2021年2月24日,党史学习教育领导小组印发《关于认真学习贯彻习近平总书记在党史学习教育动员大会上的重要讲话的通知》。2月26日,中共中央发出《关于在全党开展党史学习教育的通知》,就党史学习教育作出部署安排。

党史学习教育开展以来,学校高度重视,深入学习贯彻习近平总书记在党史学习教育动员大会重要讲话和上级文件精神,多次召开党史学习教育相关会议,成立党史学习教育领导小组,以校党委书记为组长,以党委委员和党支部书记为组员,把开展党史学习教育纳入党员教育培训工作规划,制定了《洛阳科技职业学院关于在全校开展党史学习教育的实施方案》《洛阳科技职业学院党史学习教育2021年学习计划》《洛阳科技职业学院关于在全校开展"我为师生办实事"实施方案》等文件,要求坚持"四个结合",全方位、立体式、多渠道开展党史学习教育,坚持党建引领、凝聚思想共识,高质量推进党史学习教育。

(1)坚持"四个结合",全方位、立体式、多渠道开展党史学习教育

党史学习教育开展以来,学校党委坚持"四个结合",全方位、立体式、多渠道开展党史学习教育,坚持党建引领、凝聚思想共识,全面贯彻落实党中央、河南省委关于开展党史学习教育的决策部署,持续推动党史学习教育走深走实。一是理论和实践相结合。组织广大师生深入学习党的基本理论、基本知识和党的历史,通过举办党的创新理论宣讲报告会,开展好主题党日及主题团日、志愿服务等活动,不断丰富活动载体。二是育德和育心相结合。组织广大师生到红色教育基地参观学习,开展"展现青春风采 献礼建党百年"第九届校园文化艺术节,举办"献礼建党一百年 青春唱响新时代"歌咏比赛,通过"戏曲进校园""国学经典诵读""社团文化艺术节"等活动,引导学生学习传承党的优良传统和中华优秀传统文化,展现当代大学生饱满的精神风貌,从文化活动中感悟传统文化和民族精神,进一步了解党的光辉历史,坚定文化自信。三是课内和课外相结合。采取案例分析、举办演讲比赛等活泼的课堂教学形式,增强思政课的吸引力和感染力,开展以"学雷锋、见行动、树新风"为主题的学雷锋活动,组织师生党员利用学习强国平台强化学习,开展"缅怀英烈、传承精神、诵读经典"主题活动、"丹心绘锦绣、放吟盛世歌"主题风筝大赛等,不断丰富思政课社会实践,强化理想信念教育。四是线上和线下相结合。以习近平总书记在党史学习教育动员大会上的重要讲话和党史、新中国史、改革开放史、社会主义发展史等内容制作党史学习教育展板。把学习党史摆在优先位置,大力宣传、深入解读,教育引导师生强化党员意识,增强责任感和使命感;充分利用班会、黑板报、校园广播等开展党史学习教育;利用"两微一端"等新媒体平台,加强宣传动员,营造浓厚学习氛围。同时,把开展党史学习教育纳入党员教育培训工作规划,在党员、

干部日常教育管理中抓细抓实,取得了扎实成效。

(2)创新"党史学习教育+艺术实践"模式

党史学习教育中,学校不断丰富教育方式、形式和平台,以"党史学习教育+艺术实践"为载体,以百年党史为主线,以歌叙史、以舞颂史、以剧演史,将音乐艺术与党课有机融合,共开展"献礼建党百年、争做时代青年"主题文艺晚会、"献礼建党一百年、青春唱响新时代"主题歌咏比赛、"展现青春风采、献礼建党百年"校园文化艺术节、庆祝中国共产党成立100周年文艺演出、庆祝建党100周年表彰大会等39场大型活动,全面营造广大师生"知党史、学党史"的浓厚氛围,让红色历史深植广大师生心中。

2021年7月1日上午,庆祝中国共产党成立100周年大会在北京天安门广场隆重举行。中共中央总书记、国家主席、中央军委主席习近平发表重要讲话。学校组织全校师生近3万人分别在学术报告厅、多媒体教室、班级教室等收看庆祝中国共产党成立100周年大会实况直播,聆听习近平总书记重要讲话,共同庆祝中国共产党百年华诞。

(3)开展"我为师生办实事"系列活动

在党史学习教育启动后,学校迅速召开校党史学习教育启动会,校党委先后召开常委会和领导小组第一次工作会议,第一时间传达、动员、部署,把"我为师生办实事"作为党史学习教育的出发点和落脚点。学校党委第一时间召开专题会议,成立"我为师生办实事"工作领导小组,将党史学习教育同总结建设经验、观照发展实际、推动事业进步结合起来,学校领导班子成员结合分管工作,发挥表率作用,深入一线开展"我为师生办实事"专题调研,对学生宿舍进行走访,发布"关于学生在校学习生活方面的体验"的调研问卷,了解在校学生对学习生活方面的体验;采取座谈交流、个别访谈、实地查看相结合的方式,深入基层、深入师生,广泛听取意见建议、面对面了解师生需求,切实把问题找全找实、把根源挖深挖透、把师生期待摸清摸准。截至2021年8月底完成校园网络更新、学生宿舍空调遥控器配备、引进校医院、改善教师办公环境、打通辅导员职称晋升通道等15项工作，形成我为师生办实事清单，分类分层次实施，确保党史学习教育与解决实际问题深度结合，努力推动党史学习教育见实效。

3. 深入学习贯彻习近平新时代中国特色社会主义思想主题教育

2023年4月3日，学习贯彻习近平新时代中国特色社会主义思想主题教育工作会议在北京召开，习近平总书记发表重要讲话。他指出，以县处级以上领导干部为重点在全党深入开展学习贯彻新时代中国特色社会主义思想主题教育，是贯彻落实党的二十大精神的重大举措，对于统一全党思想、解决党内存在的突出问题、始终保持党同人民群众血肉联系、推动党和国家事业发展，具有重要意义。主题教育开展以来，洛阳科技职业学院牢牢把握"学思想、强党性、重实践、建新功"的总要求，围绕总要求、抓实总任务，把学习教育、调查研究、检视问题、整改落实贯穿全过程，取得了预期成效。

（1）以"三个课堂"推动理论学习入脑入心。加强学思践悟，做好"思政主课堂"。学校共组织集体学习38次、交流研讨会21次、读书班17期，将主题教育辐射到全体党员、师生中去，切实增强广大干部担当作为、干事创业的意识和能力。坚持率先垂范，开展"洛科大讲堂"。坚持落实校领导、支部书记上党课，组织开展专题党课18场，把领导干部的政治优势、实践优势、阅历优势持续转化为学校思想政治理论课改革创新的强大动力。发挥阵地作用，用好"社会大课堂"。用好校内外红色文化资源，积极探索馆校合作共建新形式，打造焦桐大道，传承弘扬焦裕禄精神，成功组织洛阳片区大中小学思政课一体化"赓续焦裕禄精神 培根铸魂育新人"主题备课展示活动，引导党员、师生砥砺理想信念和初心使命。

（2）用"三个坚持"，不断增强调查研究的针对性和现实性。坚持以研究为先导。学校党委副书记、校长刘丽彬以"大兴调查研究之风，深入推进高质量发展"为题上主题教育专题党课，以坚持"三个导向"安排部署学校调查研究工作，确定各级党组织党建创新课题26项，推动各项工作落地生效。坚持以师生为中心。学校领导班子深入一线开展"我为师生办实事"专题调研，深入学院、书院，走访学生宿舍，发布调研问卷，了解在校学生对于学习生活方面的体会，广泛听取师生意见建议，形成学校主题教育问题清单。坚持以高质量发展为目标。学校以及各二级学院成立了调研团队，到北京、上海、广东等近10个省份的140余家企业，与企业一线技术人员、人力资源部门负责人深入沟通，持续深入企业一线调查研究学生就业形势和用人单位需求，深入了解学生的实习就业情况，以学生高质量就业助力学校高质量发展。

（3）形成"三张清单"，让检视问题更清晰、更准确、更高效。用好调研清单，把工作沉下去。校领导班子聚焦事关学校长远发展的方向航向、大事要事，直面学校改革发展中的困难和问题，紧紧围绕"建'双高'，升本科，办高水平职业技术大学"的战略目标等，确定了"加快建设青年友好型职业大学"等10个调研课题，把工作沉到基层和一线，面对面察实情、找问题、寻规律、求良策。用好问题清单，把责任担起来。学校聚焦推进书院制改革、打造学校文化载体等学校高质量发展方面存在的问题，校领导班子制定切实可行的整改措施，推动立行立改，同步明确"责任书"，绘就"路线图"，画出"时间表"。用好实事清单，把师生聚起来。学校聚焦师生实际需求，积极回应师生的关切，对照问题清单，持续改进校园环境，建设三棵树广场、校内大型超市，完成鲁班书院、慈涧书院和文远书院的书院文化墙建设，进一步丰富书院活动开展，举办职称评审办法宣讲会等，着力解决师生的急难愁盼问题，真正把调查研究成果转化为推进学校"三全育人"的实际成效。

（4）做到"三到位"，让各项整改措施落地生根，廉洁教育到位。

学校深刻领会和准确把握总书记提出的一体推进不敢腐、不能腐、不想腐的重要要求,紧盯"关键少数"、重点领域和关键环节,强化办案引领理念、制度刚性约束、廉洁文化教育,组织中层干部到河南某监狱开展廉洁警示教育活动,召开廉洁风险防控警示教育会等,坚决查处腐败问题和不正之风。监督检视到位。学校在综合运用约谈提醒、谈话函询等多种方式的基础上,积极探索常态化、近距离、可视化的日常监督方式,开展巡察"回头看",对整改情况再"体检",召开主题教育检视整改工作师生评议会等,让广大师生切实感受到解决问题的实际成效,持续巩固深化整改成果。问题整改到位。学校领导持续对问题解决情况加强跟踪和督办,建立整改任务清单和责任清单,坚持阶段性和长期性整改相结合,并结合实际情况对实施措施进行动态调整和优化升级,建立巩固深化调研成果的长效机制,共建立制度机制28条,共梳理形成问题清单9条,明确整改措施44条,采取"清单式管理"+"销号制落实"机制。目前立行立改问题已全部整改到位。

(二)思政课程建设

学校全面贯彻党的教育方针,积极发挥思政课铸魂育人主渠道作用。马克思主义学院自2018年成立以来,坚持以师资队伍建设为基础,以课程建设为中心,以深化思政课改革创新为支撑,精心锤炼洛科特色思政育人模式,潜心打造优质科研团队,积极推动教育教学改革,切实增强思政课的思想性、理论性、针对性和亲和力,实现思想政治理论课入耳、入脑、入心、入行。广大师生围绕科研、教研等工作取得了丰硕成果,近三年课题立项近100项,发表论文近200篇,出版专著2部。在全省高校思想政治理论课教学技能"大比武"活动、"军事理论"课程教学大赛、洛阳市优质课大赛中,参赛教师取得一等奖的优异成绩。

把思政小课堂与社会大课堂相结合,加强思政课实践教学力度,与隋唐大运河文化博物馆、八路军驻洛阳办事处纪念馆等博物馆、爱国主义教育基地共建共享思政课教育基地,开展丰富多彩的实践教学活动,更好地实现理论学习教育与实践锻炼有机结合,使"大思政课"既具备理论深度,又有社会视野的宽度和本地红色文化的温度,继续发挥好高校思政课实践性作用,不断建设"大课堂"、搭建"大平台"、建好"大师资"、用好"大资源"、汇聚"大合力"、激发"大能量",真正触动青年大学生心灵,带领广大洛科学子淬炼思想之魂,深扎信念之根,点亮信仰明灯。

1. 传承"大情怀"

学校依托洛科焦桐大道、焦裕禄广场"大思政"平台,立足洛阳深挖焦裕禄同志在洛矿工作9年的事迹,采用"体验式"等实践教学方式开设专题讲座,同时发表系列研究论文,申报系列项目,开展系列读书会和拍摄系列微视频等,呈现思政课的大情怀。邀请中央马工程首席专家、清华大学教授肖贵清为马院全体教师做《马克思主义中国化时代化新的飞跃》的学术报告,此次报告作为一场思想盛宴,发挥了对全体教师的价值引领作用,进一步提升了教师理论研究水平。

2. 组建"大联盟"

学校与隋唐大运河文化博物馆、八路军驻洛阳办事处纪念馆、新安县全国民主法治示范村刘杨村、新安县委党校等多家单位深度合作,用好"社会大课堂",筹建馆校合作、政学互动"大联盟",自觉做到因事而化、引领青年学子,因事而进、走进青年学子,因事而为、赢得青年学子,让学生成为更好的自己。进而实现教师学术上共研,教学上共赛,活动上共策,资源上共享,汇集优势资源推动学校高质量发展。

3. 构建"大协同"

学校扎实推进大中小学思政课一体化工作,与涧西区东方四小、洛阳理工附中等构建"大协同",与洛阳市教育局共同主办以"赓续焦

裕禄精神 培根铸魂育新人"为主题的思政课集体备课展示活动。在理论研究上，组建团队研究申报大中小学思政课一体化建设教改课题。在实践层面，与洛阳理工学院马克思主义学院、河南科技大学马克思主义学院等联合开展教研项目申报、精品课程共建、优秀师资共享、示范金课打造等合作。

4. 创新"大融合"

学校通过融合中国优秀传统文化、融进古今中外优秀案例、融入"产业、行业、企业"文化，以及把《洛科榜样集》融入课堂教学，讲好洛科故事，进而讲好中国故事。举办"金法槌"模拟法庭实践活动，结合思想道德与法治课程，通过分析和研究案例，模拟案件的处理，达到理论和实践相统一，加强法治观念，提升全体师生的法律意识的效果。举办以"十年新成就 奋进新征程"为主题的社会实践成果展示。结合"习近平新时代中国特色社会主义思想概论"课程，推进习近平新时代中国特色社会主义思想"三进"工作，深化思政课教学改革。通过活动开展，让学生深刻感受十年来城乡发生的巨大变化，增强学生的民族自豪感和自信心。组织"奋进新征程 建功新时代'四史'知识竞赛"，全校多名学生同场竞技，引领全校师生学"四史"、悟党性的学习热潮。结合"毛泽东思想和中国特色社会主义理论体系概论"课程，激发学生的学习积极性和主动性，贯彻"最以学生为中心"的理念。

5. 增强"大服务"

结合洛科"成为扎根中原大地的高水平职业技术大学"的办学定位，发挥高校服务地方经济社会发展作用，鼓励教师参与政府文件、报告起草论证工作，为政府和企事业单位提交决策咨询报告，组建宣讲团进行马克思主义理论及党的路线方针政策宣讲，发出"洛科声音"，做出"洛科贡献"。

(三)特色思政教育平台

2022年,是党的二十大胜利召开之年,也是焦裕禄同志诞辰100周年,为推动党史学习教育常态化长效化,传承弘扬焦裕禄精神,学校积极构建特色鲜明的"大思政"体系,拓宽"三全育人"格局,计划以洛涧大道为主线打造焦桐大道、焦裕禄广场,引导师生从焦裕禄精神中,感悟思想伟力、传承革命精神。9月27、28日,洛阳科技职业学院党委副书记、校长刘丽彬,监事会主席周瑞霞,副校长杨建宏,发展顾问董延寿教授,马克思主义学院院长刘琳娜教授以及相关职能部门负责人,一行25人赴兰考考察学习,重温焦裕禄事迹,领悟焦裕禄精神,打造特色思政教育平台。

学校考察组一行,受到兰考县委、县政府的高度重视,县委常委、副书记刘国飞专门与学校考察组进行座谈,深入交流焦裕禄精神在高校的传承与发扬。座谈中,刘丽彬汇报了学校办学、教育教学以及思政建设等情况。刘国飞对学校以学生为中心,加强"大思政"建设,创办青年友好型职业大学的举措和成果予以肯定;表示县委将大力支持洛科焦桐大道建设,主要领导、专家将择机到校作报告并指导学校思政建设。双方围绕县校合作、人才培养与思政基地建设等事宜深入研讨,并达成了共识。

在兰考县教体局领导和教育系统相关负责人的陪同下,学校考察组一行先后参观了中国民族乐器村、兰考音乐小镇;并沿着总书记的足迹,到张庄村、东坝头黄河湾示范基地,学习焦裕禄同志迎难而上、敢于担当的品格,深入了解了人民的好儿子、党的好干部焦裕禄同志的生平事迹。

在焦裕禄干部学院,开封市委组织部部务委员、学院党委副书记、常务副院长文柏松等领导热情接待了学校考察组一行。学校考察组实地参观了校园,来到习近平总书记手植树和焦裕禄亲手栽植的泡桐树处,共同缅怀焦裕禄同志,深刻感悟焦裕禄精神。在第一教学楼五号教室,双方召开了"焦裕禄精神传承与洛科焦桐大道建设"座谈会。文柏松介绍了干部学院基本情况和"16521"的工作思路。刘丽彬介绍了洛科办学、"建双升本"、教育教学和学生工作举措与成果。会上,双方聚焦传承弘扬焦裕禄精神,针对洛科思政建设与焦桐大道打造,以及进一步加强双方合作交流,围绕焦裕禄精神进校园、焦裕禄精神的研究与新媒体传播、思政教师培训与交流、共建焦裕禄精神研究院等进行了深入交流和研讨。双方表示,将以洛科焦桐大道建设为契机,建立合作交流机制。座谈会上,双方达成了一系列共识。

在兰考县展览馆,考察组一行集体参观了焦裕禄生平事迹展览,一张张珍贵的历史图片,真实反映了焦裕禄同志艰苦奋斗、勤政为民的感人事迹。考察组一边参观,一边紧密联系工作,相互交流感想和体会,进一步加深了对焦裕禄精神的感悟。

近距离学习焦裕禄精神,高标准建成焦桐大道,学校考察组一行还深入苗圃基地、种植专业合作社和泡桐试验站等进行实地考察,全面研究焦桐的生长习性、树形、花期、移植特点、表现状态、运输特点和价值属性等,做实做细做好焦桐选树和移植工作。思想在碰撞中持续激活,火花在讨论中不断迸发,集体智慧聚焦焦桐大道建设,考察组深入考察研究、细化建设方案,确保将焦桐大道打造成思政育人亮点,全方位弘扬焦裕禄精神,深化"三全育人"成效。

河洛浸润,焦桐盛开。在洛科校园栽下一棵棵饱含精神内涵的"焦桐",让它们在涧河畔根深叶茂、茁壮成长。焦桐大道,将是洛科师生每日求知求学的必经之路,成为发扬红色传统、传承时代精神的创新载体,让红色基因、革命薪火在洛科代代传承。

四、洛科大讲堂

学校注重强化思想政治引领,以"洛科大讲堂"为载体,先后邀请中国工程院王玉明院士，中央档案馆原馆长、国家档案局原局长杨冬权，"时代楷模"曲建武，洛阳市委常委、组织部部长何伟等专家学者为师生作专题讲座28场，持续打造学习型组织，线上线下参与师生20万余人次。

（一）从党史看百年未有之大变局、从档案看我们党的初心和使命｜中央档案馆原馆长、国家档案局原局长杨冬权

2021年4月9日，洛阳科技职业学院第八期"洛科大讲堂"在学术报告厅举行，中央档案馆原馆长、国家档案局原局长杨冬权为学校师生作《从档案看我们党的初心和使命》专题报告，为学生作《从党史看百年未有之大变局》思政课。

在专题报告会上，杨冬权以《从档案看我们党的初心和使命》为题，选取了两组档案来讲述中国共产党成长发展的历史，引领大家从中感悟中国共产党人为中国人民谋幸福、为中华民族谋复兴的初心与使命。杨冬权指出，我们党从成立起，就不是为了争取个人利益，而是为了实现共产主义；我们党从成立起就很民主；理想很崇高，但实现理想需要历经艰难险阻；实干，是第一位的，干成一番事业是最重要的。报告会上，很多档案资料是广大教职工第一次看到，加上杨冬权的生动演讲，党史学习变得更加具象，引人入胜。

4月9日晚，杨冬权以《从党史看百年未有之大变局》为题，用丰富的个人研究成果和独特的见解，从历史进程、中美关系等方面为广大洛科学子讲授了一堂内容丰富的思政课，为当代大学生的思想建设提供了行动指南，指明了方向。同时，杨冬权从历史发展的视角，以中美关系的大变化为核心，从"不怕""不让""不惹"等三方面，为学生讲解中国共产党与美国的三次接触与脱钩，讲述了新形势下如何理性看待和处理中美关系，进一步引导青年学生正确认识世界和中国发展大

势,帮助青年学生树立正确的理想信念,加强青年学生的党史学习教育,提振青年之应有担当。

(二)明史增信,铸魂育人 | 全国道德模范、"时代楷模"曲建武教授

2021年6月23日上午,全国道德模范、全国优秀教师、全国师德标兵、"时代楷模"、"最美奋斗者"曲建武教授受邀第十二期"洛科大讲堂",作《明史增信,铸魂育人》专题报告。

曲建武教授通过解读党史资料、讲述党史故事、分享心得体会的方式,回顾了中国共产党成立以来的光辉奋斗历程,深刻阐明了开展党史学习教育的重大意义。同时,他以夏明翰、瞿秋白、方志敏等共产党人为了革命事业甘愿奉献的先进事迹,鼓励学校师生要增强爱国情怀,坚定理想信念;以郭永怀、雷锋、焦裕禄等共产党人为了民族振兴、人民幸福而艰苦奋斗的忘我精神,激励学校师生要从党史的生动教材中汲取干事创业的信心和力量。

曲建武教授结合近40年潜心育人的亲身经历,用一个个情真意切、感人至深的生动案例讲述了"我为什么愿意做育人导师""践行'六要'、铸魂育人",并从"政治要强、情怀要深、思维要新、视野要广、自律要严、人格要正"六个方面,通过与学生相处的点滴记录,诠释了作为一名教育工作者的赤子之心和大爱情怀,全面阐述了作为高校思想政治教育工作者应有的责任担当和使命意识,深刻阐述了加强大学生思想政治教育工作的神圣使命和重要意义,勉励育人导师们热爱本职工作,立足平凡岗位,不忘初心使命,把爱贯穿于教育全过程,润物无声地做好新时代大学生思想政治教育工作,引导学生坚定理想信念,厚植爱国情怀,用习近平新时代中国特色社会主义思想引领学生成长成才。

（三）弘扬伟大精神、办好职业教育，为全面建设现代化强市提供有力人才和技能支撑｜洛阳市委常委、组织部部长何伟

2021年6月7日，洛阳市委常委、组织部部长何伟到洛阳科技职业学院，以《弘扬伟大精神 办好职业教育 为全面建设现代化强市提供有力人才和技能支撑》为题，为师生代表讲专题党课。

何伟与师生代表分享了红船精神、井冈山精神、长征精神、延安精神、抗美援朝精神、"两弹一星"精神、抗洪精神、抗震救灾精神、抗疫精神、脱贫攻坚精神产生的时代背景、精神实质、重要意义，指出要不断总结历史经验、把握历史规律，真正把伟大精神转化为做好工作的强大动力、推动发展的生动实践和个人成长的奋斗源泉。何伟指出，要深入学习贯彻习近平总书记关于职业教育工作的重要指示精神，牢牢坚持党的全面领导，持续推进产教融合、校企合作，持续深化改革创新，强化师资队伍建设，坚持高质量办学，不断提升职业教育水平，推动职业教育的发展路径与洛阳市优势产业、特色产业相契合，为促进洛阳经济社会高质量发展和提高区域竞争力提供更多优秀的技能人才。何伟希望广大学生从伟大精神中汲取强大精神力量，做有远大理想、有真才实学、有创新活力、有奋斗劲头的新时代青年，坚定不移听党话、跟党走，勇于奋斗、敢于担当，为全面建设现代化强市做出新的更大的贡献。

（四）矢志不渝跟党走、携手奋进新时代｜全国人大代表、全国政协委员李孝轩

2022年4月22日，洛阳科技职业学院在学校新民学堂举办第二十二期"洛科大讲堂"，聚焦"党建引领"，邀请全国人大代表、中国新高教集团董事长李孝轩作为主讲嘉宾，以《矢志不渝跟党走、携手共进新时代》为题作报告。他向全校教职工传达了第十三届全国人大第五次会议精神，并结合两会期间所见所闻和在会议当中履职的情况，谈及

了自己的个人感受,强调了国家繁荣稳定的核心是坚持中国共产党的领导、坚持中国特色社会主义、坚持中国共产党领导的多党合作和政治协商制度等。他表示,当今时代,是一个全社会拥抱职业教育的时代,也是职业教育面临全社会考验的时代。职业教育在当今时代承载了更多的责任与担当,机遇与挑战并存,困难与希望同在。作为高等职业院校,洛阳科技职业学院面对学生肩负责任,面对社会勇挑担当,相信在这波澜壮阔的新时代,必将留下劈波斩浪的奋进足迹。

(五)创新引领促发展,开创洛科新局面 | 洛阳科技职业学院党委书记刘茂钦

2021年10月19日下午,洛阳科技职业学院开展第十五期"洛科大讲堂",党委书记刘茂钦以《创新引领促发展,开创洛科新局面》为题,深入宣传贯彻落实洛阳市第十二次党代会精神,引导全校教职员工深入学习领会洛阳市党代会报告的新思想新观点、新思路新举措。

作为洛阳市第十一届市委委员和第十二次党代会代表,刘茂钦全程参加了洛阳市第十二次党代会。讲座中,刘茂钦书记从洛阳市第十二次党代会的组织与安排、召开的背景与意义、大会的主题、大会的主要内容、洛阳发展存在亟待解决的问题以及如何结合实际推动学校教育改革等方面分别进行阐述,使大家更加深刻地认识到此次党代会对洛阳未来发展起着关键性的引领作用。整场报告站位全局、脉络清晰、生动形象、重点突出,有理论高度、有思想深度,有针对性、实效性且契合实际,体现出鲜明的政治性、人民性、时代性以及创新性,全面翔实地诠释了洛阳市第十二次党代会对洛阳迈进现代化建设新征程的重大指导意义。

(六)大兴调查研究之风,深入推进高质量发展 | 洛阳科技职业学院党委副书记、校长刘丽彬

2023年5月30日,党委副书记、校长刘丽彬以《大兴调查研究之风

深入推进高质量发展》为题,在学校新民学堂讲主题教育专题党课。

刘丽彬博士从调查研究是党的事业发展"传家宝"、调查研究是学校事业发展"加速器"、调查研究要切实做到"三个导向"三个方面进行了系统、全面、深入的讲解。通过鲜活的历史故事,讲解了不同历史时期党和国家领导人高度重视调查研究,如何开展调查研究和做好调查研究,深刻阐释了调查研究对党和国家事业高质量发展的重要意义。

他指出,学校高度重视调查研究工作,将调查研究贯穿于学校高质量发展全过程,校领导身体力行带头开展调查研究,问计于基层、问计于师生、问计于专家,围绕"建双升本"的发展目标,在"双院"育人体系构建、思政平台建设、校园文化建设、高质量就业等方面,开展了大量细致的调研工作,取得了洛科校歌、洛科鼎、《洛科赋》、焦桐大道等一系列成果,充分展示了做好调查研究对推动学校高质量发展的重要作用。他强调,调查研究要以问题导向、目标导向、结果导向为指引,要紧紧围绕"理念先行、研究先导、数据支撑、评估保障"的总要求,科学用好调查研究的方法论,不仅要"身入",更要"心至",聚焦生师急难愁盼的实际问题,将调查研究"传家宝"变成解决问题"金钥匙"。

"洛科大讲堂"的每位名人都以鲜活的实例、丰富的知识内涵和精湛的理论阐述让青年教师不断地突破改变,为我们青年教师指引了方向。让青年教师进一步地明白教师也不单单是充当"传道、授业、解惑"的单一角色,而更多扮演"组织者""指导者""促进者""研究者""开发者""协作者""参与者""学习者"等多元角色。我们教师应自觉成为教学的研究者、终身的学习者、教学实践的反思者。我们"洛科大讲堂"将持续长久地办下去,作为洛科的一面旗帜而存在,这既是进一步提升教师队伍素养,加强教师队伍建设的有力举措,更是学校走向正轨,不断加强内涵建设,建"双高",升本科,办高水平职业技术大学的必由之路。

五、党建主体责任

基层党组织建设是学校改革发展的重要政治保证和组织保证。学校加强基层党组织规范化、标准化、制度化管理,推动党建与专业平台、师资队伍、人才培养、科学研究、教育教学和社会服务深度融合,探索将党组织嵌入学术组织、科研团队项目、社会实践活动和网络学习生活等,提高基层党组织的覆盖面和影响力。

(一)党员发展工作

坚持把政治标准放在首位,规范发展党员,严把党员发展质量关,重视在高知群体、优秀青年教师和少数民族学生中发展党员,不断壮大党员队伍,充分发挥基层党组织的战斗堡垒作用和共产党员的先锋模范作用。2021年,学校争取到党员发展计划680名,在全省84所省管高校中,党员发展计划增长率位列第一。近年来,学校充分发挥党校作用,实行发展党员"双推双评三全程",按照"控制总量、优化结构、提高质量、发挥作用"的总要求,坚持把组织建设工作的着力点前置,加强发展党员工作,严把党员"入口关",共发展千余名党员,高质量完成党员的发展工作。

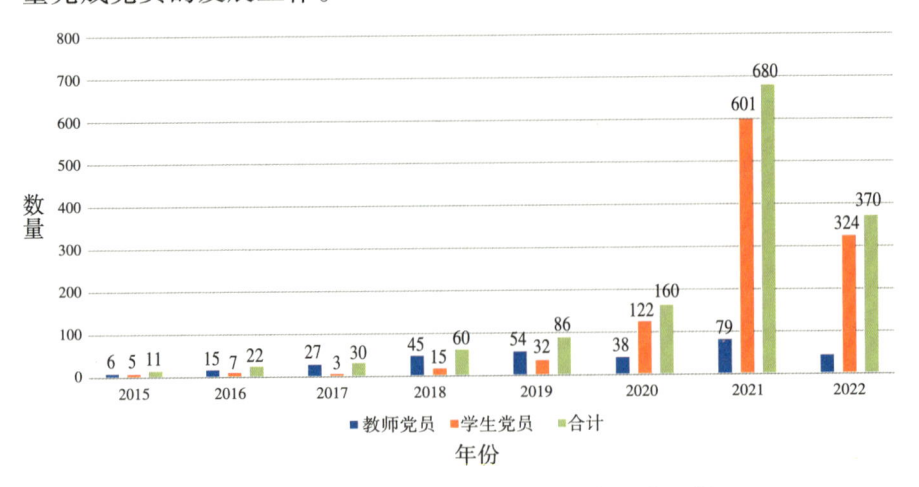

年份	教师党员	学生党员	合计
2015	6	5	11
2016	15	7	22
2017	27	3	30
2018	45	15	60
2019	54	32	86
2020	38	122	160
2021	79	601	680
2022	—	324	370

洛阳科技职业学院2015—2022年党员发展情况

2020年9月,智能制造与汽车工程学院的新生开学时,在老师做完学生党员入党流程宣讲后,一个瘦小的男生叫住宣讲老师,怯怯地问:"学生入党好入吗?我要怎么做才能入党?"

当时,宣讲老师告诉这位同学:"每一名满足入党条件的大学生都可以提交入党申请书,入党是一个'艰苦'的过程,'艰苦'是因为在入党的每一阶段,自己的感悟、动机都会发生改变,入党就是不断考验一个人的动机,要有毅力和觉悟,相信你们在两年后,都能成为'智汽'的榜样,成为党旗中耀眼的一点红。"当时,这位学生重重地点下头说,"老师我一定会的"。三年后,这位同学已经成长为一名优秀的学生党员,2020年被评为河南省"三好学生",2021年在创建全国文明城市工作中被评为疫情防控优秀大学生志愿者,2022年在共青团开封市委组织的返乡大学生疫情防控志愿服务中被评为开封市优秀志愿者,在校期间荣获校级"三好学生"、优秀班干部等多项荣誉。他叫龚帅晨。

1. 师生党支部共建

龚帅晨出生于兰考,幼时便熏陶在亲民爱民、艰苦奋斗、科学求实、迎难而上、无私奉献的焦裕禄精神环境中。他从小就特别喜欢听老一辈人讲革命先烈们的故事,一个个血脉偾张的故事让年幼的龚帅晨深知美好生活的来之不易,也更加珍惜现在所拥有的一切。他从小就暗下决心,将来要做一个对祖国、对社会有用的人。进入洛科后,龚帅晨担任班级学习委员,在辅导员以及老师们的教导下团结同学、乐于奉献,全心全意为班级服务。他一直都记着:将来走向社会要以一颗感恩的心回馈社会,报效祖国。

智能制造与汽车工程学院师生党支部共建,共同培养学生,坚持做有制度、有温度、有力度的培养和教育工作。对准备发展入党的大学生进行综合考察,既要考察其政治素质、学习成绩,还要考察其入党动机、群众基础,更要考察其在关键时刻的表现和重大政治问题上的态度和立场。为了能够吸收更多的优秀大学生加入党组织,智能制造与汽车工程学院在学生党员发展工作中对入党积极分子从思想政治、学习成绩、社会工作、日常表现和群众基础五个方面进行考察，看是否达到标准。因此，学院学生支部开展了学生党员发展量化考核工作模式，科学地对学生党员发展对象进行全方位培养和发展。经过探索，支部确定了入党积极分子量化考核制度，对入党积极分子的考察考核由各班团支书、党建助理、育人导师和任课教师共同负责，培养人具体落实，在入党积极分子量化考核表的基础上采取定期考察、综合考核方式进行，力求做到公正公开和科学正规。

2. 志愿引领，彰显时代风采

2022年寒假期间新冠疫情形势严峻，返乡回家的龚帅晨不忘学校老师平时的教导，寒假伊始便响应号召成为一名大学生志愿者，并在兰考县三义寨乡人民政府担任行政助理。穿上志愿红，戴上口罩"出征"的那一刻，龚帅晨便义无反顾投身到疫情防控战中。他主动请缨前往高速路口、进乡村、入群众家门，每天顶着零下的气温进行志愿服务。

考虑到春节将至，会有大量群众返乡，龚帅晨便主动投入到返乡人员信息排查统计上，给返乡人员挨个打电话，记录他们目前居住在哪、乘坐什么交通工具返乡、几号返乡、是否做了核酸检测等，每天他都要打成百上千个电话，忙的时候连口水也顾不上喝。有时遇见防范意识强的群众，龚帅晨打过去的电话会被误认为是诈骗电话，但他总是不厌其烦耐心解释，直到对方放下戒备。在高速路口，龚帅晨主要负责排查过往车辆行程码、健康码，以及在核酸检测点维持现场秩序、测量体温、采集信息等志愿工作。春节期间，他还向居民宣讲关于禁止燃放烟花爆竹的规定，倡导广大居民不买卖不燃放。除此之外，他还深入乡村宣传指导下载反诈APP，助力于农村人居环境整治等。

党的使命和性质，决定了共产党员在关键时刻必须冲锋在前。自2020年以来，智能制造与汽车工程学院涌现了一大批积极下沉社区村委、积极抗疫的学生们,他们充分展现出了当代青年的使命和担当,如任翔宇、李文豪、唐仲涛、龚帅晨、刘驰、李鹏举、王亚辉等。同时,抗疫也深入课堂、深入专业,任课教师带领学生积极走向抗疫"战场"。志愿引领奉献为先,在2022年12月疫情严峻的时刻,学院教师捐出自家多余的药物,送到需要的学生手中。

3. 教学相长,"传帮带"精神代代相传

龚帅晨的行为得到了基层人民群众的一致好评和称赞,他也因此被评为兰考县优秀大学生志愿者、开封市返乡大学生优秀志愿者代表。开学后,共青团开封市委员会给学校寄来了感谢信,对洛科长期以来立德树人、润物无声的教育理念表示感谢,同时对龚帅晨提出表扬,对其在家乡的表现予以肯定。共青团开封市委书记为龚帅晨颁奖时,寄语他要自觉做焦裕禄精神的学习者、传承者、践行者、弘扬者,逐光而行、砥砺奋进、勇挑重担,争做家乡高质量发展的开路先锋,这一幕也令龚帅晨至今记忆犹新。龚帅晨说,志愿服务虽然很苦很累,但看到大家对他的肯定就心满意足了,在以后的生活中他也会一直坚持做志愿服务,就像雷锋同志日记里写的那样,人的生命是有限的,为人民服务是无限的,要把有限的生命,投入到无限的为人民服务之中去。

入党,不仅仅是在递交申请书的那一刻,还要融入生活、学习的每一刻。学生党员的成长,离不开教师的真心培养、真情感化,教师的引导与帮扶将会深刻影响学生的发展。这也就要求学院党员教师要时刻发挥党员先锋模范作用,做好学生的表率,教师党员发挥"传帮带"作用,带头实践党的教育方针和政策。在学生党员培养的道路上,智能制造与汽车工程学院教师党员不断用自己的实际行动影响学生,端正学生党员的入党动机,引领学生党员成为更好的自己。红色的旗帜,在智能制造与汽车工程学院师生的渲染下,薪火相传,生生不息。

(二)"两个作用"发挥

学校一直重视培养党员师生履职尽责、敢于担当的共产党员精神风貌,始终坚持学校党建工作与教育教学工作的深度融合,全体党员积极带头,立足岗位,创新实干,敢为人先,持续推进党员先锋模范岗建设,充分发挥学校基层党组织战斗堡垒作用和党员先锋模范作用。在扶贫、乡村振兴、疫情防控和特大暴雨灾害防控等工作中,以党员教师麦陆南、段天豪为代表的学校广大党员和师生,展现了共产党员的高尚情怀和新时代大学生勇于担当的精神风貌,他们的先进事迹受到学习强国、人民网、河南教育厅、河南高教、中原经济报等权威媒体报道。

1. 从疫区到校园,守护着学生心方安

2020年1月初,麦陆南与其他5名老师一起带领746名学生赴校企合作单位联想(武汉)有限公司实习。1月下旬,新冠疫情在武汉暴发。面对疫情,麦陆南老师勇担责任,沉着应战,及时将各项防控举措落实到位,为学生撑起健康安全的"保护伞"。为保证在武汉实习的746名学生的安全,学校成立武汉临时党支部,党员骨干每天为学生测体温、做心理疏导、与家长沟通、有序组织学生就餐等。在企业停工停产期间,麦陆南每天组织实习带队老师检查宿舍卫生,督促学生保持个人良好卫生习惯,对学生宿舍进行两次消毒通风;坚持每天定时为学生测量体温;做好学生的心理疏导,稳定学生情绪;主动与学生家长沟通,使家长放心;组织学生有序就餐,后来为更进一步保护学生安全更是亲自将饭菜送到学生宿舍。一天傍晚,一名实习学生突然患了水痘,麦老师闻讯,立即与当地政府机关联系,确定了接送车辆和医院,他亲自陪同学生到定点医院,检查治疗完毕,已是午夜。麦老师表示:"这是我们的本职工作。在这个非常时期,我们辅导员更应该想在前、冲在前、拼在前,全力做好学生的'防护伞'。"麦老师始终坚守疫情

防控一线,用实际行动诠释了新时代党员干部的使命与担当,最终确保包含746名武汉实习生在内的武汉师生未出现一例新冠病毒感染者。2月23日带领学生陆续分期分批复工,有680多名学生进入实习岗位,为雷神山、火神山医院生产急需的器材装备。

2020年3月16日,中共河南省委高校工委印发《关于对新冠肺炎疫情防控工作中表现突出的基层党组织和共产党员进行第二批表扬的通报》(豫高发〔2020〕13号),时任我校疫情防控武汉临时党支部书记、信息与数字工程学院辅导员麦陆南老师受到通报表扬。同时,麦陆南老师获得河南省"出彩河南人"2020最美教师等荣誉称号。

2022年"新十条"实施后,疫情防控措施由全面预防到科学精准预防,针对当时新冠病毒传染性强、致病性弱、感染人数和抗疫药物需求激增,社会医疗资源出现暂时紧缺的情况,学校各级党组织积极行动,32位党员干部、教职工捐赠各类退烧药、抗病毒药物等抗疫药物;为53位患病感染教职工发放了急需药品,辗转上千公里,为患病急需药物师生送药到家20余次,寄送中西药350余人次,共发放西药合计近200盒,发放预防和治疗中药包2000余袋。

疫情期间,学校不断提高政治站位,密切关注疫情形势变化,及时完善防控预案和应对措施,坚决把病毒阻击在校园之外,让党旗在疫情防控斗争第一线高高飘扬,形成了既各司其职又密切配合的防控工作格局,一道道铜墙铁壁,为广大师生筑牢了坚实的生命防线。疫情三年,全体师生同舟共济、共同防疫,做到了全校零确诊、零感染。

2."勇敢哥"暴雨中奋战30多个小时救下数百人

2021年7月20日,郑州突降特大暴雨,正在郑州学习的段天豪老师驾车刚刚驶出中原网球中心,就被"困"住了。"暴雨丝毫没有停歇迹象,路面交通混乱、行人惊慌失措。"段天豪说,自己从来没有参与过救援活动,但当时的情况容不得多想。他取出车内的反光马甲穿上,拿出体育老师常备的哨子,面向人群用力吹响。

哨声吸引了大家的注意,他挥舞手臂喊道:"我是党员！请大家跟我转移!"在他的指挥下,附近的人群有序向地势高处转移,暂时脱离困境。路面上的雨水越积越深,段天豪从车中拿出三脚架警示牌、反光标志圆盘等,固定在井盖、排水口附近,为行人规避风险。雨声淹没了他的喊声,他就用响亮的哨声来一次次提醒大家。这一夜,他在暴雨中往来奔波,安抚受困人员、帮救援车辆开路、助涉水车辆脱困,不眠不休。

考虑到险情突发、救援力量有限,7月21日凌晨5点,他拨通河南省红十字会的电话,申请成为抗洪救灾志愿者。由于通信中断,段天豪无法接到救援任务,但他坚持留在原地,疏散受困群众。彼时,恰逢洛阳神鹰救援队赶至郑州开展救援活动,段天豪主动协助他们施救,扶老携幼、引导车辆、疏通道路……直至22日撤离现场,在连续奋战的30多个小时里,他成功帮助数百名群众脱困。

从郑州返回洛阳后,各类媒体平台上一条条关于汛情的消息,让段天豪揪心。"现场目睹了洪水的凶猛,就更不能袖手旁观。"段天豪说,身为一名党员,就要在危急时刻显出应有的责任和担当。随后,他积极参与组织志愿者救援队伍,多次赶赴新乡受灾地区支援,同时通过互联网开展"线上救援":积极整合网上有效、真实的求助信息,及时汇总发布给各救援大队,为被困人员及时获救争取时间;联系多家机构,募集总价值超300万元的各类物资发往灾区。在他的影响下,学校师生也纷纷行动起来,为救灾提供力所能及的帮助。

10月,洛阳科技职业学院迎来了新一届的学生。在学校的开学第一课上,段天豪受邀为大家讲述他的救援故事,在青年学子心中种下了一颗颗"担当"的种子。如今,段天豪依然活跃在公益救援一线,他说,一个人的力量有限,但只要有更多的人愿意发一分光、出一分力,就能温暖整个冬天。

第三章

青年友好　文化育人

党的十八大以来,以习近平同志为核心的党中央高度重视亲切关怀青年成长成才,把青年工作摆在治国理政的重要位置,使青年工作取得历史性发展。2017年4月13日,中共中央、国务院印发《中长期青年发展规划(2016—2025年)》,把青年发展摆在党和国家工作全局中更加重要的战略位置。

党的十九大报告指出:文化是一个国家、一个民族的灵魂。文化兴国运兴,文化强民族强。没有高度的文化自信,没有文化的繁荣兴盛,就没有中华民族伟大复兴。党的二十大报告提出,推进文化自信自强,铸就社会主义文化新辉煌。

立足高质量发展新时代,我们要打造好大学文化,让职业教育更有温度、热度和广度,培养更多的高素质技术技能人才,为青年政策的落实提供有力载体。

一、建设青年友好型职业大学

(一)建设背景

青年是国家经济社会发展的生力军和突击队,是具有战略意义的社会力量。中共中央、国务院印发的《中长期青年发展规划(2016—2025年)》指出:"党和国家历来高度重视青年、关怀青年、信任青年,始终坚持把青年作为党和人民事业发展的生力军,为青年在革命、建设、改革中施展才华创造条件、提供舞台;尊重青年敢想敢干、富有梦想的特质,注重激发青年的参与热情和创新活力,引领青年勇开风气之先、走在时代前列;关心、解决青年的现实问题和迫切需求,支持青年在人民的伟大奋斗中实现自己的人生理想。"同时,规划也提出:"要坚持以青年为本、尊重青年的主体地位,把服务与成长紧密结合,让青年有更多的获得感。"

2021年底洛阳市委、市政府出台《洛阳市建设青年友好型城市行动方案》,指出:要把建设青年友好型城市放在洛阳打造聚合创新资源平台城市的基础性、先导性、战略性位置,并在"十四五"期间,实施建设青年友好型城市五大工程,着力提升洛阳城市功能品质与青年的契合度,让城市更好地吸引青年、集聚青年、成就青年,以青春活力不断激发创新活力,为建强副中心、形成增长极汇聚强大青春力量。

2021年10月,校长刘丽彬在洛阳市委、市政府主办的建设青年友好型城市主题论坛上,围绕洛阳建设青年友好型城市作了题为《认同、尊重、激活——努力创办青年友好型职业大学》的主题演讲,首次提出了建设"青年友好型职业大学"的办学理念和"认同、尊重、激活"的育人理念。同年,《洛阳市建设青年友好型城市行动方案》印发,洛阳推出27条重磅举措携青年共赢未来,着力提升城市功能品质与青年人的契合度,让洛阳成为一座吸引青年、留住青年、成就青年的青春活力之城。

(二)文化育人

学校将通过建设青年友好型职业大学支撑青年友好型城市建设,让青年人愿意来到这个城市,愿意为这个城市去奋斗、去奉献自己的青春,让这个城市越来越美好。地处文化古都的洛阳科技职业学院打造大学文化有得天独厚的优势。学校立足新时代职业教育发展新要求,积极坚持以推进中华优秀传统文化传承和创新发展来打造青年友好型职业大学。学校扎根河洛大地,形成了独具洛科特色的职教文化、思政文化、书院文化、育人文化,以"人文+科技"的校园文化理念潜移默化地影响着每个洛科人的思维与行为,发挥高校以文化育人的重要作用,让职业教育更有温度、热度和广度,培养更多的高素质技术技能人才,为青年政策的落实提供有力载体。

(三)体系建设

洛阳科技职业学院在构建青年友好型职业大学育人体系上做了多方面的创新,首先是适应高质量发展的办学理念创新,用"认同、尊重、激活"的育人理念,认同每一位学生的基础与潜能,尊重他们的个性与发展,改革教育方式,激活每一个生命个体。其次是适应高素质技术技能型人才育人模式创新,创新了"一体两翼"培养模式,全面推进书院制改革,设立八大书院,将学生日常管理、素质培养和专业教育相结合,构建"三全育人"新模式,培养厚德博学、内心充盈、敏行善言的高素质技术技能人才,努力成为扎根中原大地的职教书院典范。以就业为导向,以就业岗位需求倒推人才培养方案、课程体系及教学方式,政校行企协同,整合全社会资源推动学校及学生发展。再次,在

"产教融合、校企合作"上创新发展。产业转型升级背景下,学校通过政校行企深度协同,在建立现代产业学院、建立中国特色学徒制等方面进行探索,加强专业群建设,一群对接一产业,实现了产教融合发展。

为贯彻落实《关于加强和改进新形势下高校思想政治工作的意见》中关于"三全育人"(全员育人、全程育人、全方位育人)的要求,学校在发展过程中坚持"三全育人"和"五育并举"协同,推动育人与课堂教学、团学活动、服务保障、社会实践等全方位融合,实现青年友好型职业大学教育工作与思想政治工作平台对接、资源共享和优势互补。学校已经建立日新书院、慎德书院、忠信书院、慈润书院、鲁班书院、张衡书院、仲景书院和文远书院等八大书院,在全面推进学分制管理的基础上,明确书院、学院的功能定位,完善制度机制,形成"书院-学院"双院育人特色,努力创办青年友好型职业大学,力争成为扎根中原大地的高水平职业技术大学。

(四)建设意义

近年来,面对传统教育理念下中高考的"失意者、中低分数者",学校以"认同、尊重、激活"为核心的育人理念潜移默化地影响着每个洛科人的思维与行为,推动着青年友好型职业大学的创新、优化、升级和发展,精准对应职业院校学生成长发展需求,致力于帮助每一个学生成就梦想。

洛阳科技职业学院以建立青年友好型职业大学支撑青年友好型城市建设。大学要谈中长期青年发展规划、青年率先发展的问题,在这样的大背景下,学校以友好型职业大学来支撑友好型城市建设。大学是城市里青年最集中的地方,开展青年友好型大学创建,是时代的必然要求,是符合时代趋势的重要举措。而职业教育作为我国国民体系教育和人力资源开发的重要组成部分,作为培养大国工匠的摇篮和基地,是广大青年打开通往成功成才大门的重要途径。

构建青年友好型大学,从学校育人和管理的每一个环节去关爱青年人才,帮助他们建立健全丰富的人格、独立面对社会自信生活的能力,成就人生梦想,最终更好地服务社会、奉献社会。此外,青年友好型职业大学的建设开辟出教育的新研究领域,全面体现以人为本教育观,促进职业大学广大青年成长和成才,这在教育领域和青年友好型城市建设中具有里程碑式的重要意义。

二、文化理念

大学文化,是大学思想、制度和精神层面的一种过程和氛围,是理想主义者的精神家园,是大学里思想启蒙、人格唤醒和心灵震撼的因素的结合体。大学用人文精神培育出全面发展的优秀人才,使其成为民族复兴和文化复兴的中坚。大学要引领社会前进,而大学文化理念系统是大学文化的核心。理念是人们在对大学发展规律认识的基础上所形成的关于大学本质、使命、目标、职能及大学与社会、政府关系等一系列基本问题的理性认识。

为科学构建学院文化理念体系,凝聚发展共识,学校提炼了构建符合洛科"十四五"战略规划发展要求的文化理念系统。

(一)洛科文化理念体系构成

(1)宗旨:以父母之心育人,帮助学生成就梦想

(2)愿景:成为扎根中原大地的高水平职业技术大学

(3)校训:理实一体、知行合一

(4)核心价值观:以学生为中心,以贡献者为本,组织利益至上

(5)培养目标:培养厚德博学、内心充盈、敏行善言的高素质技术技能人才

(6)育人模式：学院－书院双院育人 政－校－行－企协同育人

(二)文化理念系统释义

1.办学宗旨：以父母之心育人，帮助学生成就梦想

办学宗旨是一个学校办学的总目标，不仅为学校办学指明方向，也是一个学校力量的凝聚，可以让教职工明确工作目标，团结一致共同努力。

我们的教育对象是传统教育理念下中、高考的"失意者、中低分数者"，唯分数论的评价导向给他们贴上了负面标签，使得他们的自信心受到了冲击与打击。但是他们仍是父母的希望、家庭的未来。德国哲学家雅斯贝尔斯说过一段广为流传的话："教育的本质意味着：一棵树摇动另一棵树，一朵云推动另一朵云，一个灵魂唤醒另一个灵魂。"我们的教育者必须以父母无私的心境去关爱学生，帮助学生重燃自信，建立健全丰富的人格、独立面对社会自信生活的能力，成就人生梦想。

2.愿景：成为扎根中原大地的高水平职业技术大学

《现代汉语词典》将"愿景"解释为"所向往的前景"。学校发展愿景是学校对未来理想和长远战略目标所描绘的纲领性蓝图，是学校的发展目标，也是全体师生的共同愿望。

习近平总书记在2018年五四青年节到北京大学考察时强调要"扎根中国大地办大学"。应用型大学的特性决定了学校的发展必须服务经济社会，依托区域产业资源优势，研究人才需求，助力区域产业转型升级。洛科地处中原大地，只有扎根中原才能茁壮成长，枝繁叶茂，进而发展成为高水平职业技术大学。

高等教育的四大使命是人才培养、科学研究、社会服务与文化传承。洛阳地处中原，中原文化是中华文化之根，加之中原崛起、自贸区

建设等战略的叠加效应,未来中原经济必将快速发展,产业必将转型升级,对洛科而言未来的发展就要扎文化之根、扎经济社会发展之根,立足中原、辐射全国、影响世界,成为培养高素质、高层次人才的摇篮。

3. 校训:理实一体、知行合一

校训是一个学校的灵魂。校训体现了一所学校的办学传统,代表着校园文化和教育理念,是人文精神的高度凝练,是学校历史和文化的积淀。

职业教育发展的先进理念与理实一体、知行合一的文化内涵是一脉相承的。技能型人才成长的最大的特点是在"做中学、学中做",理论与实践有效融合。

"理实一体","理"即理论,"实"即实践。"理实一体"就是突破以往理论与实践相脱节的现象,达到理中有实,实中有理,让学生"做中学、学中做"。现阶段,职业教育发展的产教融合、工学交替、校企合作、双元制都是理实一体的体现。

"知行合一",是由明朝思想家王守仁提出来的。即认识事物的道理与实践其事,是密不可分的。内有良知则外有良行,如果没有致良知,就不会实际的善行。中国古代哲学家认为,人的外在行为受内在意识支配,由衷向善("知")的人,才有外在自发的善行,所以我们要知行合一。

党的十八大以来,习近平总书记多次强调知行合一。我们期待学生能够知行合一,遇到困难,能够向内归因、追求卓越、超越自我,赢得事业及人生更好的成功。

4. 核心价值观:以学生为中心,以贡献者为本,组织利益至上

核心价值观是组织文化的核心。"以学生为中心"是现代教育的基本理念。"以学生为中心"的观念源于美国教育家杜威"以儿童为中心"的观点。教育的客户、对象是学生,洛科就是要为学生提供最优质

的服务，满足学生的需求。学校的一切工作都要从学生的需要出发、从促进学生的发展出发。这是评判教育、教学、管理、资源配置、成果评价等一切工作的唯一标准。以贡献者为本强调以学生为中心，给予贡献者最大的工作支持、最好的发展通道、最高的工作激励。

5. 培养目标：培养厚德博学、内心充盈、敏行善言的高素质技术技能人才

学校培养目标是学校依据国家的教育目的和自身性质、任务提出的具体的人才培养要求。当代青年中存在的"空心人"（即无聊、空虚、焦虑、迷茫等）现象，需要在厚德博学的培养路径上，完善其个人人格及适应社会的能力。

在社会对应用型大学人才培养目标的总体牵引下，学校通过厚德博学的发展路径，完善学生内心充盈的独立人格，培育敏行善言的外显方式，以适应社会发展对人才的要求。

洛科将不忘立德树人初心，牢记为党育人、为国育才使命，积极探索新时代教育教学方法，为培养德智体美劳全面发展的社会主义建设者和接班人做出新的更大贡献。

6. 育人模式：学院－书院双院育人　政－校－行－企协同育人

"育人模式"是培养人才的主要教育方法。政-校-行-企协同育人是我们扎根中原的路径，是培养行业企业所需人才的有效机制。

洛科作为洛阳市唯一一所民办高等职业院校，依托区域资源，充分发挥灵活机制的作用，深入开展政校行企四方联动的协同育人模式，培养适合区域经济社会发展及产业升级的优秀人才。

大学文化理念系统是大学文化的核心，对校园文化建设意义重大。具有洛科特色的文化理念体系将在洛科"建'双高'，升本科，办高水平职业技术大学"的发展征程中发挥润物细无声的号召、引领作用。

三、精神图腾

在教育兴国、教育强国的大背景下,洛阳科技职业学院地处中原大地、文化古都洛阳,就要走出一条"洛科模式"的特色职业大学之路,实现为党育人、为国育才,服务社会的远大目标,成为扎根中原大地的高水平职业技术大学。因此,洛科需要打造一个具有深厚文化内涵及独特办学释义的标识物,发挥精神图腾功能,激励一代代洛科人拼搏奋斗,砥砺前行。

(一)洛科鼎的诞生

2014年5月,习近平总书记在北京大学师生座谈会上的重要讲话中指出:我们要认真吸收世界上先进的办学治学经验,更要遵循教育规律,扎根中国大地办大学。2021年4月,习近平总书记在全国职业教育大会指出,在全面建设社会主义现代化国家新征程中,职业教育前途广阔、大有可为。

2021年10月30日,宁波诺丁汉大学党委副书记,副校长沈伟其教授来访我校,双方在交流时谈及传播中华优秀统文化和推动学校国际交流合作等问题,探讨过程中,学校逐渐明确了建设洛科精神图腾洛科鼎的构想。

2021年11月20日,学校赴伊川县烟云涧青铜小镇考察调研。在此后的2个多月里,经过校内外专家多次研讨磋商,初步确立了洛科鼎"传承+创新"的设计理念及文化内涵。

2022年8月24日,经过9个月的研究论证后,学校召开洛科鼎建设项目发布会,全面解读洛科鼎文化理念及设计方案并同步推出学校IP形象"洛小科""洛小文"。

2022年10月22日,学校召开洛科鼎制作学术研讨会。来自河洛文化研究领域、青铜文化研究领域、青铜制作工艺领域的20余位专家学者对洛科鼎结构形态、图样纹饰、铸造工艺等一系列问题展开深入讨论,达成洛科鼎将按照"当代文物"的标准铸造的共识。

2023年6月3日,洛科鼎铸鼎启动仪式暨寻根溯源活动在灵宝市荆山黄帝铸鼎原遗址举行。学校百余名师生代表在轩辕黄帝铸鼎之处共同见证洛科鼎启铸。

2023年6月13日,举行《洛科赋》《洛科鼎铭》发布会。《洛科赋》与铭文将与洛科鼎同步浇铸。

2023年8月19日,举行洛科鼎浇铸启动仪式。洛科鼎在历经塑形、翻制模型、制作蜡模、制壳、焙烧等工序后浇铸成型。

2023年9月3日,举行洛科鼎置鼎仪式。河南省委教育工委、洛阳市人大、市政协等相关领导以及百名专家学者莅临现场,与14000余名身着汉服的洛科师生共同出席活动。

洛科鼎

(二)洛科鼎文化体系

鼎作为华夏民族的文化瑰宝,是深厚的人文底蕴与精湛的工匠精神之集大成者,深度契合洛科"科技+人文"的校园文化理念,洛科鼎对内将成为激励和引领一代代洛科人开拓进取、奋斗不息的精神图腾;对外将彰显洛科服务于国家战略,为党育人、为国育才的教育使命,培养更多的大国工匠、能工巧匠。

洛科鼎由"1+1+1"三个部分组成,包含一鼎(洛科鼎)二浮雕(河图洛书浮雕与丝绸之路浮雕)。洛科鼎选用洛阳鼎作为文化母体,其一是因为洛阳鼎出土于洛阳,是洛阳当之无愧的文化标志,具有专属性;其二是因为洛阳鼎鼎身庄重威严。河图洛书浮雕体现的"传承文化",是为天,在上;洛科鼎体现的"育人育才",是为人,在中;丝绸之路浮雕体现的"服务社会",是为地,在下。三个板块在理念内涵和空间结构上,既相互独立,又相互呼应,达到了"三位一体"的高度。既是天时地利人和,也是尊天敬地爱人,更是顶天立地育人。

(三)洛科鼎设计

1. 洛科鼎形态

在整体形态结构上,洛科鼎继承于洛阳鼎,并根据洛科鼎"一鼎、双耳、四足、八棱"的形态赋予洛科专属的文化解读:一心(赤诚之心)、双耳(科技、人文)、四足(厚德、博学、敏行、善言)、八棱(逐梦八方)。

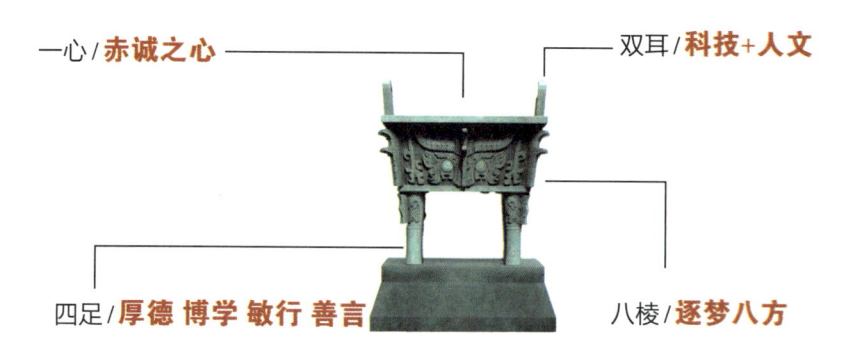

洛科鼎形态示意图

2. 洛科鼎纹样

鼎身纹样继承于西周兽面纹方鼎经典的艺术价值与历史意义,同时在兽面纹中隐藏"洛科"二字,赋予洛科鼎新生之"灵"性。"洛科"

两字欲动未动,酝酿着一股蓬勃欲发的洛科精神,这种"不动之动,万象之象"的特质,具有深刻的视觉感染力,是代代洛科人精气神的象征,彰显了洛科锐意进取、憧憬百年的雄心壮志。

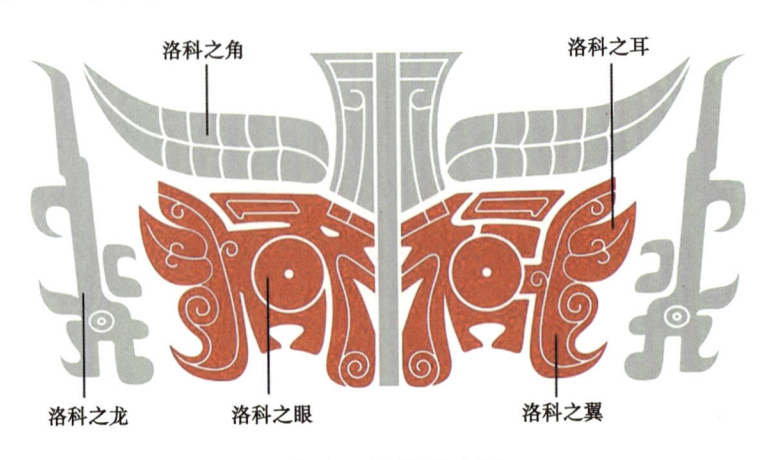

洛科鼎纹样示意图

纹样特征与洛科育人理念,给洛科鼎纹样赋予了更深层次的含义:洛科之眼(格物致知,志存高远)、洛科之耳(博闻慎思,兼听明辨)、洛科之角(自强不息,砥砺前行)、洛科之翼(德技并修,奋发向上)、洛科之龙(扎根中原,光耀四方)。

洛科鼎(正面)

3. 浮雕理念

浮雕元素选用河图洛书与丝绸之路，代表了洛科的文化传承与服务社会的理念。

河图洛书是中华文明的源头，河洛文化是洛阳的文化根脉。根深干壮才能枝繁叶茂，洛科唯有扎根传统文化，以创新激发文化活力，走出洛科特色的发展之路，才能成为扎根中原的高水平职业技术大学，成为百年大学。

洛阳是古丝绸之路的东方起点，丝绸之路是一条具有深远历史意义的国际通道，是意义重大的中华文化符号，在此基础上诞生的"一带一路"倡议，蕴含着实现中华民族伟大复兴的强国之梦。洛科学子要服务国家"一带一路"倡议，成为堪当民族复兴重任的时代新人，为国家富强民族复兴做出杰出贡献。

上下两块浮雕相连的河流图案，指代从我校东西校区蜿蜒而过的涧河。

河图洛书浮雕

丝绸之路浮雕

4. 洛科鼎铭文

洛科卅五[1]，吉金[2]天呈，兹仿周制，安鼎勒铭[3]。

黄帝肇始，九州禹定，金纳九牧，尊铸九鼎。[4]

三代重器，国之象征，瑞兽[5]相佑，万物通灵。

洛科宝鼎，古今并融，以物载志，化人有恒[6]。

因材施教，圭旨[7]琅琅[8]，百秩[9]学宫，华实盈盈。

黄河悠悠，涧水清清，鼎立庠序[10]，光耀寰[11]中。

注释：

1.卅五：卅，三十；卅五，意指学校办学35周年。

2.吉金：古以祭祀为吉礼，故称铜铸之祭器为"吉金"。

3.勒铭：镌刻铭文，指在金石上刻铭文。

4.黄帝……九鼎：黄帝作宝鼎三，象天地人也。禹收九牧之金，铸九鼎。(《史记·孝武本纪》)

5.瑞兽：鼎身兽面纹。

6.化人有恒：善人，吾不得而见之矣；得见有恒者，斯可矣。恒，长久之意。(《论语·述而》)

7.圭旨：圭臬、宗旨。圭臬：比喻标准、准则和法度。

8.琅琅：形容钟的声音、读书声音；形容人品坚贞、高洁。

9.秩：十年为一秩。

10.庠序：古代称学校，后泛称学校或教育事业。

11.寰：广大的地域。

(四)洛科鼎创意延展

洛科鼎的文化延展以洛科鼎为核心，进行了多态研发，如纹样运用、IP形象、仪式活动、主题展览等，使洛科鼎成为学校内外宣传的一张名片。还可以从洛科鼎中提取核心纹样，对核心纹样进行开发衍生,进行产业赋能,根据艺术形式对纹样进行肌理化延展、色彩化延展等,在应用载体上可选用帆布包、帽子、杯子、手机壳、包装等多种文创品设计开发。

学校以洛科鼎为核心形象,塑造科技感的IP——洛小科(LOKE),塑造人文感的IP——洛小文(LOWE),科技与人文交相辉映,打造双IP组合,以更亲和的形象将洛科鼎的文化意义传播到千千万万的洛科学子心中。

洛科IP形象洛小科

洛科IP形象洛小文

（五）洛科鼎系列活动

1. 洛科鼎寻根溯源活动

"寻根溯源铸经典，扎根中原耀四方。"2023年6月3日，洛科鼎铸鼎启动仪式暨寻根溯源活动在灵宝市荆山黄帝铸鼎原遗址举行。洛阳科技职业学院校领导、中层干部、师生代表等一百余人与青铜器制作专家齐聚黄帝铸鼎原遗址，礼拜人文始祖、激扬家国情怀，共同见证这一历史性时刻。荆山黄帝铸鼎原遗址，是轩辕黄帝铸鼎祭天、奠定邦国的地方，也是海内外华夏子孙寻根祭祖、缅怀圣德、领略黄帝文化、追溯华夏文明起源的圣地。洛科人共同缅怀先圣、领悟黄帝文化，传承民族记忆、构建和谐中华。在黄帝雕塑前，洛科师生代表百人方阵齐唱洛科校歌、齐诵《洛科赋》、齐读洛科鼎铭文，领导嘉宾敬献花篮，全体师生沐手祭拜，集体合影，参观铸鼎原遗址。在寻根溯源活动中，学校与洛科鼎制作方在黄帝陵前庭四个方位共同采集圣土。圣土分别被送往洛科校园和洛科鼎泥塑制作车间，融入洛科大地和雕塑泥料，链接人文始祖荆山铸鼎之精神，传承中华铸鼎苍苍之文脉。

洛科鼎铸造启动仪式暨寻根溯源活动现场

2. 洛科鼎浇铸仪式

"依天工而开物,法自然以为师。"2023年8月19日,学校组织管理干部、师生代表及专家学者,前往洛科鼎制作车间,举办洛科鼎铸鼎浇铸仪式。浇铸现场,洛科师生代表齐唱洛科校歌、齐诵《洛科赋》、齐读洛科鼎铭文。1200摄氏度的铜水出炉,沿浇铸孔缓缓注入洛科鼎模具……在场百余名师生代表共同见证了学校精神图腾庄严神圣的诞生时刻。

洛科鼎浇铸现场

3. 洛科鼎置鼎仪式

2023年9月3日,学校举行2023级新生开学典礼暨洛科鼎置鼎仪式,并召开了河洛文化传承与大学校园文化建设研讨会。河南省委教育工委,洛阳市人大,洛阳市人民政府,洛阳市政协,新安县委、县政府,中国新高教集团近百名专家学者光临现场,校党委书记刘茂钦,党委副书记、校长刘丽彬,与14000余名身着汉服的洛科师生共同出席活动。

洛科鼎揭幕

"正位凝命 如鼎之镇。"此次14000余名领导嘉宾及洛科师生齐穿汉服,见证洛科鼎的揭幕,是洛阳科技职业学院办学史上的重要时刻。洛科鼎精神图腾将鞭策全体洛科教职工不忘立德树人初心,勇担为党育人、为国育才教育使命。激励所有洛科学子不懈奋斗,充分成长,成为最好的自己。

校长刘丽彬在洛科鼎置鼎仪式上发表讲话

人民网、新华网、央视网、央广网、中国网、中国日报等百余家权威媒体平台纷纷报道,全网浏览量过10亿,向全国人民展现了洛科人践行工匠精神,勇担时代重任的精神风貌。学校充分发掘中华优秀传统文化和洛阳地域文化的丰富资源,铸造本校精神图腾洛科鼎,以此打造大学校园文化建设的精神高地。学校坚持守正创新,以时代精神激活优秀传统文化生命力,对于增进民族认同和坚定文化自信,实现中华民族伟大复兴,具有重要的现实意义和深远的历史意义。

洛科鼎置鼎仪式现场传递校旗

四、"力量大厦"

"十四五"时期是我国推进经济社会高质量发展的重要阶段,也是国家产业转型升级、人才结构调整的关键时期。自"职教20条"的提出为职业教育打开新的大门之后,2021年4月的全国职业教育大会又创造性地提出了建设"技能型社会"的理念,"技能型社会"的形成需构建面向全体人民、贯穿全生命周期、服务全产业链的职业教育体系。机遇与挑战并存,困难与希望同在,职业教育在当今承载了更多的责任与担当,不得不说这是一个全社会拥抱职业教育的时代,也是职业教育面临全社会考验的时代。

作为高等职业院校，洛阳科技职业学院面对学生肩负责任，面对社会勇挑担当，在2021年"十四五"开局之年，同步开启学校高质量发展的新时期。这一年，学校发布了洛阳科技职业学院文化理念系统，为学校的文化积淀撒下第一铲泥土；这一年，学校引入BLM模型[①]，运用科学方法编制学校"十四五"规划，并在此基础上提出了学校未来发展的愿景与战略目标、内涵建设及特色发展模式等重大方向性战略。

上下同欲者，胜；同舟共济者，赢。为达成共识，凝聚人心，面向全体教职工、面向全社会发出洛科声音，营造洛科效应，学校特编制设计了洛阳科技职业学院"力量大厦"战略发展模型图。

"力量大厦"的内涵释义：

洛阳科技职业学院"力量大厦"外形为大厦形状，自上而下分为顶、梁、枋、柱、台、基。

顶——为洛阳科技职业学院发展愿景，即"成为扎根中原大地的高水平职业技术大学"。

梁——为洛阳科技职业学院发展战略目标，即"建'双高'，升本科，办高水平职业技术大学"。

枋——为洛阳科技职业学院"一体两翼"发展模式。"一体"即建设青年友好型大学，"两翼"即学院-书院双院育人、政-校-行-企协同育人。

柱——为洛阳科技职业学院六大发展关键路径，即对学生要认同、尊重、激活，对组织要注重质量、效率、协同。

台——为洛阳科技职业学院"十四五"时期的五大战略支撑，即以新高教集团赋能来建设"生师体验佳、校园环境美、学生发展好、教学质量优、师资队伍强"的五好大学。

基——为洛阳科技职业学院"十四五"时期"一个加强、四个打

---

①即业务领先模型（Business Leadership Model），是一种用于帮助企业进行战略规划和执行的框架。

造、五个提升"十大重点工程的具体内容。"一个加强"即加强党的建设;"四个打造"即打造技术技能人才高地,打造产教融合、服务创新平台,打造高水平专业群,打造高水平师资队伍;"五个提升"即提升校企合作水平,提升服务发展水平,提升学校治理水平,提升校园建设水平,提升国际化水平。

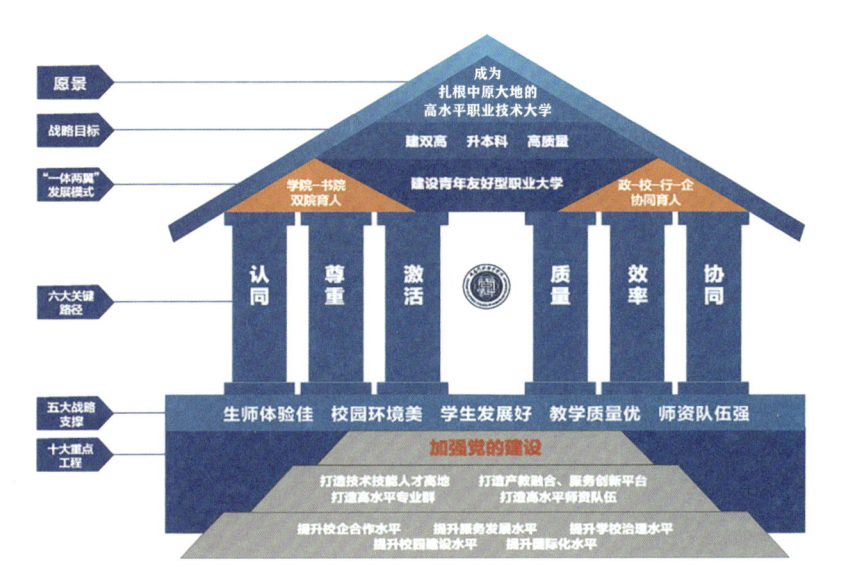

"力量大厦"模型图

五、校园文化的表达

(一)校名题写

高校是最能代表其所在城市文化品位和文化地位的标志之一,而其校名的题写又是这所高校校园文化的重要组成部分。作为世界上唯一拥有成熟多样书法艺术的国家,每一所高校的校名题写都有一个属于自己的故事,更有着独特的文化内涵。

为加快推进洛科校园文化建设,提升学校品牌形象,满足东大门建设、师生配备校徽及诸多文化设计需要,我校在充分研究的基础上,对校名题写提出了集"毛体"方案。学校邀请洛阳书法名家郭朝卿先生来承担集"毛体"字工作。郭朝卿先生是中国书法家协会会员,洛阳书法家协会副主席,洛阳理工学院教授,资深书法理论家。郭教授遍查毛主席书法,反复推敲这八个字,既考虑到单字的效果,又考虑到整体配伍的效果,体现出毛主席的领袖风度和书法奇崛洒脱的韵味。

洛科校名集字

洛阳科技职业学院东大门(2号门)

(二)校园建筑道路命名

大学教育担负着立德树人,为国育才,服务社会,传承和弘扬人类文明与民族文化的重任。为把洛阳科技职业学院校园文化打造好,学校成立了校园文化建设研究小组,从校园建筑、道路、桥梁等着手,结合学校人才培养目标、结合优秀传统文化、结合洛阳文化特点及深层次逻辑支撑,提出了"一个核心,两个板块"的命名思路。"一个核心"即育人核心,就是培养社会主义建设者和接班人。"两个板块",即河东校区板块与河西校区板块。河东校区命名以《大学》为依据,丰富文化底蕴,体现人文精神;河西校区命名以科技为核心,强化职教特色,体现工匠精神。

1. 现状分析

河东校区是老校区,现存建筑物比较多且大部分已经有了名字,但体系上比较乱,命名整体上不协调,缺少文化内涵,缺少深层逻辑,缺少发展眼光,很难适应下一步书院制改革与升格发展的要求。河西校区是以"智慧产业园"的名义获批的,规划是逐步完善的,先有重庆大学城市规划与设计研究院设计,后有清华大学建筑设计研究院设计,建筑也是逐步建成的,因此,在建筑命名上缺乏深层次的思考,距离系统化、规范化还有一些距离,在两校区呼应及相互映衬上还有不足。

2. 命名原则

河东校区命名以人文为主,把国学经典《大学》作为命名的主要依据,以体现学校在新时期的办学理念和大学的发展之道。同时结合学校临涧河而建的地理优势和悠久文化传承,突出河洛文化、涧河文化等地域优秀文化特征,使文化自信、文化塑造、文化引领和环境育人紧密结合,在立德树人中发挥重要作用。

河西校区命名以科技及工匠精神为主,围绕中国古代科技成就、科学人物及重要科技发明,塑造应用型技术型的校园,彰显学校以科技为主的办学定位和特色,从创新发明、机械制造、医疗健康、数学应用等方面体现应用技术型大学的内涵。

2021年9月,洛科启动书院制改革,专业学习主要在学院,生活主要在书院。因此书院和宿舍楼采用区域一体化命名方案,东校区四个书院以《大学》中有关内容为依托,以中华民族的传统优良美德"慈爱"

"德行""忠信""勤奋"来命名,一方面契合大学之道,更重要的是促使学生不断自我升华,达到完善的境界。西校区四个组团公寓分别从创新发明、机械制造、医疗健康、数学应用这四个领域,以古代著名科技、工匠人物来命名,彰显学校以科技引领、培养高素质技术人才的追求。

命名一览表

序号	原名称	现名称	说明
河东校区			
1	信息楼(综合楼)	至善大厦	"大学之道,在明明德,在亲民,在止于至善"
2	明德楼(教学楼)	明德楼	
3	学术报告厅	新民学堂	"作新民",劝勉人们自新
4	行知楼(教学楼)	格物楼	"致知在格物,物格而后知至",获取知识的途径在于探究事理,探究事理后才能获得正确认识
5	图书馆楼	致知楼	
6	实训楼(明德楼东侧)	实训楼	功能性建筑保持原名,方便师生的工作学习
宿舍楼			
7	G、H学生公寓	慈涧书院1区、2区	"慈"取自《大学》,"涧"取自涧河
8	A、B学生公寓	慎德书院1区、2区	"是故君子先慎乎德",君子应该谨慎地修养德行
9	C、D、E学生公寓	忠信书院1区、2区、3区	"是故君子有大道,必忠信以得之,骄泰以失之"
10	念志楼	暂不命名	用途有所变更,后续将调整为临时教师公寓或职教中心,再拟定名称
11	躬信楼	日新书院1区	"苟日新,日日新,又日新",时刻提醒自己要及时反省和不断革新
	铭恩楼	日新书院2区	
	博观楼	日新书院3区	
餐厅			
12	亚广餐厅	桃园餐厅	桃李寓意洛科精心育人,桃李满天下
13	E+餐厅	李园餐厅	
14	游泳馆餐饮	梅园餐饮	宝剑锋从磨砺出,梅花香自苦寒来

续表

主干道				
15	2号门到慈润书院	至善大道	以至善大厦为命名依据	
16	"润桥"两端的东西路,贯通东西两个校区	洛润大道	洛阳、洛科、润河汇聚于一路,故取此名	

其他道路				
17	1号门到致知楼的道路	至善南路	为方便师生记忆和校园道路管理,道路命名要少而精,以道路周围主要建筑为命名依据	
18	至善大厦东侧,新民学堂西邻道路	至善东路		
19	至善大厦西侧,致知楼、格物楼东临道路	至善西路		
20	明德楼西侧,致知楼到游泳馆的道路	明德路		
21	明德楼北面道路	明德北路		
22	明德楼南面道路	明德南路		
23	慈润书院东侧道路	慈润路		
24	日新书院西侧道路	日新路		
25	体育场北面道路	日新北路		

桥梁				
26	润桥	润桥	跨润河连接东西校区	
27	河西校区南大门桥梁(待建)	洛桥	地处洛阳,润河为洛河支流,校名简称洛科	
28	游泳馆北连接西校区桥梁(待建)	康桥	连接东西校区运动场,取意健康	

广场、体育场				
29	信息楼前广场	至善广场	位于至善大厦前	
30	河东体育场	河东太极体育场	太极八卦是周易的精髓;太极拳可强身健体;润河在学校自然弯曲的形状神似太极图	

其他				
31	电气科研中心	电气科研中心	以功能性命名	

续表

河西校区			
序号	原名称	现名称	说明
1	学生公寓新建U形楼	鲁班书院	鲁班,春秋时期鲁国人,是中国建筑和木匠的鼻祖
2	馨苑(学生公寓)	张衡书院	张衡,东汉杰出的天文学家、数学家、发明家。长期在洛阳掌管天文、历法
3	懿苑(学生公寓)	仲景书院	张仲景,东汉末年著名医学家,被后人尊称为"医圣"
4	嘉苑(学生公寓)	文远书院	祖冲之,字文远,南北朝时期杰出的数学家、天文学家
5	光华楼	匠心楼	寓意涵养工匠精神,培养大国工匠
6	德化楼	德化楼	"富润屋,德润身",要求教师要以德润心,润己化人
7	宇博楼	德润楼	
8	西苑餐厅	杏园餐厅	"杏"寓意着幸福,餐厅周边已广泛种植银杏
9	智能制造人才培养基地	智能制造中心	以其功能直接命名
10	河西运动场	河西太极运动场	命名原则和河东太极体育场一致
河西校区规划建筑			
11	综合楼	天工大厦	出自《天工开物》,也有巧夺天工之意,与东校区至善大厦遥相呼应
12	图书馆	图书馆	以其功能直接命名
13	教育实训楼(图书馆北)	开物楼	与天工大厦相对应,使《天工开物》寓意更为完整
14	教学楼	匠心楼2区、3区	与匠心楼属同一教学区域,或以匠意楼、匠思楼、匠智楼、匠研楼续之
15	智慧实训楼(体育馆西侧)	致用楼	指格物致知,经世致用的科学态度
16	艺术中心	天问楼、揽月楼、飞天楼	用于艺术,取其恣意挥洒、尽情发挥之意(三个命名方案待定)
17	U形楼西侧新建楼	依智楼	鲁班,字依智。也有"依山立德,傍水养智"之意,契合学校依山傍水的地理位置和立德树人的教育理念

续表

18	餐厅	桂园餐厅	桂花代表高尚的道德和崇高的品质,让师生以德立教,勇争一流
19	体育馆	太极体育馆	命名原则和河东太极体育场一致
20	综合楼前广场	天工广场	以周围主要建筑为命名依据
21	图书馆前广场	图书馆广场	
22	图书馆北人工湖	长庚湖	宋应星,字长庚,《天工开物》作者
23	学校医院	学校医院	功能性建筑命名
道路命名(含规划道路)			
24	7号门至学生公寓道路	开物大道	"开物"是为了"成务",以知开发万物,代表了科学精神
25	"涧桥"两端的东西路,贯通东西两个校区	洛涧大道	洛阳、洛科、涧河汇聚于一路,故取此名
26	"天工大厦"与书院之间纵向道路	天工大道	以周围主要建筑为命名依据
27	"天工大厦"西侧纵向道路	天工西路	
28	书院东侧纵向道路	天工东路	

(三)校徽

校徽是一所学校的灵魂,是校园文化最直接的体现,更是校园文化、行为理念以及精神追求的高度统一,能够增强学校师生的凝聚力、自信心和归属感。

为了实现"建'双高',升本科,办高水平职业技术大学"的战略目标,2021年学校启动了新校徽的设计研发工作。对学校主要形象要素进行符号化凝练、设计和规范,形象体现学校的历史文化和理

洛阳科技职业学院校徽图案

念精神,对增强师生员工归属感、传播学校形象、推进文化育人具有重要意义。

本次校徽分别从大学的本质、区域的文化价值、洛科的学校精神三个角度出发,打造独一无二的洛科专属文化符号。

1. 文化传承、知识创造、时代创新

传承与创新,是自古以来人类最重要的社会活动,也是人类文明得以生生不息的精神内核。通过大量的调研与分析,我们发现在中华文化发展嬗变的历史长河中,文字是最具代表性的表现之一。洛科校徽以字为主,意在秉承文化本质,不忘教育之本。

洛科校徽设计理念图之文字

"洛科"两字以现代简笔字的笔画,进行现代化、艺术化的创意变形,再现了东方文化韵味,跨越千年的古今融合、脉络交织,令人难以忘怀,既传承又创新,彰显了洛科继往开来、创新超越的精神风采。千年之字,百年之校,"洛科"两字隐现其间,具有广大深远的联想空间,同时也展现出洛科深厚的文化底蕴。

2. 文化力打造视觉力,洛科的专属品牌

一切无形的文化力,都是有形的视觉力。洛科地处5000多年文明史、4000多年城市史、1500多年建都史的华夏文明发源地——洛阳。如何打造自己的品牌专属力,彰显自己独特的地域属性,也是洛科的校徽设计考虑的重点。

河图洛书是中国古代流传下来的两幅神秘图案,是中华民族的一个文化符号。

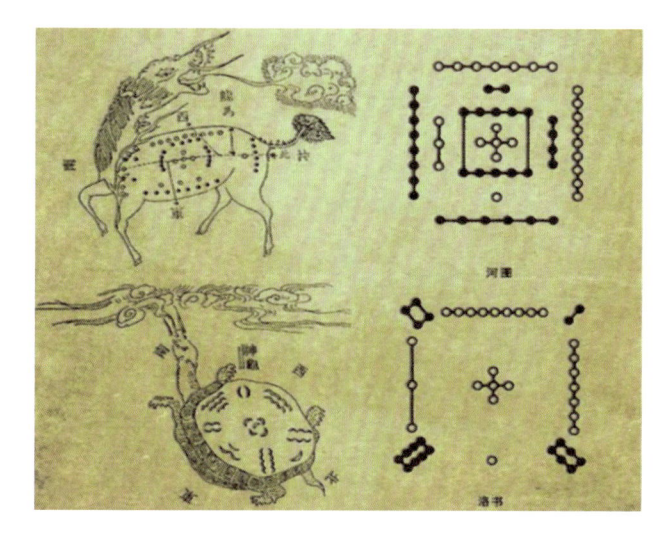

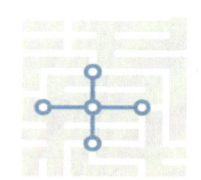

洛科校徽设计理念图之河图洛书

现代应用科技中电子元件、芯片的抽象符号,与河图洛书不谋而合,不仅可展现洛科的科技属性,贴合洛科应用型科技人才培养的学校特色,更是表达出洛科传递传统智慧,赋能现代教育的深层理念。

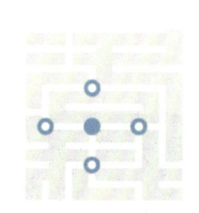

洛科校徽设计理念图之科技之芯

牡丹,乃花中之王,而洛阳牡丹,更有"甲天下"的美誉。一数理、一人文,融会贯通,寓意学究天下。在校徽中融入洛阳著名的文化基因，不仅呈现出强烈的地域属性，更增强了校徽至善至美的人文情感。

洛科校徽设计理念图之牡丹花

标志以方鼎之形融入图形，通过鼎立来诠释学校"理实一体、知行合一"的校训，也借鼎立中原的寓意，来体现洛科"成为扎根中原大地的高水平职业技术大学"的愿景。

洛科校徽设计理念图之青铜鼎

3. 理实一体、知行合一

教育,教的是知识,培育的是人才。一所大学,倘若学而无用,实乃教育之末也。洛科传承"理实一体、知行合一"的校训,讲究学以致用。

因此在校徽中,提取"太极"阴阳相生、顺逆相融的内核,阴阳分别代表"理论"与"实践",彰显出洛科"传承+创新、理论+实践、人文+科技"的包容精神,是洛科校训理念的最佳体现。

学校坚持"以学生为中心"的核心价值,秉承"帮助学生成就梦想"的办学宗旨,时刻将千万名在洛科求学的莘莘学子放在心中;时刻以帮助孜孜求学的学子实现心中梦想、成就美好未来为己任。

师者,父母心,洛科,亦父母心也。

所以校徽将"洛科"两字作为花蕊,寓意着洛科学子如同牡丹花一样争相竞放,绽放美丽华光,以及洛科朝气蓬勃、欣欣向荣的未来发展愿景。花是人文之花、科技之花、未来之花,学是人文之学、科技之学、未来之学。

(四)视觉识别系统

洛科的形象识别包括理念识别、行为识别和视觉识别三方面。理念是洛科的核心价值、办学思想以及大学精神的综合体现,它集中地体现在校训上。行为识别是通过师生员工的教学活动以及社会公益活动等来传播学校的办学理念,从而强化学校品牌形象。视觉识别是将高校的办学理念、校园文化、历史与传统等抽象化的内容,以视觉手段,转换为具体视觉化的符号概念,它包括学校名称、学校标志、标准字体、标准色等,主要应用于宣传标语、办公用品、旗帜招牌、交通工具、建筑外观等。

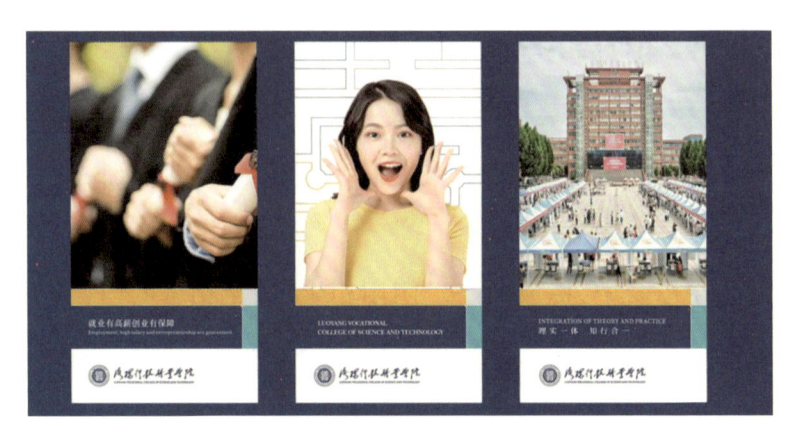

洛阳科技职业学院视觉设计系统应用(部分)

(五)校歌

诗以咏志,歌以传情。高校校歌是大学文化精神的重要象征,是学校办学理念、校园精神、办学特色的集中呈现,校歌在激励师生、增强学校群体观念、培育学生勤奋学习优良品质方面具有不可替代的作用。校歌的每一字词,每一旋律,都将成为无形的情感纽带,赋予师生高度的自豪感和归属感。

学校于2022年8月—10月开展校歌征集活动,面向全体师生、校友及社会各界人士公开征集校歌,共计征集210首,其中歌词96篇,曲谱47首,伴奏小样41首,演唱小样26首。投稿者来自全国各地,其中不乏各级音乐协会、各高校的专业人员以及各行各业的音乐爱好者。经多轮次筛选及对词曲的二次创作,校歌工作小组选定《匠心追梦》为候选校歌,面向全体教职工、学生以及部分校友广泛征集意见建议,同时学校邀请北京、河南该领域的知名专家教授审听候选校歌,对歌曲提出了专业的评审意见。最终,专家认为该歌曲体现了我校的办学精神和师生风貌,适合作为校歌广泛传唱。

1. 校歌创作

歌词萃取洛阳科技职业学院自然地理和历史文化精髓,紧扣学校特色,融合地域文化,突出职教特色、职业素养、校风校训,反映了学校办学理念、核心价值、培养目标和愿景追求,展现了学校创新发展追求卓越的精神风貌。歌词共分两部分四个段落,歌词内涵交相辉映,兼顾文字传唱和文采文风。第一部分侧重于学生在校育人、成长和追梦过程,第二部分侧重于学生从个体走向社会,在大有可为的新时代有所作为,担当使命。

校歌创作历时17个月,历经前期调研、风格研讨、征集词曲、创作编曲、乐团配器、录音混音等多个环节,最终形成男女合唱、女声独唱、男声独唱、专业合唱团合唱、洛科人合唱(教职工代表、学生代表、校友代表共同参与)、伴奏六个版本。本次录制引入了贾湖骨笛,华夏初音,跨越古今,我校校歌也成为全国唯一一首引入贾湖骨笛演奏的高校校歌。

洛阳科技职业学院校歌制作现场——录制骨笛
(河南博物院华夏古乐团首席演奏家贺小帅)

2. 词曲署名

《匠心追梦》作者署名为洛小文、洛小科。校歌词曲是结合广大师生意见后,经校歌工作小组多人、多轮次的修改及二次创作后诞生的作品,是全校师生集体智慧的结晶。洛小文、洛小科的人物形象及文化寓意在校内外已广泛应用并深得师生的喜爱与认可,他们既是洛科的文化符号,也是联结师生和校友情感的纽带,更是学校对外交流与合作的形象大使,在校歌的传播、传唱中两者相辅相成。

3. 歌词及曲谱

匠心追梦

作词:洛小文　　作曲:洛小科

(1)

洛阳古都,涧水泱泱。

文明沃土,蓬勃希望。

成长摇篮,青春向往。

厚德博学,锻造大国工匠。

千锤百炼淬成钢,

自强不息铸辉煌。

春也奋发,冬也昂扬。

匠心追梦,胸怀万里山高水长。

(2)

牡丹花开,焦桐绽放。

中原学府,光耀四方。

华夏骄子,家国栋梁。

奋发有为,彰显时代担当。

赤子之心闯天下,

砥砺前行耀中华。

理实一体,知行合一,

匠心追梦,放眼世界天高地广。

匠心追梦

洛小文 词
洛小科 曲

1=♭E 4/4
♩=120 青春 自豪 朝气蓬勃地

洛阳古都，洛水泱泱。文明沃土，
牡丹花开，焦桐绽放。中原学府，

蓬勃希望。成长摇篮，青春向往。厚德博学，
光耀四方。华夏骄子，家国栋梁。奋发有为，

锻造大国工匠。千锤百炼淬成钢，
彰显时代担当。赤子之心闯天下，

自强不息铸辉煌。春也奋发，冬也昂
砥砺前行耀中华。理实一体，知行合

扬。匠心追梦，胸怀万里 山高水长。
一，匠心追梦，放眼世界 天高地

广。 广。 匠心追梦，

放眼世界，天高地广。

洛阳科技职业学院校歌曲谱

（六）校赋

中华上下五千年，恢宏的文化史诗中，诗、词、赋三种文体各具特色。其中赋的格局最为宏大，最适宜铺排记事。"赋"是中国传统文化中一种特色鲜明的文学体裁，它讲究文采韵律，铺采摛文、体物写志，通常被用于隆重盛大的庆典、重要之事，具有极高的人文艺术价值。

2023年，是洛阳科技职业学院职业教育办学35周年和高职办学10周年的重要时段，为弘扬学校办学历史与办学理念，传承优秀传统文化，学校提前面向社会各界公开征集洛阳科技职业学院校赋。同时学校邀请洛阳辞赋界、考古界专家学者共同创作。

1.《洛科赋》的创作

赋的创作规范严格，用词用韵讲究合规合谱。同时，赋作引经据典、用典考究，洛阳是中国的辞赋之都，学校邀请洛阳辞赋界专家学者先后三次召开《洛科赋》创作学术研讨会，洛阳辞赋研究院予以集体创作和指导，与学校共同组成《洛科赋》创作学术专班，紧密结合赋的起源、体式、对偶、对仗、韵律、用典和学校文化理念，多次集体研讨《洛科赋》的创作提炼、文化内涵等，数次修改完善，确保规整达意、形神一体。历时一年六个月，经校内外专家评审，选定了由著名辞赋创作专家李新建主笔、洛阳辞赋研究院集体研讨创作的《洛科赋》为学校校赋。

《洛科赋》是洛科精神的直观体现，深度诠释了学校地域环境、办学特色、育人理念、发展愿景等，是洛科精神的集大成者。《洛科赋》的创作，是一项宏大且富有深远意义的文化工程。

《洛科赋》是以律赋的严谨程度创作的骈赋，既铺采摛文，又体物写志，以浏亮的铺排之法，兼精微的议论之功。其严谨程度与唐代以下至清代先贤们的律赋大体相当。篇幅虽短小，内容却广博，在"音韵""对偶""用典""声律""词藻"等方面用心雕琢，既适宜于朗诵，更适宜于勒石。

2.《洛科赋》

西襟函谷[1]，东枕神都[2]。绾依丝路[3]，蟠踞名区。结楼阁于神阙[4]，嵌胶黉之明珠[5]。涧水璧流，唤采芹之骥子；学堂高矗，迎入泮之凤雏[6]。两院相依，形如太极；三桥互望，状似云衢[7]。承三合图之地脉，列八书院之星枢[8]。沐焦桐之晖光，修身求学；纵青要以极目，励志读书[9]。赫赫乎名驰八表，桓桓兮秀出九隅[10]。赖崤函之王气，呈盛世之宏图[11]。

若夫兴校理念，达远寄深[12]。实用为先，俾理实于一体；知行合一，育梁栋以千寻[13]。情钟桃李，意寄学林。以圆学生之梦，以遂父母之心[14]。立操则惟诚是务，设教则非用不歆[15]。慧眼识珠，唯才是适；精心造化，至教成金[16]。爰乃映肝胆兮玉壶，下帷谆诲；育椒兰兮瑶圃，入室敬钦[17]。怀三春之晖，树人必先立德；振百年之业，行教当自披襟[18]。洵乃三绝韦编，勉人师以謇謇；一覆进篑，励学子而骎骎[19]。

至乃定鼎立纲，建标设矩[20]。筑学校之图腾，构精神之栋宇。旨在育俊才，舒逸羽。飞凤鸾，腾龙虎。强识博闻，勤思精悟。才情兼备，以学子为中心；德技并修，以人才为要务。效君子而善言，合时代之期许[21]。自强不息，使内心之充盈；勤勉有为，向长天而翔鹜[22]。是乃育人之道，必尊鸿硕之良师；兴国之功，当推卓然之学府[23]。

嗟乎！兴骏业之千秋，期于教育；谋中华之万代，寄以鸿庠[24]。方今欣逢盛世，正值荣昌。不负使命，会须担当。幸有随车之雨，宁无叱驭之骧[25]。既逢天赐，岂负众望。擎大业复兴之帜，启青年友好之航。继而谋良策，计妙方。铭金鼎，赋华章。以至于炳焕鸿猷[26]，立中原而勃发；昭垂燕翼[27]，向四海以蜚扬。

第一段：概括地描写洛科的地理地貌、环境气象。

1. 函谷：指汉函谷关，在新安县东。襟，指襟带，有贴近、控制之意。
2. 枕：靠近、临。《汉书·严助传》：南近诸越，北枕大江。

神都：指洛阳，唐代洛阳官称神都。

3.绾（wǎn）：系结、贯通。

4.神阙：阙指宫门；洛阳唐代称神都，此神阙指神都的西大门。

5.胶黉（jiāo hóng）：古代泛指学校。胶，古代大学；黉，古代的学校。

6.璧流：璧池流水，借指施行教化。出自南朝·梁·江淹《刘太祖高皇帝诔》："胄业既树，璧流方启。"

采芹、入泮：古时学宫有泮水，入学则可采水中之芹以为菜，故称入学为"采芹""入泮"。出自《诗经·鲁颂·泮水》："思乐泮水，薄采其芹。"

骥子：良马，比喻英俊的人才。

凤雏：幼凤，比喻俊杰。

7.两院：学校以涧河为界，分河东、河西两大校区，两校区互相依偎，宛如太极图一样，是一个有机整体。

三桥：指学校已建和计划修建的三座桥，即洛桥、涧桥、康桥。

云衢：云中的道路、天街。

8.三合：指阴气、阳气和天气相合。出自《穀梁传·庄公三年》："独阴不生，独阳不生，独天不生，三合然后生。"唐·杨士勋疏："阴能成物，阳能生物，天能养物，而总云生者，凡万物初生，必须三气合，四时和，然后得生。"此处借喻合山、合水、合人，天地人三合；也有"一生二、二生三、三生万物"之意。

图：图像，舆图，喻风水图。

地脉：指地理位置。

星枢：星星的枢纽，意为辉煌夺目、多才多艺。

9.青要：指青要山，位于洛阳新安县西北部，是上古时期黄帝建都立国之处，史称"黄帝密都"。

10.八表：指八方之外，极远的地方。出自三国·魏明帝《苦寒行》："遗化布四海，八表以肃清。"

桓桓（huán）：高大、宽广、坦然貌。

秀出：美好、特出。

九隅：九州。出自《楚辞·九怀·匡机》："弥览兮九隅，彷徨兮兰宫。"

11.崤函（xiáo hán）：指崤山与函谷关。

王气:皇家之气象。出自西晋·左思《三都赋》:"崤函有帝皇之宅,河洛为王者之里。"

第二段:描写办学理念,主要包括理实一体,知行合一;父母之心和成就梦想;立德树人与因材施教。

12.寄深:寄托重大的责任。

13.千寻:古代以八尺为一寻,形容极高或极长。

14.此句化用学校办学宗旨:以父母之心育人,帮助学生成就梦想。

15.立操:建立操行,建立操行以诚信为根本。

歆(xīn):贪图、羡慕,设计教育方案非实用不采纳、不攀比。

16.至教:指最好的教育,也指因材施教。出自明·何景明《杂器铭》:"盖道本无垠,物各有理,故粗迹有至教,末器有鸿法。"

17.玉壶:指高洁的胸怀。出自唐·王昌龄《芙蓉楼送辛渐》:"洛阳亲友如相问,一片冰心在玉壶。"

下帷:放下室内悬挂的帷幕,指专心教书。出自《史记·儒林列传》:"下帷讲诵,弟子传以久次相授业,或莫见其面,盖三年董仲舒不观于舍园,其精如此。"

谆诲:教诲不倦。出自宋·陆游《若耶村老人》:"曩事一一言,多闻杂谆诲。"

椒兰:椒与兰,皆芳香之物,故以并称,喻美好贤德者,借指莘莘学子。

瑶圃:指仙境,借指美好的校园。

入室:比喻学问或技艺得到师传,造诣高深。语出《论语·先进》:"由也升堂矣,未入于室也。"

敬钦:仰慕,尊敬,佩服。

18.三春之晖:化用唐代诗人孟郊的《游子吟》"谁言寸草心,报得三春晖",指都是怀着三春之阳光对待学生。

披襟:指敞开衣襟推诚相与,借指和谐的师生关系。

19.三绝韦编:本指孔子勤读《易经》,致使编联竹简的皮绳多次断裂,此处借指老师们背课、查阅资料认真。

謇謇(jiǎn jiǎn):忠直。

一覆进篑:覆篑,倒一筐土,比喻积小成大,积少成多。出自《论语·子罕》:"虽覆一篑,进,吾往也",比喻学习要坚持不懈,积土成山。

骎骎(qīn qīn)：指马跑得快，比喻进步得很快。

第三段：描写办学实践，定鼎立纲，构建时代图腾与精神大厦；以学生为中心，德技并修；培养学生使其内心充盈、敏行善言。争创高规格的学府。

20.建标设矩：建立标识和法则、规矩。

21.君子善言：《荀子·非相》称君子自己是善于发表自己意见的，这是君子的美德，是其不同于腐儒的地方。此句也出于学校文化理念："培养厚德博学、内心充盈、敏行善言的高素质技术技能人才。"

期许：期望、称许。此处指培养符合国家期望的人才。

22.翔翥：飞翔。出自三国·魏·曹植《神龟赋》："感白龙之翔翥，卒不免乎豫且。"

23.鸿硕：指常识渊博；常识渊博的人；宏富的学术流派。

第四段：描写洛科的愿景、使命与责任担当，向着既定目标勇往直前。

24.鸿庠：著名的学府。庠，古代指学校。

25.随车之雨：也称"随车雨""随车甘雨"，谓时雨跟着车子而降。比喻政府施行仁政及时为民解忧。出自南朝·梁·庾肩吾《从驾喜雨诗》："复此随车雨，民天知可安。"

叱驭(chì yù)：指叱责驭者驱车强力通过。后比喻不畏艰难险阻，勇往直前。

骧：指良马。

26.炳焕：显著。鸿猷(yóu)：深远的谋划。出自明·张居正《答楚抚院王见峰书》："顷者，陵工告竣，仰仗鸿猷，费省工坚，功高赏薄，尚当有待也。"

27.昭垂：昭示、垂示。燕翼：善为子孙后代谋划。出自《诗经·大雅·文王有声》："武王岂不仕，诒厥孙谋，以燕翼子。"

3.《洛科赋》的艺术体现

(1)篇幅短小，句式多样

《洛科赋》正文不含标点501字，文章越短，难度越大，每句每字的含义越广。这就要求作者有超强的文字驾驭能力。虽然采用的是骈赋形式,但就"对偶""用典""声律""词藻"方面接近于律赋,律赋一般字数在四百至六百字之间,该赋五百字,与律赋特征完全吻合,区别是没有限韵字。所以该赋形式为骈赋,实则以更高的律赋标准创作而成。

(2)章法严谨,文脉流畅

《洛科赋》共分四段,首段概括地描写了洛科的地理地貌及环境气象,通过铺陈手法勾勒出一幅生机勃勃的校园图画。第二段重点指出洛科"理实一体,知行合一""以父母之心育人,帮助学生成就梦想""立德树人与因材施教"的办学理念和教师的情怀。第三段通过对办学实践的描述,重点突显了以学生为中心、德技并修、厚德博学、内心充盈、敏行善言。末段是感慨和议论,重点描写了洛科的愿景、使命与担当。该赋巧妙地使用壮、紧、长、隔、漫、发、送等各种句式,使得赋文在篇章体制上呈现错综多变的姿彩。全文结构严谨,层次分明,对偶工整,用典自然,音韵流畅,文脉一气贯通。

(3)音韵和谐,骈俪工整

《洛科赋》押韵采用"词林正韵",四段选用三个平声韵、一个仄声韵,一段一韵,平声韵悠扬高亢,音色流畅,仄声韵低沉有力,音色浑厚。整篇赋文朗诵起来起伏有序,抑扬顿挫,节奏分明。此韵法的安排接近律赋所具备的特点。

《洛科赋》最大的特点是对偶,即骈俪工整。这点与汉大赋和骚体赋有着本质上的区别。因为汉大赋的兴盛时期采用的是"上古音"韵,与我们现在使用的"中古音"系和"近古音"及"现代音"系差别很大,其形式类似古体散文,篇幅宏大,恣意铺陈。而《洛科赋》所使用的"词林正韵"属于"中古音"系。《洛科赋》在形式上又与"骚体赋"有着较大的差别,因为骚体赋源于离骚,其特点是赋句中用"兮"字作调节,或用在句尾,或用在句中,而《洛科赋》则属于骈体赋,基本不用"兮"字。

六、焦裕禄精神思政新平台

2022年,是党的二十大胜利召开之年,也是焦裕禄同志诞辰100周年,为推动党史学习教育常态化长效化,传承弘扬焦裕禄精神,学校积极构建特色鲜明的"大思政"体系,拓宽"三全育人"格局,计划以洛涧大道为主线打造焦桐大道、焦裕禄广场,引导师生从焦裕禄精神中,感悟思想伟力、传承革命精神,让红色基因、革命薪火在洛科代代传承。

(一)洛阳与焦裕禄精神

洛阳是焦裕禄精神的重要发源地。1953年6月,党组织派焦裕禄同志来到洛阳矿山机器厂(简称洛矿,现属中信重工)参加工业建设,直到1962年6月调往尉氏、兰考,其间他在洛矿整整工作、生活了9年,先后任工程科科长、车间主任和生产调度科科长等职。焦裕禄为建好工厂、干好工业,艰苦创业、刻苦钻研、迎难而上、无私奉献、科学求实、亲民爱民,塑造了一个优秀党员干部形象,形成了宝贵的"焦裕禄精神"。

洛阳矿山机器厂历史照片

洛矿于1993年并入中信集团更名为中信重机,2008年改制成立中信重工。一个人的精神不是一朝一夕形成的,焦裕禄在洛矿的9年,是焦裕禄精神形成的重要时期。焦裕禄精神孕育形成在洛矿,弘扬光大在兰考。

2022年3月16日,洛阳人力资源和公共就业服务中心副主任宋磊、中信重工相关负责人等一行到洛科洽谈政校企合作事宜。对学校和企业开展产业学院共同培养人才的产教融合模式高度认可,认为点对点合作、订单式培养有利于产业学院长远可持续发展,与洛科达成了更深层次的合作模式。

中信重工到校洽谈校企合作

(二)赴兰考县学习焦裕禄精神

2022年在焦裕禄同志诞辰100周年之际,学校一行25人赴兰考县交流学习,学校考察组受到兰考县委、县政府的高度重视,县委常委、副书记刘国飞专门与学校考察组进行座谈,深入交流焦裕禄精神在高校的传承与发扬。座谈中,校长刘丽彬汇报了学校办学、教育教学以及思政建设等情况。刘国飞对学校以学生为中心,加强"大思政"建设,创办青年友好型职业大学的举措和成果予以肯定,表示兰考县委将大力支持洛科焦桐大道建设,主要领导、专家将择机到校作报告并指导学校思政建设。双方围绕县校合作、人才培养与思政基地建设等事宜深入研讨,并达成了共识。

在兰考县教体局领导和教育系统相关负责人的陪同下,学校考察组一行先后参观了中国民族乐器村、兰考音乐小镇;并沿着总书记的足迹,到张庄村、东坝头黄河湾示范基地,深入了解了人民的好儿子、党的好干部焦裕禄同志的生平事迹。

洛阳科技职业学院、焦裕禄干部学院交流座谈会

学校考察组实地参观了校园,来到习近平总书记手植树和焦裕禄亲手栽植的泡桐树处,共同缅怀焦裕禄同志,深刻感悟焦裕禄精神。双方召开了"焦裕禄精神传承与洛科焦桐大道建设"座谈会,会上,双方聚焦传承弘扬焦裕禄精神,针对洛科思政建设与焦桐大道打造,以及进一步加强双方合作交流,围绕焦裕禄精神进校园、焦裕禄精神的研究与新媒体传播、思政教师培训与交流、共建焦裕禄精神研究院等进行了深入交流和研讨。双方表示,将以洛科焦桐大道建设为契机,建立合作交流机制。

(三)焦裕禄广场、焦桐大道

在洛科校园,我们栽下一棵棵饱含精神内涵的焦桐,让它们在涧河畔根深叶茂、茁壮成长。焦桐大道,将是洛科师生每日求知求学的必经之路,是发扬红色传统、传承时代精神的创新载体,将引导全校师生从焦裕禄精神中汲取初心力量、信仰力量、奋进力量,持续推动党史学习教育走深走实。

焦桐常青,精神永传。在涧河畔,学校将打造焦桐广场,设立焦裕禄雕塑,设置焦裕禄事迹、焦桐精神以及习近平总书记写下的《念奴娇·追思焦裕禄》等展示牌。同时,在广场周边环种小焦桐,象征在焦裕禄精神熏陶下茁壮成长的洛科学子。焦桐广场将成为洛科第二课堂,为思政课堂搬出教室创造条件,成为开放的、有风景的思政课堂。

焦裕禄广场设计效果图1

焦裕禄广场设计效果图2

焦裕禄精神是中华民族一座永放光芒的灯塔、一面永不褪色的旗帜。现代大学生党员的思想更加开放、更加多元，在这一时代背景下学习和弘扬焦裕禄精神，用高尚的思想占领宣传思想阵地，引领广大师生牢记党的宗旨，服务群众、艰苦奋斗，力戒浮躁、求真务实，具有十分重要的现实意义。

河洛浸润，焦桐盛开。在洛科校园栽下一棵棵饱含精神内涵的焦桐，让它们在涧河畔根深叶茂、茁壮成长。焦桐大道，将是洛科师生每日求知求学的必经之路，成为发扬红色传统、传承时代精神的创新载体，让红色基因、革命薪火在洛科代代传承。

七、书院文化

近年来，实施书院制教育成为我国高校教育改革的一种积极探索和有效尝试。2018年，教育部等六部门下发的《关于实施基础学科拔尖学生培养计划2.0的意见》提出：深入探索书院制模式，建设学习生活社区，注重环境浸润熏陶，加强师生心灵沟通，促进拔尖学生的价值塑造和人格养成。2019年，教育部下发了《教育部关于深化本科教育教学改革全面提高人才培养质量的意见》，明确指出：积极推动高校建立书院制学生管理模式，开展"一站式"学生社区综合管理模式建设试点工作，配齐配强学业导师、心理辅导教师、校医等，建设师生交流活动专门场所。2020年，《教育部等八部门关于加快构建高校思想政治工作体系的意见》要求：推动"一站式"学生社区建设。依托书院、宿舍等学生生活园区，探索学生组织形式、管理模式、服务机制改革……将园区打造成集学生思想教育、师生交流、文化活动、生活服务于一体的教育生活园地。

为促进学生全面发展以及深入贯彻落实《河南省"十四五"时期深化教育综合改革指导意见》和《河南省高等学校探索书院制育人模

式改革的指导意见(试行)》精神,洛阳科技职业学院决心探索实施书院制育人模式改革。洛阳科技职业学院的书院制教育改革是借鉴西方国家传统书院制办学和治学理念,基于我国古代书院制的理念发展演化而来的,具有典型的中外融合、兼容并蓄的特征。洛科住宿书院制改革通过学院(专业教育)、书院(通识教育)协同育人机制,让不同专业不同年级的学生一起学习生活,融合各自分析问题的思维方式,促进学生的全面发展。

(一)洛科书院理念

洛科书院坚持全面贯彻党的教育方针,落实"立德树人、德技并修"育人目标,秉承"以父母之心育人,帮助学生成就梦想"的办学宗旨,践行"理实一体、知行合一"的校训,坚持"认同、尊重、激活"的育人理念,以思政教育为核心,以技术技能培养为导向,以人文素养培育为基础,以主题工坊为依托,以特色活动为载体,以书院文化浸润心灵,建设青年友好型职业大学,构建"三全育人"新模式,培养厚德博学、内心充盈、敏行善言的高素质技术技能人才,努力成为扎根中原大地的职教书院典范。

1. 书院与核心素养教育

书院以核心素养培育为事业灵魂,坚守初心、铸魂濯心、匠心创新,塑造高素质职业技能型人才。

依据学生公寓楼的区域位置,以专业融合和学生人数与性别相对均衡等为原则,以涧河为界,共设八个书院。河东有日新书院、慎德书院、忠信书院、慈涧书院,重点开展大学生人文素养养成教育;河西有鲁班书院、张衡书院、仲景书院和文远书院,重点开展大学生科学精神和工匠精神养成教育。

书院具有独特的教育理念、培养目标、主题定位、创新设想,制定有《书院制管理暂行办法》《学生公寓网格化管理实施方案》等相关制度,书院社区促使学生文理渗透、专业互补、互相交流,承担学生生活指导、学业规划、习惯养成、文明礼仪教育、综合素质拓展、心理健康辅导与奖学资助等任务。

2. 书院工坊"四位一体"创新教育模式

书院以河东人文精神和河西科学精神养成为引领,以礼射表演与汉弓制作、古琴表演与琴斫制作、剧本创作与微视频制作、汉服设计与制作、故事演讲与连环画绘制、皮影表演与制作、茶艺表演与中原壶技艺、礼乐文化与舞蹈等众多技艺工坊实验室为锤炼载体,采用"理论传授+技艺实践+文创作品+创业能力"的"四位一体"产业链激活模式,知行合一,创新性搭建环境、生活、课程、能力等多维度融合的职教特色创新型书院教育模式。

在书院社区内,不同学科、不同年级、不同背景的学生通过多元文化的交流碰撞,相异专业和学科的交叉融合,职业技能创新工坊和特色社团文化的训练,实现文理渗透、专业互补、思想碰撞、个性彰显,提升跨界思维、跨专业交流、人际协调和组织领导等能力,成长为德智体美劳全面发展、具有未来眼光和国际视野的技能型接班人。

(二)书院文化

1. 洛科书院院徽、院旗

书院院徽院旗是构建书院文化的重要组成部分,是书院文化内涵、文化精神的形象标志,是体现书院特色、凝聚师生力量、激励师生开拓创新的精神旗帜。

院徽:以学术红为主色调,象征庄严、吉祥、沉稳、权威,又代表阳刚、热烈、浓郁和美好。双色同心圆三重叠加,核心主图是洛科鼎精神图腾纹样,鼎纹完整一色。洛科书院总院院名与院训,依中环环绕四周,寓意书院总院应肩负起塑造洛科教育品牌的重任,是洛科书院精神的象征,具备多元融通的领导力、凝聚力和执行力。

书院愿景:成为扎根中原大地的职教书院典范。书院院训:扎根中原,光耀四方。主题特色:厚德博学、内心充盈、敏行善言。

书院总院及八大书院文化符号

2. 洛科书院文化

(1)日新书院

典出:《礼记·大学》。原文:"苟日新,日日新,又日新。"释义:每天都在更新,指发展或进步迅速,不断出现新事物、新气象。

核心素养:国际视野

书院院训:格物致知 志存高远

主题特色:国际理解 交流交往 合作共赢

(2)慎德书院

典出:《礼记·中庸》。原文:"博学之,审问之,慎思之,明辨之,笃行之。"释义:做学问必须广泛地学习、反复地推敲、缜密地思考、明晰地分辨。

核心素养:谨言慎行

书院院训:博闻慎思 兼听明辨

主题特色:学问思辨 三思而行 履践致远

(3)忠信书院

典出:《大学》。原文:"是故君子有大道,必忠信以得之,骄泰以失之。"释义:自己能够尽己所能,尽心尽力为大众,没有自私自利,这叫忠。顺着物,不违反事物的规律,也不违背人心,要有诚意才能做到,这称为信。有了忠信,就能够得到大道。骄傲自大,目空一切,就会失去大道。

核心素养:诚实笃行

书院院训:德技并修 奋发向上

主题特色:忠诚信仰 坚定信心 奋斗青春

(4)慈涧书院

典出:《山海经》《水经注》。原文:"瞻诸之山,其阳多金,其阴多文石,少水出于其阴。控引众溪,积以成川,东流注于谷,世谓之慈涧也。""谷水又东,俞随之水注之……世谓之孝水也"。释义:慈涧乃磁涧曾用名,沿用两千年;新安人杰地灵,西有慈水,东有孝水,长慈幼孝,以河喻世,老幼互及,慈文化浓厚。

核心素养:慈爱奉献

书院院训:自强不息 砥砺前行

主题特色:至真至善 至美至诚 至行至远

(5)文远书院

"文远"二字源于南北朝时期著名的数学家、天文学家——祖冲之(字文远)。其主要贡献在数学、天文历法和机械制造三方面。

核心素养:数字思维

书院院训：目尽毫厘 心穷筹策

主题特色：数智融通 科创融合 德技并达

(6) 仲景书院

张机，字仲景，南阳人，东汉伟大的医学家，张仲景所著《伤寒杂病论》熔理、法、方、药为一炉，开辨证论治之先河，为中医药发展奠定了基础，其著作与《黄帝内经》《神农本草经》《难经》并称为祖国医学的四大经典，被后世尊称为"医圣"。

核心素养：健全自我

书院院训：勤求古训 博采众方

主题特色：规划人生 健全人格 发展身心

(7) 张衡书院

张衡，字平子，南阳西鄂县（今河南南阳石桥镇）人，东汉时期杰出的天文学家、数学家、发明家、地理学家、文学家。

核心素养：未来思维

书院院训：人生在勤 不索何获

主题特色：探寻未来 设计未来 创造未来

(8) 鲁班书院

鲁班是春秋战国之交颇负盛名的能工巧匠，是职业教育的先行者。鲁班的职业教育思想至今深深地影响着后人。鲁班文化作为一种职业精神，是高素质技术技能人才职业行为和职业价值取向的体现，是中国百业能工巧匠们的精神价值的代表，并在实践中不断丰富和发展。鲁班文化的内涵在于鲁班精神，一是勤奋，二是精湛，三是创新。

核心素养：实证探索

书院院训：匠心至臻 德技双馨

主题特色：勤于求证 善于制作 敢于创造

第四章

学院书院　双院育人

　　人才培养是建设社会主义现代化强国的第一资源。习近平总书记指出：当今世界，人才资源作为经济社会发展第一资源的特征和作用更加明显，人才竞争已经成为综合国力竞争的核心。谁能培养和吸引更多优秀人才，谁就能在竞争中占据优势。党的二十大报告中特别强调："深入实施人才强国战略"，"完善人才战略布局"，"着力形成人才国际竞争的比较优势"，"加快建设国家战略人才力量，努力培养造就更多大师、战略科学家、一流科技领军人才和创新团队、青年科技人才、卓越工程师、大国工匠、高技能人才"。

　　洛阳科技职业学院深入学习贯彻习近平新时代中国特色社会主义思想，紧紧围绕全面建设社会主义现代化国家的总体布局和战略部署,全面落实党的教育方针,坚持立德树人根本任务,将高素质技术技能人才培养作为根本任务,深入探索"一体两翼"发展模式,加强学院书院、双院育人。学院书院是学校实施"双院育人"的重要载体,通过设立学院书院,学校将专业教育、职业教育与思政教育、通识教育相结合,为学生提供更加丰富、多元的教育资源。

在中国共产党领导中华民族走向伟大复兴的新征程中,以习近平同志为核心的党中央对高校教学育人、传承弘扬中华优秀传统文化作出全面部署。2017年,中共中央办公厅、国务院办公厅印发《关于深化教育体制机制改革的意见》,提出要探索建立"书院制"、住宿学院制等有利于师生开展交流研讨的学习生活平台。2018年,教育部等六部门下发的《关于实施基础学科拔尖学生培养计划2.0的意见》强调:深入探索书院制模式,建设学习生活社区,注重环境浸润熏陶,加强师生心灵沟通,促进拔尖学生的价值塑造和人格养成。2019年,《教育部关于深化本科教育教学改革全面提高人才培养质量的意见》指出,积极推动高校建立书院制学生管理模式,开展"一站式"学生社区综合管理模式建设试点工作,配齐配强学业导师、心理辅导教师、校医等,建设师生交流活动专门场所。2020年,教育部等八部门印发的《关于加快构建高校思想政治工作体系的意见》要求"依托书院、宿舍等学生生活园区,探索学生组织形式、管理模式、服务机制改革",推动"一站式"学生社区建设。2021年11月19日,中共河南省委高校工委、河南省教育厅印发《河南省高等学校书院制育人模式改革实施指南(试行)》的通知(豫高发[2021]145号),要求河南省各本科高等学校积极稳妥推进高校书院制育人模式改革。

洛阳科技职业学院坚持扎根中原大地,立足现实,着眼长远,深入探索"一体两翼"发展模式,坚持学院书院、双院育人,着力形成独具洛科特色的高素质技术技能人才培养新模式。

一、学院发展

建功三尺讲台,培育时代新人。在这个充满荣誉与责任的时代,在这个充满活力与激情的岁月,洛阳科技职业学院的教师团队积极转变教育教学理念,推进"三教"改革,开展基于OBE理念的精彩课堂建设,创新教学方法和教学手段。卓越团队、创新项目、优秀教师,在学校各个二级学院里不断涌现。

为了顺应社会经济发展和区域产业体系转型升级需求,学校设置8个二级学院,37个专业。采取内培外引,以素质工程为抓手,深入实施"高级人才引进、教工学历提升、教工职称提升、双师型队伍建设、思政教师提升"五大工程,吸引具有行业影响力的专家、企业专业人才和能工巧匠等作为教师,学校教授、副教授等副高及以上职称教师占教师总数的30%以上,博士、硕士学位教师占教师总数的40%以上,双师型教师占专业课教师总数的70%以上。

同时,学校积极推进内涵建设,立项国家级品牌专业1个,省级品牌专业8个,省级骨干专业群3个;机械制造及自动化专业获批省级示范性专业建设项目,电子商务专业获批省级教师教学创新团队建设项目,《玉雕技艺传承与创新应用人才培养》入选国家艺术基金项目。同时,学校是教育部首批中德先进职业教育合作项目(SGAVE)试点院校、中国物流学会产学研基地、河南省钨钼材料数字成型工程研究中心、全国机械行业现代机电技术职教集团副理事长单位、新一代信息技术产教融合联盟副理事长单位、高校毕业生就业协会学前教育与托育服务工作委员会副理事长单位、河南省民办教育协会理事长单位、UK NARIC中方理事会成员单位、全球工匠联盟(亚太区)筹备委员会常务理事单位。

(一)学院现状

二级学院建设和专业、专业群建设是人才培养的重要方面。

2019年4月,《教育部 财政部关于实施中国特色高水平高职学校和专业建设计划的意见》为"双高"建设指明了方向;同年6月,《教育部关于职业院校专业人才培养方案制订与实施工作的指导意见》,进一步明确了培养目标,规范了课程设置。洛阳科技职业学院紧紧围绕意见,结合区域经济和产业特色,瞄准职业岗位和需求,准确把握市场对各类人才的需求情况,以科学、清晰的逻辑,开设马克思主义学院、电子商务学院、信息与数字工程学院、智能制造与汽车工程学院、艺术与设计学院、经济与管理学院、教育学院等八个学院,设置37个专业,做实八大专业群。明确各学院、各专业培养目标,规范各专业课程设置。

——马克思主义学院(通识教育学院),承担全校90%以上思政课程和通识课程的教学任务,学院紧紧围绕"思政铸魂,通识培基,启智润心,强体健心"的培养目标,抓好基础教育,提升学生综合素养,加强对学生日常点滴行为和思想的引导,把社会主义核心价值观、心理健康以及感恩教育等作为工作重点,提升学生内在的基本素质。

学院以"党建引领,构建'大思政'育人体系"为特色,将提高师生思想政治觉悟、加强党建引领作为学院重点工作之一,通过党支部的发展建设起到巩固基层、凝心聚力的作用,提出每日自觉佩戴党徽,时刻亮明身份,时刻起到党员教师的模范带头作用。每学期伊始,学院积极申请承担全校"开学第一课"的授课任务。2021年9月全院思政课教师利用大量的疫情案例和素材集体备课,以致敬抗疫中涌现出的英雄人物和事迹;2022年9月以"发现身边的美·大美洛科"为主题,为全校师生呈现了一场别开生面的"思政课",受到了全体师生的一致好评。

师德立,则教育兴;师德兴,则教育强。为全面落实立德树人根本任务,弘扬新时代教师道德风尚,积极引导广大教师做有理想信念、有道德情操、有扎实学识、有仁爱之心的"四有"好老师,马克思主义学院(通识教育学院)高度重视师德师风工作,多次组织开展"强师德"

"正师风""严师训"师德师风专题培训活动,旨在进一步加强教师职业道德建设,提升教师思想政治素养,塑造教师队伍的良好形象。学院举办的"学高为师、身正为范·师德师风承诺书签名活动"、师德师风主题线上培训,以及教师教育教学能力培训、硬笔书法培训、教师语言表达培训等活动得到了全校教师的积极响应。

——智能制造与汽车工程学院,以培养中国智能制造人才为目标,立足中国智能制造业需求,服务区域经济和社会发展需要,培养新时代的大国工匠和能工巧匠。学院致力于激活"人才引擎",成为中国智能制造的高水平学院,用工匠精神助力国家由"制造大国"向"制造强国"迈进。

学院推行以实践能力为导向的教学模式,开设中德SGAVE英才班,通过"双元体系、中德合作、校企共建、小班教学、理实一体、优质就业"的培养模式,着重培养学生的实践应用能力,增强学生社会责任感、职业道德感、问题解决能力、团队合作能力和沟通表达能力。通过"以岗定课",将企业新技术、新工艺、新规范融入教学过程,提高学生职业素养;通过"以赛磨课",将技能大赛与课程教学目标相结合,提高学生实践技能;通过"以证入课",将职业技能证书标准写入人才培养方案,提高学生职业能力。

学院学科专业建设成绩显著,机械制造及自动化专业获批教育部中德先进职业教育(SGAVE)合作项目智能制造领域首批试点院校专业;汽车制造与试验技术专业获批国家级骨干专业;机械制造及自动化专业获批河南省职业教育示范性专业点;机械制造及自动化专业群获批河南省骨干专业群;机械制造及自动化专业、数控技术专业、汽车制造与试验技术专业获批河南省民办普通高等学校学科专业建设资助项目专业;增减材制造技术专业教学资源库获批河南省专业教学资源库。学院开展课题研究20余项,其中省级课题6项;"机械制图""数控机床装调与维修"两门课程获批河南省精品在线开放课程,

"SolidWorks"获批河南省继续教育课程思政示范课程。

学院是河南省继续教育课程思政创新教学团队、全国机械行业现代机电技术职教集团副理事长单位、河南机电设备与自动化职业教育集团副理事长单位、河南省新能源汽车产教融合专业联盟理事单位、洛阳市新能源汽车产业联盟会员单位,拥有河南省钨钼材料数字成型工程研究中心、洛阳市智能制造产教融合实训基地、洛阳市数控加工工程技术研究中心、洛阳市河洛工匠大师工作室、洛阳市技能实训基地。

——信息与数字工程学院,在国家"产业数字化,数字产业化"背景下,为落实国务院、教育部职教改革政策文件精神,以国家、省市数字经济发展规划,及学校"建'双高',升本科,办高水平职业技术大学"的战略目标为导向,牵引助推学院建设发展。学院以数字产业研究智库服务地方数字经济发展,为地方数字产业岗位培养具有硬件、网络基本技能,能熟练运用软件技术解决工程问题的高水平复合型技术技能人才,建设扎根中原大地的青年友好型信息与数字工程学院。学院深化教学改革,实行"一体多元"模式下以技能单元为核心的人才培养模式,划分10个技能单元,以就业为导向,以高质量教学进行成果输出,帮助学生成就梦想。

学院教学成果丰硕,多个项目获批或获奖,包括教育部高校学生司供需对接就业育人项目1项,教育部中外人文交流中心项目人文交流经世项目1项,河南省青年骨干教师资助项目1项,河南省教育教学改革项目2项,河南省高等学校重点科研资助项目5项,河南省教育科学规划课题1项,人文社会科学研究课题1项,河南省社科调研课题5项,实用新型专利20余项,各级科研课题立项30余项,省级教育信息化优秀教学成果一等奖2项、二等奖4项,教育研究优秀成果二等奖1项,省级职业教育系统征文一等奖1项、二等奖2项、三等奖1项。

——艺术与设计学院,是洛阳科技职业学院的特色二级学院,学院教师锐意创新、不断改革教学方法,以赛促教、以赛促学,合"艺、工、商"于一体,以学生为中心,重视校内学习与校外实践工作的一致性,积极推行工学结合,探索任务驱动、项目导向、岗位实习等有利于增强学生实践能力的教学模式。

学院师资力量雄厚,拥有俄罗斯外籍院士、河南省教育厅学术技术带头人、河南省教学名师、全国行业职业教育教学指导委员会委员、省级非物质文化遗产"玉雕"传承人等。由艺术与设计学院金卓院长主持的《玉雕技艺传承与创新应用人才培养》入选国家艺术基金项目;《基于"艺工商"一体化交叉学科理念下的广告设计教学创新与实践》项目荣获河南省高等职业教育教学成果二等奖;艺术与设计学院专业带头人张嘉伟自主研发的"一种多功能的玉雕加工设备",获得国家知识产权局授权并取得国家发明专利证书。同时,学院成功申报"洛阳市金卓名师工作室"、河南省职业院校教师技能技艺传承创新平台(艺术设计);校级优势专业艺术设计、表演艺术专业成功获批河南省民办品牌资助项目。

2019—2023年,学院取得国家级重大课题7项、省级课题29项、市级课题11项。共发表论文共190余篇,其中核心期刊21篇(包含中文核心期刊,CSSCI),EI收录6篇,CPCI-S收录16篇,出版艺术设计专业著作9种。此外申请实用新型专利29项,并建设"PS平面设计""广告设计与创意""动漫插画设计"等省级、校级精品课程3项。

学院积极邀请英国、意大利、俄罗斯、韩国、泰国、马来西亚等国家的教授来院讲学,并与韩国加耶大学、韩国国立釜庆大学、泰国国立玛哈沙拉堪大学、泰国国立孔敬大学、马来西亚城市大学等建立良好的国际合作关系,与国外大学开展交换生培养项目。分别举办了第二届、第三届亚洲融合设计展,增强了师生对外交流合作与学习的机会。

——电子商务学院,前身是洛科经济管理系电子商务专业,2017年8月正式升格为学校二级学院。电子商务学院以培养电商运营人才为核心,洞察电商生态发展趋势,推动教学改革,夯实学科体系,聚焦打造涵盖电子商务、网络营销与直播电商、现代物流管理、跨境电子商务在内的特色专业群。2013年到2018年,学院博观约取,厚积薄发,打造"双十一""618"项目化实训基地;电子商务专业获评河南省电子商务品牌专业;获得河南省优秀基层教研组;30个项目获得省级及以上教学相关奖项;学生获得省级及以上奖项74项。2019年,学院获评全国电商十佳教育机构,成为洛阳市电子商务职业教育培训基地、清华大学跨境电商人才孵化合作院校、阿里巴巴全球速卖通大学合作院校、京东集团合作院校。2020年,学院荣获第十届全国大学生电子商务"创新、创意及创业"挑战赛国赛特等奖、"挑战杯"中国大学生创业计划竞赛省赛金奖,洛克8众创空间通过河南省高校众创空间,校企联合开发教材《金牌电商客服实战》、校本教材《网店运营与管理》。近几年,学院笃行不怠,踔厉奋发,先后获评为河南省教学创新团队,"网店客服"课程获批省级精品在线开放课程,"网店运营与管理"课程立项为省级精品在线开放课程,"网络营销"成为首批河南省职业教育和继续教育课程思政示范项目,千蚁新媒体直播电商产业学院成立,春客电子商务产业学院成立。

——经济与管理学院,是学校重点建设的商科学院,学院坚持"以学生为中心,以就业为导向"的理念,以现代服务业为依托,服务河南"一核三区",积极探索深度校企合作,培养具有国际化视野,适应新时代新经济和行业需求的高素质技术技能型人才。

——教育学院,是学校重点建设的师范专业学院,致力于"办有温度的教育,培养有情怀的教育人"。学院贯彻"以学生为中心,以就业为导向"的教育理念,将人才培养与托幼一体化产业需求紧密衔接,将专业课程内容与职业标准对接、教学过程与真实工作过程对接,将岗课赛证学习训练融入人才培养方案和课程体系中,培养涵盖"教、养、护、训"四大岗位群,有志从事托幼服务、学前教育、社会体育指导与训练行业的高素质技术技能人才。

(二)第二课堂

学校不断开展提高师生专业能力及综合应用能力的培养活动,将第二课堂、实训实验作为重要抓手,加强建设,不断提升育人质量。

第二课堂是组织实践教学的重要载体,是对第一课堂理论和实践教学的有机延伸,是与第一课堂共同实施和完成人才培养方案的重要途径。为丰富校园文化生活,促进学生全面发展、个性发展、特长发展,更好地体现理论与实践相结合的教学要求,构建具有洛科特色的第二课堂实践教学体系,学校从管理入手,抓好活动落实,定时间、定地点、定人员、定内容。学校加强投入,积极开发并合理利用校内外各种人力、物力资源,围绕"思想有提升、技能有进步、就业有方向、深造有基础、发展有后劲"的第二课堂培养目标,激发学生的兴趣和创造潜能,全面提高学生综合素质,取得了丰硕成果。近年来,学校陆续建设了形体实训室、钢琴实训室、航空模拟舱、苹果机房实训室、展厅实训室、画室实训室、网络工程实训室、药品实验室、智慧财经大数据实训基地、财税一体化实训室、工业机器人实训室、富纳智能制造实训室、电工基础实训室、光伏发电实训室、新能源实训室、汽修实训室等。

形体实训室除了供师生进行舞蹈课程的教学活动,还可进行舞蹈第二课堂、礼仪第二课堂的教学活动,以及学校舞蹈队的训练活动等。为培养学生综合素质能力,发挥学生潜质,培养学生丰富的艺术创造力和创新精神,提供了必要的场地;为学生参加专业竞赛、演出排练、期末考试、资格考试等相关工作提供了硬件支持;为表演艺术专业学生的发展助力;为学校建立专业、高效、创新的校园提供环境条件支持。

钢琴实训室供表演艺术专业使用,承担"钢琴基础""钢琴表演""即兴钢伴""合唱指挥""声乐表演"课程的教学活动。

画室实训室供艺术设计、视觉传达设计、动漫制作技术专业使用,承担"设计造型基础""效果图表现技法"等课程的教学活动。

苹果机房实训室供动漫制作技术专业使用,承担"C4D三维模型制作""Illustrator动漫图形创作""Photoshop平面设计""影视后期特效制作"等专业核心类、职业技能型课程的教学活动。苹果机房电脑配置高端、功能强大,满足学生对教学案例进行软件开发、实训操作的需要,并能够完成学生开发和操作高难度软件的任务,有力提升学生的职业技能水平。

航空模拟舱供空中乘务、城市轨道交通运营与管理专业使用,承担"客舱礼仪服务""餐食服务与安全服务"等实践性强的课程的教学活动。航空模拟舱支持开展不同方向的实训课程教学任务,将轨道交通、酒店以及餐饮、旅游、购物、娱乐等相关行业融为一体,为课程延伸和发展提供了有力的保障。通过模拟真实的空乘工作环境,使学生以后能够更快地适应真实的工作环境。

网络工程实训室是一个集计算机网络设计与布线、局域网组网、网络设备调试等为一体的综合实训平台,可以进行计算机网络布线、局域网组网设计和调试、可裁剪服务器综合调试、复杂网络设计和建构、系统集成等实训教学,极大地提高教学质量,提升学习体验,推动高质量技能型人才培养目标的达成。

智慧财经大数据实训基地由两个实训室组成,其中共享服务中心实训室以云计算、"互联网"+为理念,结合企业真实案例,形成金融财务共享学习体验平台,在教学过程中注重引入案例教学和小组探究项目进行学习。

(三)技能竞赛

技能竞赛是检验职业教育教学质量的有效方法,也是提高学校学生含金量的重要途径。学校各二级学院以技能竞赛为抓手,将技能大赛融入专业教学,深化产教融合,不断优化人才培养模式,培养满足行业企业需求的技能强、素质优、能担当的高素质技术技能人才。同时,各二级学院定期组织各类专业技能竞赛选拔赛,推荐表现优异的学生队伍参加教育部认可的省级和国家级技能竞赛,坚持以赛促学、以赛促教,学赛结合,提高学生的实践能力,调动广大师生的积极性、主动性和创造性。

针对各自专业优势,各二级学院通过竞赛项目推动教学实践,检验教学成果,取得了辉煌成绩,在全国大学生电子商务"创新、创意及创业"挑战赛中荣获国家级特等奖,在"挑战杯"中国大学生创业计划竞赛、"互联网+"大学生创新创业大赛、中国好创意暨全国数字艺术设计大赛、米兰设计周中国高校设计学科师生优秀作品展、会展专业创新创业实践竞赛、国际贸易竞赛、全国高校数字艺术设计大赛等赛事中成绩优异。2022年,学生荣获全国大学生金相大赛、全国高校商业精英挑战赛等全国大学生学科竞赛的194个奖项,其中国家级奖项32项,国家级一等奖9项。2023年第十四届蓝桥杯全国软件和信息技术专业人才大赛中,洛科学子与来自北京大学、清华大学、复旦大学、上海交通大学、中国科技大学等1000多所高校的1.4万余名选手同台竞技。经过激烈角逐,洛科学子共荣获8项国家级奖,29项省级奖。从2019年10月至2023年7月,洛科学子参加全国大学生84项学科竞赛获奖项目达到718项,国家级赛获奖127项,其中特等奖1项、一等奖14项、二等奖36项、三等奖63项;省级获奖538项,其中特等奖8项,一等奖77项。

教师获奖硕果累累。学校鼓励教师积极参与省级教师教学能力大赛、教学信息化等教学比赛,校校联合,聘请其他院校有经验教师成立指导团队,以赛促教,切实提升教育教学成效。近年来,教师累计获奖近千项。学校教师张瑶、陈俞晓的《黄河"三彩"旅游文创产品设计与制作》获得河南省教师教学能力大赛二等奖;唐丽丹、卢杨柳获全国新职业和数字技术技能大赛河南省选拔赛家政服务员(整理收纳师)赛项优胜奖;唐丽丹获全国化工技术职业技能大赛河南省选拔赛优秀奖;侯林涛获河南省师德主题教育和师德师风优秀案例评选大赛省级二等奖。技能竞赛展风采,匠心筑梦创佳绩,出类拔萃的成果彰显了学校德技并修、育训并举的人才培养成效。2022年以来,学校成功举办了第五届全国数字创意教学技能大赛河南赛区赛等多项赛事,大幅提升了学校的品牌影响力。

二、书院建设

步入洛阳科技职业学院书院的古琴表演与琴研制作工坊,琴声悠扬,余音绕梁。工坊内学生在育人导师的指导下,潜心制琴;另一间工坊里,身穿汉服的几位学生正在苦练琴艺。礼射与汉弓制作工坊的同学们,身着礼射古服,手持传统汉弓,弯弓练习中华传统的礼射技艺,展现新一代青年的飒爽风姿与崭新面貌。参加汉唐歌舞编排、刺绣针法、金银首饰设计、狮舞协调等非遗技艺工坊的同学,则氤氲在浓郁的传统氛围中,精心传习和弘扬着中华"礼乐文化"。书院制教育在中国教育史上延续千年,培育了大批鸿儒硕学,是民族教育史上一笔宝贵的精神文化财富。发扬中国古代书院文化的精髓和精神,进一步传承和弘扬中华优秀传统文化是现代高校书院建设的应有之义。

洛科书院与各二级学院交相呼应,从实践中积累教育经验,构建了五级网格化管理服务体系,以思政教育为核心,以技能培养为导向,以人文素养为基础,依托书院主题工坊,构建"三全育人"新模式,为"学生全面发展,高质量就业,做一个对社会有贡献的人"服务,培养厚德博学、内心充盈、敏行善言的高素质技术技能人才,努力成为扎根中原大地的职教书院典范。

(一)理念先行

推行书院制是教育部和河南省教育改革的重点工作,高校书院制育人模式改革更是被列入河南省2021年教育综合改革重点项目。政策层面上,无论是教育部还是省教育厅倡导的书院制改革,主要针对的是本科学校的质量提升。而在当下,建立"书院制"学生管理模式,则已演变为各类高校共同的探索实践,与之相伴的合作与竞争,也将日益频繁和严峻。所以创立独具"职教特色"的书院制模式,将是捷足先登的破局之策。

为打造洛科办学品牌,构建"学院-书院"双院育人模式,落实"三全育人"要求,提高学生在校体验,形成差异化竞争优势,从而实现学校高质量发展,洛科书院启动伊始,便有清晰的定位:打造"中国特色职教书院",形成"学院-书院"双院育人模式,突出办学特色,提升差异化竞争力。

2021年9月,洛科书院总院成立,学校聘请具有丰富书院管理经验的张兰花教授做院长,组织书院总院研究团队开展书院制改革学术理论与实践专题研究。第十三期"洛科大讲堂"上,张兰花院长作《聚力先行:洛科书院制改革策议》专题报告,传播书院理念;刘丽彬校长在讲堂上作学校实施"三全育人"动员讲话,明确努力方向,全面启动书院制改革。

在书院制模式研究上,学校考察了世界五所顶尖大学——牛津、剑桥、哈佛、耶鲁、普林斯顿的书院制共同特点和差异点,归纳了中国古代书院的教育特征与社会价值,系统分析了国内著名大学如香港中文大学、复旦大学、西安交通大学、南方科技大学等的现代书院制成功经验。

从学生素质提升视角,书院分析了学生公寓传统管理存在的诸如教育功能缺失、管理模式陈旧、文化活动品牌单一等突出问题。针对问题提出书院制管理优势,尤其是在公寓管理等关乎学生心理健康和生命安全的重大问题上,提出实施书院制的重要性。

在研究成果盘点上,书院收集了国内20多所推行书院制高校的发展现状、发展理念、发展规划、运行模式、相关制度、活动开展情况和社团发展现状等内部资料,组成"书院制研究成果资源库",供学校参考。

从文化资源开发角度,书院收集了与学生兴趣喜好相匹配的126类中国非物质文化技艺项目和2.7万多份文图视频材料,组成了"中国非物质文化资源资料库",为书院搭建素质教育养成体系提供文化素材。基于此,书院完成了针对职业教育类学生素养提升的10项工坊实验室规划。

在课题研究申报上,书院以学术研究为契机,协同社会力量,已分别申报省级市级科研课题12项，目前已获批河南省高等教育教学改革研究与实践重点项目1项，一般课题5项，以此不断推动书院制改革理论逐步成熟。

(二)规划设计

1. 总体规划

根据学校发展规划，书院制改革将成为建设青年友好型职业大学、打造"一体两翼"（"学院+书院"双院制育人、"政-校-行-企"协同育人）育人模式的重要内容。学校计划通过全面推进学分制、习分制建设，打通"学院+书院"双院制建设的最后一公里。建成八所文理渗透、专业互补、互相交流的书院。

洛科书院融合欧美书院住宿制，借鉴中国传统书院独立学术自由精神，吸取国内著名大学如复旦大学、南方科技大学、西安交通大学等的成功经验，增加职业特色技能实践工坊培训，突出职教书院职业能力养成功能，形成洛科特色办学品牌。

2. 制度建设

书院建设作为突破学生管理瓶颈最直接有效的方式，在全校上下已达成共识。学校先后组织多次专题会，讨论研究制定系列制度，制定了《书院制管理暂行办法》《双院制下育人导师队伍建设管理办法》《双院制下班主任队伍建设管理办法》《学生公寓网格化管理实施方案》《学业导师工作办法》《就业导师聘任管理暂行办法》《朋辈导师工作实施办法》《书院学分制实施办法》等十几项书院相关制度。同时梳理了书院制下"双院"协同育人的业务流程，完成书院制下独具职教特色的双院制育人组织架构构建，明确书院学分制实施办法和人文素养教育体系。书院社区促使学生文理渗透、专业互补、互相交流，承担学生生活指导、学业规划、习惯养成、文明礼仪教育、综合素质拓展、心理健康辅导与奖学资助等一整套"三全育人"养成任务。

3. 空间分布

学校大力支持各书院的教学设施改造,提升教学文化环境氛围,开展独具各书院特色的课程活动。

洛科书院依据学生公寓楼的区域位置,以专业融合和学生人数与性别相对均衡等为原则,以涧河为界,共设八个书院。洛科的校园是人文与科技相结合的,东校区打造人文校园,西校区打造科技校园,因此,八大书院的内涵侧重也不尽相同。东校区的四大书院重点开展大学生人文素养养成教育;西校区的四大书院围绕"大国工匠"打造,重点开展大学生科学精神和工匠精神养成教育。

学校新建的鲁班书院和慈涧书院与原有的21栋公寓楼,共25栋楼,形成了8个公寓楼群的自然围合,具备了八大书院基础条件。新建和改造公寓楼时,学校充分考虑书院制需求,在建设鲁班书院时,对空间进行前瞻性规划,建设有育人导师、生活导师、学生组织及管理人员办公区域,预留有公共空间用于建设工坊。

河西新校区的公寓楼因地制宜,对功能空间进行了改造,配齐书院制必备的办公室、党团活动室、阅览室、心理咨询室、公共文化区域等基础设施,书院大厅文化墙进行视觉设计和文化装饰。同时以工坊为依托,开展育人工作。各书院不断完善学生活动空间,对入门大厅进行升级改造,使之成为学生温暖的家庭客厅,在各书院建设阅览室和会议室,方便学生学习交流。这些共享空间有效推动了学生之间的交流互动。在书院社区内,不同学科、不同年级、不同背景的学生通过多元文化的交流碰撞,相异专业交叉融合,职业技能创新工坊和特色社团文化的训练,实现文理渗透、专业互补、思想碰撞、个性彰显及综合素质提升,成长为德智体美劳全面发展、具有未来眼光和国际视野的技能型接班人。

(三)文化内涵

书院是全体洛科学子沉浸时间最长的地方,是学生自我发展自我成长的"家"。因此,书院的文化如何,直接决定了学生的生命状态、成长环境、发展动力。洛科书院坚持全面贯彻党的教育方针,落实"立德树人、德技并修"育人目标。秉承"以父母之心育人,帮助学生成就梦想"的办学宗旨,践行"理实一体、知行合一"的校训,坚持"认同、尊重、激活"的育人理念,以思政教育为核心,以技术技能培养为导向,以人文素养培育为基础,以主题工坊为依托,以特色活动为载体,以书院文化浸润心灵,建设青年友好型职业大学,构建"三全育人"新模式,培养厚德博学、内心充盈、敏行善言的高素质技术技能人才,努力成为扎根中原大地的职教书院典范。

　　从文化定位上,学校确立了书院独特的教育功能、培养理念、总体目标、主题定位、建设设想,以及八大书院的布局、各书院的命名论证和书院主题的分类与特征。同时,完成八大书院院训、主题特色、愿景等的设置。院徽、院旗是书院的重要组成部分,是书院文化内涵、文化精神的形象标志,是体现书院特色、凝聚师生力量、激励师生开拓创新的精神旗帜。八大书院各具特色,并围绕各自特色设置了不同的院徽、院旗。同时,每个书院打造各自的内涵体系与院训,以核心素养为方向,打造思政文化、社团文化、工坊课程文化。

1. 洛科书院

　　洛科书院院徽:以学术红为主色调,象征庄严、吉祥、沉稳、权威,又代表阳刚、热烈、浓郁和美好。双色同心圆三重叠加,核心主图是洛科鼎精神图腾纹样,鼎纹完整一色。洛科书院总院院名与院训,依中环环绕四周,寓意书院总院应肩负起塑造洛科教育品牌的重任,是书院精神的象征,具备多元融通的领导力、凝聚力和执行力。

　　洛科书院院旗:庄严的学术红底色图案,展现了洛科书院厚重的仪容,适合于仪式感较强的文化场景;而白色明快底色的院旗,则更适合于风格各异的青春活力赛场。

　　洛科书院愿景:成为扎根中原大地的职教书院典范!洛科书院

的愿景与学校的愿景"成为扎根中原大地的高水平职业技术大学"是一脉相承的。这里的扎根中原,是扎中原文化之根、扎中原产业之根,立足洛阳,服务中原,辐射全国,影响世界。"典范"两字,重点展现了书院的育人理念、运行机制、人才培养等方面的创新,和最终要形成的真正意义上的"三全育人"新模式。

洛科书院院训:扎根中原,光耀四方!

洛科书院主题特色:厚德博学、内心充盈、敏行善言。这既是洛科办学的文化理念、培养目标,也是洛科书院育人功能和社会功能的必然要求。这十二个字有深刻的含义:从品格修养的底色,到文化内涵的实质,再到外在形象与仪态,象征洛科全方位育人,德技并修、使学生内外皆优!学校希望走出洛科的每位学子,都成为品德高尚、学养深厚、知识渊博、生命充实、内心强大、敏行善言的高素质技术技能人才。

2. 八大书院

洛科书院下设日新书院、慎德书院、忠信书院、慈润书院、文远书院、仲景书院、张衡书院、鲁班书院八大书院。

日新书院院徽、院旗以绿色为主色调,象征青春生命之绿,与日新书院所处东方方位相符。突出了朝阳升起,万物生机勃勃的新气象。三重同心圆,中心图案为洛科鼎纹样中的"洛科之眼",由中心瞭望四方。日新书院院名与院训环绕四周,共同组成新生命、新气象、新生态,凸显日新书院核心素养——国际视野,彰显日新书院学子胸怀祖国、放眼世界、海纳百川、目标高远、勇立潮头的形象。

日新书院的核心素养为国际视野;院训为格物致知,志存高远;主题特色为国际理解、交流交往、合作共赢。

慎德书院院徽、院旗以活力橙为主色调,象征凝聚青年之力量,激发青春之活力。作为学校八大书院之一,慎德书院院徽中心图案为洛科鼎文化图腾的局部,重点突出"洛科之耳"博闻慎思、兼听明辨的特色。

慎德书院的核心素养为谨言慎行;院训为博闻慎思,兼听明辨;主题特色为学问思辨、三思而行、履践致远。

忠信书院院徽、院旗以黄色为主色调,象征阳光活力健康,与忠信书院所处学校中央方位相符。展现出忠诚守信、广纳四方、精诚团结的书院特色。三重同心圆,中心图案为洛科鼎图腾的局部,着重突出洛科之翼,双翼展翅翱翔,忠信书院院名与院训"德技并修、奋发向上"环绕四周,共同酝酿书院重诚、重信、重德行的教育情感。凸显忠信书院核心素养——诚实笃行,彰显忠信书院学子忠诚信仰,坚定信心,奋斗青春的新时代中国大学生面貌。

忠信书院的核心素养为诚实笃行;院训为德技并修,奋发向上;主题特色为忠诚信仰、坚定信心、奋斗青春。

慈涧书院院徽、院旗以初心红为主色调,象征乐观奉献,奋发进取的精神面貌。选取中华民族传统文化的圆环经典元素,象征着"圆满"与"和美"。以洛科鼎的兽面纹为主图案,凸显洛科之角,象征慈涧书院的使命与担当。诠释其人文素养——慈爱奉献,寓意慈涧书院学子自强不息、砥砺前行,在奋斗中不断重塑自我,追求圆满人生。

慈涧书院的核心素养为慈爱奉献;院训为自强不息,砥砺前行;主题特色为至真至善、至美至诚、至行至远。

文远书院院徽、院旗以紫色为主色调,象征权威、声望、自信与尊贵,主要体现出沉思和笃行,触动内在热情并化为行动力。上部分以"π"融合古风书院的形象与文远的"文"字篆体进行艺术字变形。中心下方的海浪设计灵感与文远拼音的首字母"W"相结合,寓意坚持不懈、勇往直前的奋发精神。

文远书院的核心素养为数字思维;院训为目尽毫厘,心穷筹策;主题特色为数智融通、科创融合、德技并达。

仲景书院院徽、院旗以白色为主色调,院徽标志整体提取自学校校徽"洛科之花"。"仲景"两字采学院布局,字体艺术拉伸简化后,居于花心,寓意着洛科学子如同牡丹花一样争相竞放,绽放美丽华光。标志设计采用内方外圆的视觉特征,体现出太极虚实相生、顺逆相融的文化精髓。周边环绕"勤求古训,博采众方"的院训,体现仲景学子遵循自然规律,倾听和采纳他人的长处,弥补自身不足的求学态度。

仲景书院的核心素养为健全自我;院训为勤求古训,博采众方;主题特色为规划人生、健全人格、发展身心。

张衡书院院徽、院旗以智慧青为主色调,展示青涩、稚嫩、纯真,充满无限希望的张衡书院学子形象,院徽画面自上而下以学校"力量大厦"为主体结构,依据中式建筑对称理念,以"衡"字为创作原型,维持整体结构的稳定性,周边环绕院训"人生在勤,不索何获",寄语书院莘莘学子在生活和学习中不断思考,积极探索,敢于突破,敢于创造。

张衡书院的核心素养为未来思维;院训为人生在勤,不索何获;主题特色为探寻未来、设计未来、创造未来。

鲁班书院院徽、院旗以科技蓝为主色调,院徽整体与"书"字的繁体形式相似,轮廓为古建筑样式,同样也是"鲁班"的变形。院徽上方是榫卯斗拱结构的特征展示,中间部分借鉴了鲁班锁的样式,具有中国传统建筑的美感,而"鲁"的下半部分也与上方呼应,是一个拆解后鲁班锁的一部分。其整体设计理念融"鲁班精神、鲁班制造、文化传承"于一体。

鲁班书院的核心素养为实证探索;院训为匠心至臻,德技双馨;主题特色为勤于求证、善于制作、敢于创造。

3. 文化传承

书院制教育在中国教育史上延续千年,培育了大批鸿儒硕学,是民族教育史上一笔宝贵的精神文化财富。发扬中国古代书院文化的精髓和精神,进一步传承和弘扬中华优秀传统文化是现代高校书院建设的应有之义。洛科书院在培养高素质技术技能人才上下功夫,坚定文化自信,创新开展了"职教书院"教育工坊实践室建设,先后完成10项工坊实验室建设方案。书院以河东人文精神养成教育和河西科学精神养成教育为引领,以礼射表演与汉弓制作、古琴表演与琴斫制作、剧本创作与微视频制作、汉服设计与制作、故事演讲与连环画绘制、皮影表演与制作、茶艺表演与中原壶技艺、礼乐文化与舞蹈等众多技艺工坊实验室为锤炼载体，采用"理论传授+技艺实践+文创作品+创业能力"的"四位一体"产业链激活模式，知行合一，创新性搭建环境、生活、课程、能力等多维度融合的职教特色创新型书院教育模式。新生入校即可分批启动书院特色教育学分课程，为传承发展中华优秀传统文化，赓续历史文脉，提升学生人文素养、满足学生个性化成长需求奠定了坚实基础。

三、双院育人

（一）治理架构

高校学生管理可以简要划分为两个方面：基础管理与发展管理。基础管理涵盖日常生活的方方面面——衣食住行以及学生的安全；发展管理则是在提升学业的基础上注重学生的人格养成，同时开展素质拓展教育以提升学生对社会的适应能力。洛阳科技职业学院建校以来，一直沿用传统的高校管理运行机制，学校以专业为分类基础，设置八个二级学院，实行学院制运行管理机制。在学生管理方面，学校的运行机制基本是以院系管理为重心，各二级学院都是学生管理的主体，学生在校期间的安全、发展均由学院辅导员直接负责。高校内部治理是一流大学建设进程中的操作性基础，对学校高质量发展起着关键作用。洛科要成功建立和推行有中国职业教育特色的书院制，必须协调和明晰书院与学院的关系，最为重要的就是明确二者的管理权力与责任。

根据《教育部等八部门关于加快构建高校思想政治工作体系的意见》要求，全面落实《河南省"十四五"时期深化教育综合改革指导意见》《河南省高等学校探索书院制育人模式改革的指导意见（试行）》和全国教育大会精神，洛阳科技职业学院围绕立德树人根本任务，探索"学院-书院双院育人"高素质技术技能人才培养模式，积极推进高职学生管理制度改革，不断优化学校治理结构，持续提升学校治理能力，推进学校的治理架构日臻完善。

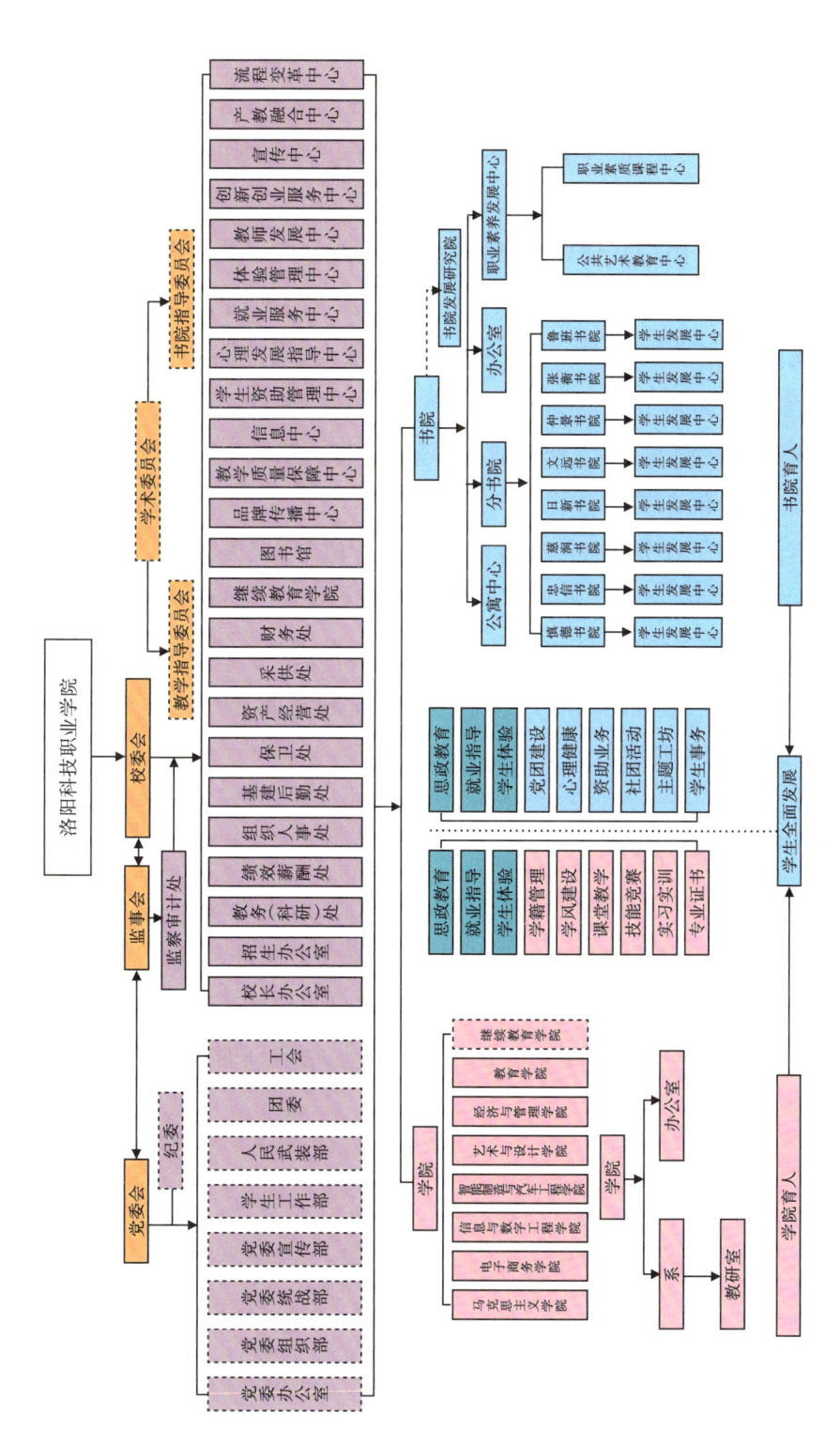

第四章 | 学院书院 双院育人

双院育人组织架构图

洛科书院总院组建伊始,即明确定位。2023年4月,学校加大书院制改革推进力度,再次提升洛科书院管理规格,确定由校级领导干部担任书院总院院长,学院书院权责进行了更加明晰的划分,二级学院不再设置学生发展中心,各二级学院分管学生工作副院长、学生发展中心副主任(团学)、辅导员及相关职责全部划归书院。同时成立职业素质课程中心、公共艺术教育中心,提升大学生职业发展与就业指导课程质量,五育并举,提升学生综合素养能力,提升学生就业竞争力(核心素质能力培养),落实"三全育人"。由此,学校书院制改革进入新阶段,"双院育人"模式全面铺开并落地实施,双院育人治理架构更加科学、合理和清晰。

书院创新"全员育人、全程育人和全方位育人"人才培养的新模式,协调各专业学院(二级学院)与洛科书院"双院"协同育人关系,实现专业教育、人文素养教育和社会公民教育的有机融合,构建专业学院制、学生社区书院制的现代大学"双院"管理制度,深入推进书院的组织管理优化和变革。

(二)运行机制

学校深入研究高校现代书院的运行机制,改进管理模式,充分释放学生的天性,满足学生的发展诉求。学校大力推进"学院-书院"双院育人,将举办学生活动的职能从学院转移到书院中来,学院、书院交叉融合,引导学生成才,通过丰富多元的活动,展现新时代学子的昂扬风采。

1. 模式创新

学校"双院育人"已经形成学院专业知识教育、职业技能教育与书院核心素养养成教育相融互通的双轨并行机制。其中,学院重在"教"学生追求专业知识、提升职业技能水平;书院重在"育"学生人格,思政引领,潜移默化地塑造品德。"双院育人"确保学生具备工匠精神,提升人文精神。

学校创新"双导师"人才培养模式,明确学院学业导师负责教学、实习实训及学生学业相关工作,书院育人导师负责学生学业之外所有管理工作的机制,实现学生在校教育的无缝衔接,使课堂、实训教学阵地与书院文化浸润相互承接,课内课外全程无间断衔接。洛科书院的职教书院育人特色,赋予了导师导学、朋辈互学、环境促学、自我养学等功能,学生在书院可通过多元文化的交流碰撞、不同专业和学科的交叉融合,实现自我管理、自我教育,实现人文精神、核心素养与职业能力的全面提升。

2. 管理机制

"双院育人"模式下,新生自入学报到开始,就开启了生活在书院、学习在学院的"双院协同育人"进程。在专业学院,学生进行正常的选课学习、实验实习、学业考试,在书院内,同步接受思政教育、素养养成教育,进行特色文化实践等,最后通过双院的学分审核,才能毕业。

在书院制运行模式下,全校的所有部门、二级学院和各书院的工作可分为三个层级,即领导顶层设计的决策层,各行政职能部门组成的赋能层,再到实施教育的"双院"教育执行层,纵横交互,上下协同,全员、全过程、全方位育人。

学院书院建立沟通协调机制,定期召开书院工作例会,不定期与相关部门召开联动工作会议,确保沟通顺畅及管理体系的有效运行。学校原则上按师生比1∶200的比例配备专职育人导师(辅导员),育人导师主要从事学生思想政治教育、学生日常行为管理、学生心理健康教育、学生资助、毕业生就业创业及评优评先等工作。各专业学院推荐任课教师担任书院学业导师,在书院实施专业学业指导,解决书院需要专业学院协助处理的有关学业的各项工作。专业学院根据年级和专业情况配备班主任,原则上行政班级由专任教师兼任班主任。学生接受专业学院和书院的同步管理。

3. 网络化管理服务

洛科书院制改革探索网格化管理服务新模式，发挥全员育人作用，将思政教育充分融入书院学生的日常生活、学习中，创新性地拓展了学校思政教育新阵地，发挥了青年友好型大学教育过程的无缝隙、精细化管理独特优势，充分保证了教师的引导作用和学生的主体性地位，可以更好地构建友好、和谐的师生关系。

在洛科书院五级网格化管理服务机制中，各书院设置有党支部、团支部及社区学生自治组织，构建了五级网格化管理体系。其中一级网格为决策层，由校领导和各部门负责人组成的"书管委"统筹规划；二级网格为管理层，由各书院院长和书院中层干部组成，负责书院工作的策划、研究、督导和管理；三级网格为执行层，由书院育人导师和生活导师组成，主要做好学生的生活教育、素养教育、管理、工坊实验以及社团活动等；四级网格为督劝层（督促劝勉），由书院各社区的学生宿管会和社区长组成，主要做好榜样引领、传帮带和共建自治；五级网格为信息层，由书院各宿舍寝室长组成，目的是让学生自我管理、自我服务、自我教育。

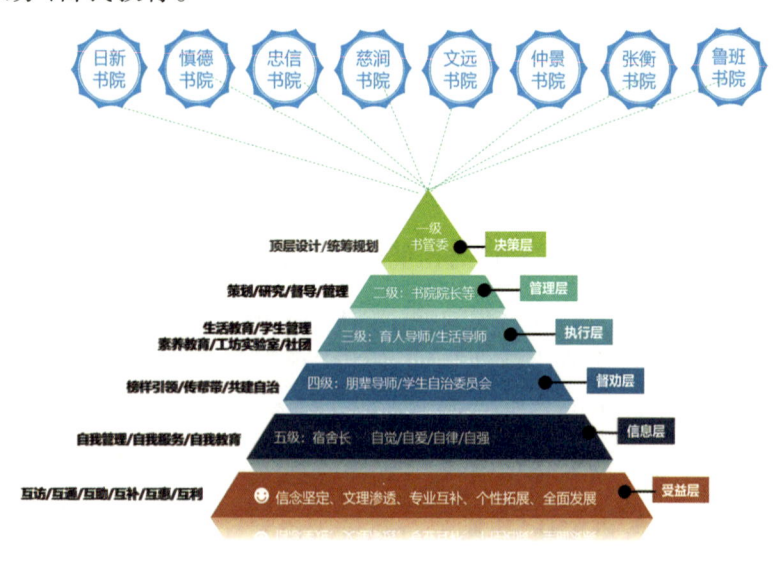

洛阳科技职业学院五级网格化管理服务机制

书院在育人过程中,协同社会力量,全面配齐导师团队,做到五级层层衔接,营造师生共建、共管、共育,社区学习、研讨、交流、生活和休闲等一体化服务格局,协同促进学生的全面发展,使书院真正实现学生跨学科、跨专业混编,构建"师生成长共同体",共享配套制度治理体系,完善学分制管理制度和综合素养评价体系,探索"三全育人"新模式。

(三)建设成果

启动书院制改革以来,洛阳科技职业学院大力推动校内管理队伍、专业队伍、思政队伍、服务队伍等下沉到一线,统筹校内外育人力量,建立学业导师、生活导师、社会导师、朋辈导师多类育人队伍,在价值引领、学业指导、生涯规划等方面为学生提供全方位指导。

在此过程中,学校不断深化教育教学改革,积极落实"立德树人、德技并修"育人目标,坚持以不同类型课程为基础,以实现"理实一体"为改革目标,提高教学的针对性、职业性和实用性。以课程建设为统领,开展教材改革。完善基于生产实际和岗位需求的职业教育专业教学标准和课程建设标准,完善模块化、系统化的实训课程体系。依据专业特点,融入新技术、新工艺、新流程和新规范,开发形式多样、符合生产实际和行业最新趋势的教材,聚焦重点产业发展需求,校企"双元"合作开发省级规划教材,推行新型活页式、工作手册式教材。构建"学校-学院"二级教学资源体系,对体现工学结合、教学做一体化理念的专业教材予以重点支持,制定校本特色教材建设标准,使教材开发源于企业生产实际、岗位需求,能够体现职业人才培养特色。推行面向企业真实环境的任务式教学,培养符合区域经济发展、产业体系转型升级亟需的高素质技术技能人才。

"双院育人"全面推进学分制、习分制建设,明确书院、学院的功能定位,打通"学院+书院"双院制建设的最后一公里,形成"学院-书院"双院育人特色。八所文理渗透、专业互补、互相交流的书院,承担学生生活指导、学业规划、习惯养成、文明礼仪教育、综合素质拓展、心理健康辅导与奖学资助等一整套"三全育人"养成计划。八大书院通过内部文化构筑、内部治理模式优化、教育教学要素再投入、育人环境氛围提升、外部支撑保障体系构建五个方面加快推进、持续开展特色育人实践活动,确立"学院-书院"基本运行机制,强化促进师生交流、拓展学习空间、强化学术建设、加强服务保障、渗透生活德育的"双院"育人机制。

双院育人模式在实施推进中各有侧重,二级学院注重专业知识传授和学术发展的第一课堂,专注于教学研究,抓好专业教育、课程思政、职业能力培养、学业评价等工作,重点关注学生"成才";书院则侧重学生的价值塑造、人格养成、心理健康教育、社区文化建设等通识、素质教育,关注学生"成人"。在实践和建设中,以学生为中心建立起的知行合一、多元融合、独具特色的双院育人模式已经初步成形。学校通过育人模式重塑,实现思政教育、学习研讨、技能培养、社交活动、生活服务深度融合。学院与书院相互倚重、互相配合、凝聚合力,提升课堂、社区育人成效,为学生个性化和全面发展构筑多维支持体系。促进"正业"(课内学习)与"居学"(课外学习)有机融合,共促学生职业能力和综合素养提升、德技融通全面发展。与此同时,学院书院共同践行"认同、尊重、激活"的育人理念,全面细化荣誉激励体系,挖掘每一个学生的优点,因材施教,让每一个孩子出彩,扩大学生荣誉表彰和奖励覆盖面,加强表彰和奖励力度,使学生内驱力和自信心显著提升,更好实现了培养德智体美劳全面发展的高素质技术技能人才的育人目标,育人成效显著提升。

第五章

政校行企　协同育人

产教融合、校企合作是职业教育的基本办学模式,也是职业教育最突出的办学优势。深入贯彻《国务院办公厅关于深化产教融合的若干意见》中关于深化产教融合、校企合作的要求,洛阳科技职业学院紧密对接河南省"456"战略性新兴产业和未来产业体系及洛阳市"'1+10'+7+'5+5'"的产业布局体系,立足洛阳,辐射郑州、西安都市圈,结合区域经济和产业特色,组建完成八大专业群。围绕"政-校-行-企协同育人"模式,学校成立9个产业学院、4个产教融合研究院,合作校企一百余家。学校依托自身专业优势与办学特色,通过校企紧密合作,产教深度融合,优化课程供给,促进职业教育的"专业群"与区域经济的"产业群"无缝对接,采取基地共建、项目运营、引企入校、工学交替、订单培养、顶岗实习等方式建立合作,构建人才培养与输送的长效机制,实现"政-校-行-企"优势互补、资源互享,打通行业、企业人才需求和教育的"最后一公里",打造高校产教融合的示范区,实现教育链、创新链、产业链、专业链全面深度融合,助力区域社会经济发展和产业体系转型升级。

一、育人模式

作为与经济生产关系最密切的一种教育类型,职业教育体制与国家经济体制之间存在较强的同构性。近年来随着我国社会主义市场经济体制更加成熟与完善,国家层面开始深入推进办学体制机制改革,以深化产教融合、校企合作为突破口,不断增强职业教育的办学活力。

2014年,习近平总书记在加快发展职业教育的重要指示中强调,职业教育要深化体制机制改革,坚持产教融合、校企合作,坚持工学结合、知行合一,引导社会各界特别是行业企业积极支持职业教育;《国务院关于加快发展现代职业教育的决定》要求深化体制机制改革,深化产教融合、校企合作;《现代职业教育体系建设规划(2014—2020年)》提出要以产教融合为主线,建立各级政府、行业、企业、学校和社会各方面共同参与的制度创新平台。2015年,《教育部关于深入推进职业教育集团化办学的意见》提出以深化产教融合、校企合作、创新技术技能人才系统培养机制为重点,深化职业教育办学体制机制改革。2017年,《国务院办公厅关于深化产教融合的若干意见》要求构建教育和产业统筹融合发展格局,强化企业主体作用,推进产教融合人才培养改革,促进产教供需双向对接。2018年,《职业学校校企合作促进办法》提出要"形成产教融合、校企合作、工学结合、知行合一的共同育人机制",鼓励"各地通过政府和社会资本合作、购买服务等形式支持校企合作"。2019年,《国家职业教育改革实施方案》强调要促进产教融合校企"双元"育人,推动职业院校和行业企业形成命运共同体;《国家产教融合建设试点实施方案》提出要重点支持一批产教融合型城市、行业与企业,在资源布局、人才培养机制、体制机制创新等方面进行试点。2021年,《关于推动现代职业教育高质量发展的意见》将完善产教融合办学体制、创新校企合作办学机制作为推动现代职业教育高质量发展的重要举措。2022年,新修订的《职业教育法》不仅明文规定要坚持产教融合、校企合作,还从法律上明确了企业在职业教育中的重要办学主体地位,强化了企业办学的权、责、利与奖惩规定,凸显了企业在职业教育发展中的作用。2023年6月,国家发展改革委、教育部、人力资源社会保障部等8部门联合印发《职业教育产教融合赋能提升行动实施方案(2023—2025年)》明确要求统筹推动教育和产业协调发展,创新搭建产教融合平台载体,接续推进产教融合建设试点,完善落实组合式激励赋能政策体系,将产教融合进一步引向深入。

为了解决育人质量不高、产教融合不深入、各方利益难契合等高等职业教育痼疾,洛阳科技职业学院紧跟国家职业教育高质量发展要求,积极探索和推动学校各专业构建"校企合作、产教融合、工学一体"的现代职业教育体系,形成独具洛科特色的"政-校-行-企协同育人"模式。实践中,学校深刻体会到,政-校-行-企协同育人是深化和加强校企合作、产教融合的主要形式,也是政校行企发挥各自优势、协同联动培养高素质技术技能人才的重要途径。随着高等职业教育改革的不断深入,社会各界对构建协同育人培养机制的重视程度也不断提高,特别是高职院校对协同育人合作的主体范围愈加宽泛,不再局限于学校和企业之间的联合培养协同育人,而是让政府、行业协会等更多的主体参与到人才培养过程中来,一方面拓宽了协同育人途径,另一方面形成了由各方资源汇聚而成的合作平台,有效提高了协同育人培养机制的效果。

　　洛科特色的"政-校-行-企协同育人"模式构建过程中,学校注重研究、运用国家和地方各级政府主管部门的政策指引,主动与政府主管部门保持密切联系,进行项目合作。与相关行业协会积极沟通,汇总收集、处理区域产业结构调整和行业、企业岗位需求等信息。通过研判对标河南省"456"战略性新兴产业和未来产业体系及洛阳市"'1+10'+7+'5+5'"的产业布局体系;聚焦八大专业(专业群)建设,按照"地方离不开,行业都认可,国际可交流"的要求,积极推进"一群对接一产业,产业学院强融合"的产教融合创新模式;面向市场,以高品质就业为导向,进一步对接区域发展战略,把服务区域产业体系转型升级作为产教融合人才培养的基点;把学校办学和地方经济发展紧密结合起来,满足企业高素质技术技能人才需求,致力于成为区域经济社会发展新引擎;从关注产业发展到主动融入产业发展,紧密对接产业链人才需求,把企业优秀的文化元素和技术元素吸收到学校的人才培养之中;积极引导合作企业参与学校育人工作,包括参与制定人才培养方案、专业发展规划、人才培育教学实践过程、教材开发、实训室共建等工作,与企业共同打造课程,共建实训基地,把企业、项目吸引进校园,让学生在校园内感知、体验真实企业的业务、流程;与企业共同制定人才培养方案,培养双师型师资,共建课程体系。近两年,洛科先后与洛阳国家高新技术产业开发区、洛阳市人力资源和公共就业服务中心、慈溪市人社局等多地政府、事业单位,与中信重工、阿里巴巴、美的、格力、海尔、中国邮政洛阳分公司、中国移动洛阳分公司、清华大学天津高端装备研究院洛阳先进制造产业研发基地等128家国际国内知名企业/机构合作,不断创新多种政校行企合作模式,做实产业学院,积极开展项目运营(引入经营实体,以真实生产或运营方式参与教育教学)、基地共建(针对共同需求,共建实训基地)、定向培养(引进行业人才需求标准,企业定制课程融入人才培养体系)、委托培养(将课程中实训项目委托给相关企业承担)、订单培养等合作类型。学校各二级学院根据自身专业特点,主动选择合作方式与合作企业,依托合作平台,展开合作育人。政校行企各方通过深层次、多方位合作,不断探索合作新领域、新模式、新途径,打造共建共享、优势互补、互利共赢的合作共同体,不断繁荣产教融合生态链,共同推动区域经济发展,为区域产业融合发展、转型升级做出新贡献。

洛科特色的"政-校-行-企协同育人"模式注重实现各方共赢。其关键在于整合政府、产业园区、行业、企业的资源和利益点,以区域产业需求和应用为导向,以服务产业(企业)发展需求为根本出发点,把专业建在产业链上,实现了教育链和产业链的跨界融合,真正形成满足多方互惠共赢,集人才培养、满足产业需求和社会服务等功能为一体的,具有洛科特色的人才培养机制。"政-校-行-企协同育人"模式通过产教融合、工学结合、多方参与,促进院校的办学效益和合作企业(产业)的人才培养,实现院校发展,各方受益,并推动行业和社会经济的发展。

二、政府合作

2023年3月10日,伴随着热烈的掌声,"洛阳市人力资源和公共就业服务中心-洛阳科技职业学院技能实训基地"揭牌仪式在学校圆满完成。出席仪式的市人力资源和社会保障局领导指出,双方将通过发挥政府和学校的各自优势进行更广泛的沟通交流和合作,探索政校联合培养创新型、实用型人才的新模式,共同打造适应企业发展需要的人才输送渠道。确保把政校合作的蓝图转化为实实在在的发展成效,实现互惠共赢,共同为努力建设青年友好型城市做出积极贡献。校长刘丽彬表示,共建技能实训基地项目是学校主动服务区域经济社会发展的重要举措,也是展示学校人才培养成果、创新人才培养模式、提升双方自主创新能力的战略选择。

2022年,洛阳市人力资源和社会保障局为认真贯彻落实河南省委、省政府关于高质量推进"人人持证、技能河南"建设工作指示精神和市委、市政府高质量推进"人人持证、技能河南"建设部署要求,由市人力资源和公共就业服务中心到洛阳科技职业学院多次调研、重点了解后,双方决定携手共建技能实训基地。双方以建设重点专业、服务区域新兴行业为目标,由洛阳市人力资源和社会保障局投入国际知名品牌电工技能装置、维修及考核平台等数十项实训设备,洛阳科技职业学院建立高标准实训基地,双方创新并实践"人才共育、资源共建、过程共管、成果共享、责任共担"的"五共"合作办学机制,共同确定人才培养目标、规格及培养方案,共建教学团队、课程资源,共同实施人才培养过程管理和质量评价,共同分享人才培养和项目实施成果。技能实训基地重点推进技能培训项目、拓宽继续教育渠道、更新人员知识结构、培养高技能人才,服务区域社会经济发展和产业体系转型升级。

与政府密切合作,始终是洛阳科技职业学院构建的"政-校-行-企协同育人"模式中的重要一环。学校不断深入研究、贯彻国家和地方产教融合政策,坚持职业教育以市场和就业为导向全面发展,通过校地合作,推进各方资源整合,释放人才、资源等创新要素的活力,提高育人质量,以更好地服务区域发展。

2020年12月,学校与洛阳国家高新技术产业开发区管委会和洛阳综合保税区签订战略合作协议,整合优质资源,通过政校企三方联动,形成政产学研四位一体合作模式。一是共建产业学院,服务区域产业升级。对接区域产业发展需要,促进"产业链、价值链、人才链、专业链、创新链"五链融合,共建共管共享产业学院,充分发挥产业学院的载体和桥梁作用,助推区域企业转型升级。二是共推产教融合,保障技能人才供给。根据高新区企业行业特征和岗位需求,优化学校专业布局,在人才培养过程中引入行业要求、嵌入职业标准、导入岗位需求,共同开发课程体系,加强专业建设,订单式培养技能型人才,实现人才培养输送的无缝对接。匹配区域企业岗位能力要求,拓宽继续教育渠道,更新人员知识结构,赋能企业可持续发展。三是共建创客空间,支撑创新创业。针对区内企业要求,共建一批便利化、全要素、开放式的众创空间,实现创新与创业相结合、线上与线下相结合、孵化与投资相结合。同时,鼓励和引导高新区校企共建生产性实训基地、技能提升培训基地等,形成良性互动的人员互派、资源共享机制。四是共建研究平台,推进新型"政产学研"模式。联合打造现代服务业研究院、区域国际合作发展研究院等研究平台,充分发挥学校资源配置优势,为区内重点优势企业的发展提供政策分析与规划、技术研究与攻关、技能提升与培训等支持,支撑研究平台的健康运营并带动区域经济的发展及产学研的深度对接。

2021年3月,学校与慈溪市政府签订了校地合作协议。浙江省慈溪市地处长三角的核心区,是杭州湾新区连接南北的黄金交通节点。校地双方紧密合作,围绕学校专业人才培养、慈溪市就业创业政策和企业用人需求,为当地龙头企业输送更多的优质人才,解决学生的就业问题,促进学生高品质就业。

2021年9月,学校对标洛阳区域发展战略,探索校地合作、乡村振兴新模式,与新安县政府围绕北冶镇筹建乡村振兴研究院。乡村振兴是国家在"三农"领域重要的战略部署,学校与北冶镇共同探索校地合作新模式,实施专业集群发展策略,通过建立八大专业集群带动资源整合、共享、协作,使人才培养类型、质量、结构与洛阳新兴产业、主导产业、特色优势产业相契合，发挥各专业集群的优势，在实践层面助力、融入乡村振兴事业。

2022年7月，洛阳科技职业学院与浙江省安吉县天子湖镇政府签订校地合作协议，在专业共建、人才培养等方面达成共识。8月，学校与安吉县人社局共建青年大学生培养基地。学校深入考察安吉县县情、天子湖镇的基本情况、当地企业的岗位需求、大学生就业创业现状以及相关政策，通过加强校企合作、推进务实合作、拓宽合作领域、搭建信息平台、深化产教融合，促进双方事业发展和毕业生更充分更高质量就业，实现"资源共享、优势互补、合作共赢、共同发展"。

三、校企合作

（一）"双元制"探索（中德SGAVE项目）

2022年3月18日，教育部中德先进职业教育合作项目（SGAVE）首批试点院校的名单发布，洛阳科技职业学院从全国464所申报院校中脱颖而出，成为该项目中智能制造领域在河南试点仅有的六所院校之一。中德SGAVE成立于2011年，旨在开展以实践和行动为导向的职业教育人才培养新模式，助力中国职业教育与培养改革进程。该项目由教育部与德国等欧洲国家行业龙头企业联合实施，旨在探索与创新人才培养模式、教育管理机制和合作办学体制，实现多渠道宽领域深层次的合作与交流。

中德SGAVE项目中洛科的合作伙伴是全球领先的高端数控机床制造商德马吉森精机公司，其先进的车削加工、铣削加工、超声加工、激光加工、增材制造、自动化技术服务于航空航天、汽车、医疗等精密制造领域。

中德SGAVE项目智能加工领域首期师资培训班结业典礼

项目启动后,学校斥资近千万元,先后采购数控机床、三坐标测量机、五轴加工中心等先进实训设备,确保硬件环境满足教学实训需要。借鉴德国"双元制"职业教育经验,结合中国国情和产业发展需要,项目以培养高素质技术技能型人才为目标,系统导入权威人才标准与先进职业教育理念,产教融合、校企合作优化课程资源,推进工作过程导向课程与行动导向教学改革,强化资源条件和质量体系建设,形成对接国际前沿、富有中国特色的SGAVE职业教育人才培养体系。学材方面,德马吉森精机提供课程体系、课程标准、实训标准、考核评价标准和先进的机械制造技术,并将企业实际案例加入到活页式教材中,采用行动导向的教学方法,教师通过完整的工作任务,带领学生按照企业真实的工作流程去学习。为了达到中德SGAVE项目对教学的高标准要求,德马吉森精机提供每年两期的师资培训,利用大量高强度的实操实练,重点培养教师对新技术、新工艺的应用技能。

参加项目的学生学制3年,按照"2.5+0.5"安排学校学习和企业培训,共设置1946学时的专业课程内容,涵盖了从产品的数字化设计、建模、制造工艺设计、零件加工、装配、检测、设备管理和生产数字化管理的全过程。

教育部中德SGAVE项目专家到校指导工作

通过实训基地建设、学材案例建设、教师培训，洛阳科技职业学院与德马吉森精机、中德SGAVE项目处形成了人才共育的共同体，在政-校-行-企协同育人的篇章里写下了浓墨重彩的一笔，各项项目成果也接踵而至：

2022年9月，学校加入河南省机电设备与自动化职业教育集团，成为副理事长单位；2022年9月，加入全国机械行业现代机电技术职教集团，成为副理事长单位；2022年10月，获批河南省职业教育和继续教育精品在线开放课程；2022年12月，获批河南省工程研究中心；2022年12月，数控技术获批2023年民办普通高等学校学科专业建设资助项目；2023年1月，获批2个河南省职业教育教学改革研究与实践项目；2023年3月，获批河南省职业教育专业教学资源库；2023年4月，获批河南省职业教育示范性专业点；2023年7月，获批河南省第一批现场工程师专项培养计划。

校长刘丽彬评价指出:"教育部中德先进职业教育合作项目是洛科历史上最重要的一个项目,这个项目在教育理念、人才培养模式、专业(群)建设、课程体系、师资培训、实训室建设等方面有着重要的指导作用,洛科应以这个项目为抓手进行全方位的人才培养和教学改革,学校层面将全力推动项目进行,助推洛科实现建双升本的战略目标。"

类似中德SGAVE项目这样的校企合作项目,近年来在洛阳科技职业学院不断落地。学校采取引企入校、办校进厂等各种校企合作方式,深入开展委托培养、订单培养、联合培养、定向培养、顶岗实习、学徒培养、半工半读、项目运营等人才培养模式,精准培养企业急需的高素质技术技能人才,形成产教深度融合发展新格局。

(二)项目运营

项目运营模式是洛阳科技职业学院校企合作、产教深度融合的一大亮点。每年的6月17日深夜,学校至善大厦5楼、7楼电子商务实训基地内灯火通明,同学们憋足了劲儿静候"那一秒"的到来……指针指向零点,键盘声从静默中爆发。与此同时,在北京京东云仓实训的同学们,通过亲自参与盘点、入库、理货、配货、复核等环节,将自己所学的知识运用到实践中,切实体验了物流专业知识如何在实际中应用,亲身了解了电商企业管理、企业文化和企业精神。每年的"618",都是洛科电商人的一次大考。在为期一个多月的实践性教学活动中,40名指导教师,电子商务、现代物流、跨境电商、网络营销与直播电商专业的500余名学生,化身"凌晨两点的太阳",投身于京东、天猫两大电商平台,历经7天的岗位认知培训、7天的认岗、试岗,30天的专业实操,共进行约60000工时的实战操作,为国内电商"618"大促全面保驾护航。

另一层楼是新媒体直播电商实训基地,各个直播间内的同学,每天忙着做产品讲解,积极为各大品牌的美妆产品、日用商品直播带货。"很多人看到主播在镜头前讲得滔滔不绝,其实后面需要下更大的功夫。"一名主播介绍经验说道,每拿到一个新产品,他们要了解品牌、产品和市场,然后写直播的脚本,"一场直播经常需要两三天时间来了解产品、构思脚本"。想做好一个电商主播,还要有很广的知识储备和口才,"虽然有脚本,但是在直播中经常会遇到一些突发状况,需要主播临场发挥来解决这些问题"。

新媒体直播电商实训基地是学校引企入校,与郑州千蚁网络科技集团有限公司合作成立的,专门培养直播电商专业学生。由学校提供实训场地,企业负责引入真实业务运营项目,投入计算机、光源、视音频器材等直播设备,打造具有不同风格的直播间。双方在人才培养模式、专业建设质量、校企合作课程、实训基地、产学服务平台等方面进行深入探索、大胆尝试,紧抓时代的风口,培养能够服务直播电商全链条的人才,促进专业与岗位需求的精准对接,促进学生高品质就业。这些电商服务、直播电商等项目建立在真实的运营环境上,形成"师生学习实践平台、创新创业体验平台、服务企业平台",真正实现产教融合、校企合作,推进人才培养模式改革,提升教师实践能力,提升学生职业素养,丰富"政-校-行-企协同育人"模式的内涵。

(三)订单培养

随着近年来国内外汽车产业朝着智能化、网络化、电动化的方向迅速演进,学校密切跟踪产业发展趋势,快速重组专业群,深入走访20多家知名企业,与特斯拉、长城汽车、宇通客车、东风汽车、理想汽车、风向标等大型企业就产教融合基地建设、联合办学和订单式培养等开展深入探讨。

2022年底,学校引企入校,与中师国培(北京)教育科技集团有限公司合作,为国内新能源汽车行业订单式培养技术人才。双方以服务于未来电动化新能源汽车、智能化交通等领域为使命,以新能源汽车产业需求为导向,以创新型高技能人才为培养目标,健全校企合作育人机制,建立"岗位导向、双证融通、工学结合"的人才培养模式。

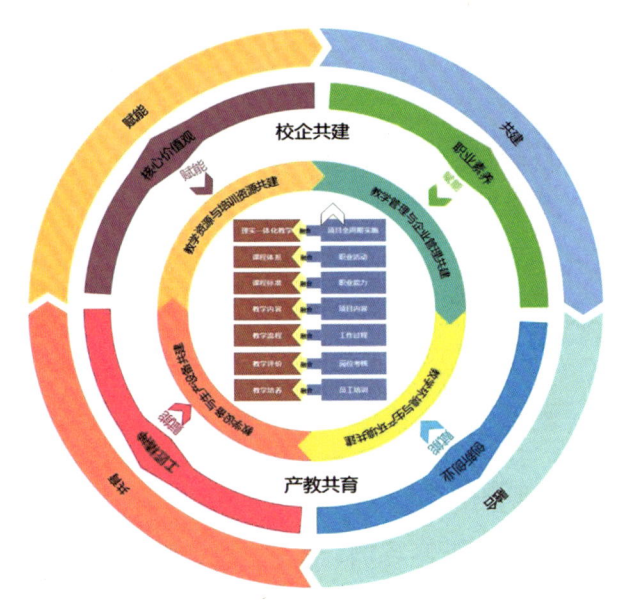

智能制造与汽车工程学院人才培养模式

1. 实训基地共建

由学校提供实训场地,中师国培投入新能源充电桩、直流电机、纯电动整车网联多维教学实操平台、混合动力整车解剖网联多维实操平台等各项实训设备,双方共建新能源汽车实训基地,包括混合动力实训中心、纯电动实训中心、汽车销售实训中心和传统燃油车实训中心四部分,涵盖了新能源汽车技术专业群的三个专业领域,包括对新能源汽车的全面感知、整车拆装、设备检测排故等方面的理论和实践教学。同时提供师资培训和1+X证书考核等服务。

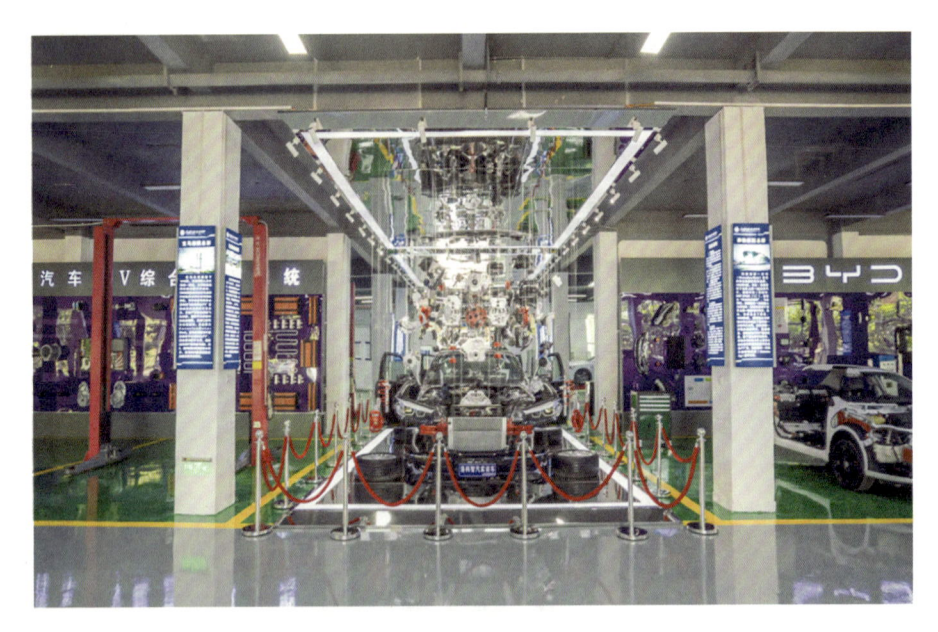

智能制造与汽车工程学院实训基地

2. 师资共建

双方共建双师型师资队伍。企业提供丰富的生产实践经验,汽车生产和实际的销售、维修案例。授课采用项目驱动教学的方法,通过真实的产业项目引导学生进行实践操作,确保学生接触到行业前沿的生产项目案例和技术,为高质量就业打下坚实基础。

为了进一步提升教师队伍的专业素质,学校教师在寒暑假期间到企业中实践学习,与企业专业人员一起工作,共同探索最新的行业动态和技术发展,将真实的岗位经验带回课堂,让学生们更好地了解职业需求。同时企业技术工程师到学校兼职兼课,分享实践经验,将真实的工作场景和挑战带入课堂,让学生能够更好地理解、运用理论知识。双方共同进行科研课题的开发。学校的教师与企业工程师共同开发专利、课题和项目,同时为学生提供更多的实践机会。为了适应现代教学的需求,学校和企业共同开发了适合OBE教学的教材,以及项目式、模块化和活页式的教材。

3. 岗课赛证融通综合育人模式

针对新能源汽车行业特点,双方创造性地打造了一种全新岗课赛证融通综合育人模式。学院将教学课程与企业、行业和技能大赛紧密对接,不断推进职业教育的高质量发展,构建了"产教融合+赛教融合"的教学双平台,为学生提供更多的实践机会和比赛机会。

新能源汽车实训基地不仅提供了先进的设备和技术支持,还模拟了大赛的真实场景,邀请大赛裁判作为指导员,进行一对一的指导,学生可以更加深入地了解大赛的技术要点,提升自己的竞争力。企业的参与也能够更好地保障学生参加世界技能大赛、全国职业技能大赛和行业赛等比赛的需求。同时学生可以到企业进行专业培训,与企业工程师一起工作,深入了解行业需求和最新技术发展,在实践中掌握最新技术。

岗课赛证融通综合教学模式让学生在学习过程中能够真实地接触到企业和行业的实际需求,培养了他们的实践能力和创新思维。学校、企业与大赛的紧密合作,为学生们提供了更广阔的发展平台,使他们在竞争中脱颖而出。

4. 人才培养方案共编

双方深入实践"做中学,学中做"的工学结合模式,共同编写人才培养方案,将立德树人作为根本任务,注重培养学生的德行和技能,弘扬劳模精神、劳动精神和工匠精神,以课堂教育、文化氛围、社团活动和社会实践为载体,实现全面培养学生的目标。

为了使学生更具竞争力,校企双方实施了"岗位导向、双证融通、工学结合"的多学科综合性专业群人才培养模式,将毕业证书与职业资格证书融入专业群课程体系。注重学生个性发展和创新能力的提高,以实现多方面的发展和多学科的培养。

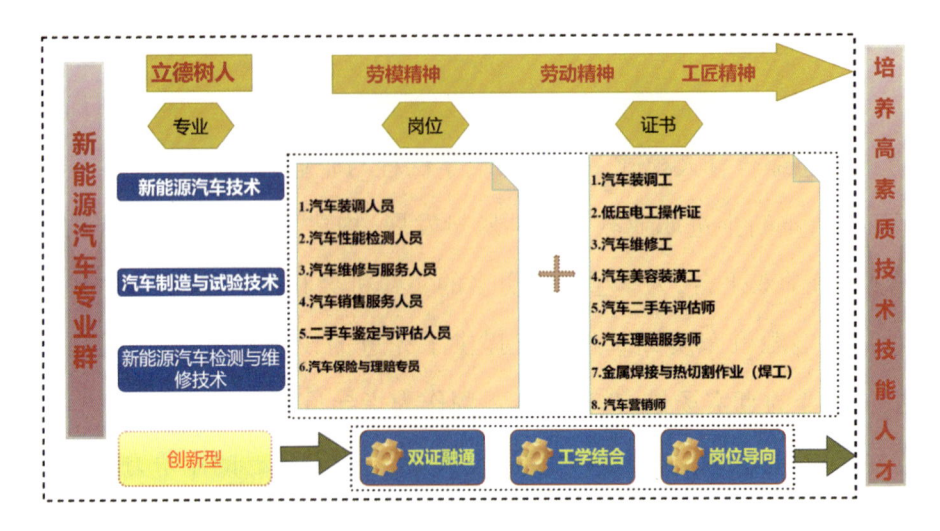

"岗位导向、双证融通、工学结合"人才培养模式

5. 课程共定

校企双方根据用人单位的需求和学生的成长特点,反向设计课程体系,采用模块化课程设计理念,融合"1+X"证书内容,并对接国内外一流职业教学标准,构建了一个"宽基础、大平台、活模块"的课程框架,形成由通识教育平台课程、专业群基础平台课程、专业方向平台课程和实践课程四部分组成的专业群课程体系。

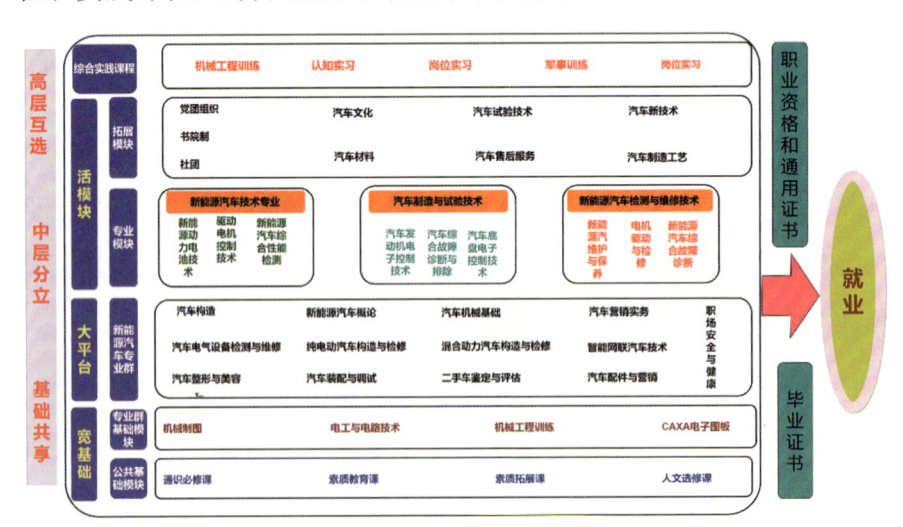

"宽基础、大平台、活模块"课程设置模型图

贴近真实生产实践的场景,让学生能够更快更深地理解行业发展状况,熟练掌握相关技术,为学生实习、高质量就业和职业发展提供更多的机会和资源,为国内新能源汽车产业培养急需的高素质技术技能人才,助力国内汽车产业快速转型升级。

(四)定向培养

薪水高、就业质量好是学校信息与数字工程学院校企合作定向培养毕业生的特点。

在软件开发方面,学校引企入校,与北京云图智联、郑州中之创合作,开设软件技术专业,主要培养方向为软件开发、软件测试、微信小程序开发等,职业目标为软件工程师、全栈工程师、软件测试工程师、微信小程序开发工程师、移动应用UI设计师等。学校提供实训场地,企业投入IT服务器、计算机、网络交换机、教学软件系统等软硬件实训资源,布置与软件项目生产相同的环境。双方共同建立校内软件技术与应用实训基地6个,校外实践基地5个,省级生产性实训基地1个,软件开发沉浸式综合实训室1个。

在网络技术方面,学校信息与数字工程学院与北京北云时代教育科技有限公司、中软国际有限公司建立合作。涉及计算机网络技术、计算机应用技术专业。开设技能单元开发模块,旨在培养网站设计与开发、系统管理与维护、网络安装维护、网络管理、网络软件部署等高素质技术技能型人才。建设网络工程定向班、北云时代人工智能定向班、Web前端工程师定向班,推进技能单元实验班应用型转换发展,构建由企业方参与的全新人才培养方案,与企业联合共建实验室和实训基地,改革实践教学考核体系。

在大数据相关技术方面,学校信息与数字工程学院与河南量子矩阵科技有限公司、河南合众信泰科技有限公司、华为技术有限公司合作,涉及的专业主要有大数据技术、物联网应用技术、云计算技术应用。培养的方向主要有大数据技术、移动应用开发。学校与企业共建大数据精英俱乐部、大数据精英就业班、华为ICT学院，以企业的生产环境作为教学环境，以企业的生产任务来确定教学目标，以企业的生产过程来组织实施教学，以产品质量和管理效益作为教学评价标准。建设校内外实训基地16个，获省级生产性实训基地2个。利用校企双元协同育人平台，统筹利用好校企双方资源，为学生创设真实的工作环境，使其在实战中学习，在实战中工作，共同培养优质人才。

（五）访企拓岗

在中信重工集团电机车间转子班，一台台机器有条不紊地运转，一批批新增订单正在抓紧生产。申涛正熟练操作着大型电机设备。"在学校里基础打得比较好，来这边后，班组长也会带我，基本上干起来没有什么困难。"洛阳科技职业学院2022届毕业生申涛自信地说。"技术过硬""素质高"，是中信重工集团评价洛阳科技职业学院毕业生出现频次很高的词。

为全面贯彻《教育部办公厅关于开展全国高校书记校长访企拓岗促就业专项行动的通知》精神，打通行业、企业人才需求和教育的"最后一公里"，实现校企间的优势互补、资源互享，2022年，学校校长刘丽彬带队走进沿海及一线城市多家龙头企业，精准挖掘了企业用人的需求，为学生培养和就业谋求了更多的机会。中信重工机械股份有限公司、浙江省安吉县天子湖镇政府等纷纷抛出"橄榄枝"，与学校签订了校企合作协议。校企共同制定人才培养计划，公司参与人才培养全过程，通过校企合作，共同培育适合企业发展的技术技能型人才。

2023年1月，洛阳科技职业学院各二级学院院长带领学校285名教学骨干成立调研团队，走进北京、深圳、上海等近十个省市的一百四十余家企业，与企业一线技术人员、人力资源部门负责人深入沟通，详细了解企业需求,寻求合作契机。在走访的过程中,调研团队发现企业对这种合作方式十分欢迎,能够解决企业用人"效率低、成本高"的痛点。某企业人力资源负责人表示,近期公司正好有多个专业技术人员缺口,急需计算机相关专业毕业生。校企合作可谓恰逢其时。通过"走出去""请进来"等方式,学校与多家企业建立合作关系,精准培养企业急需的技能人才。"走出去"摸清了企业的用人需求,"回到家"则精心打磨人才培养和教育教学模式。洛阳科技职业学院持续推进教学改革,树立以学生为中心的教学思想,以学生的需求、能力、学习成果为导向,重视学生解决问题的能力,实施多元化全过程学习成效评价。

首先,学校创新人才培养模式,按照"反向"设计思路设计专业人才培养方案修(制)订流程图。先确定专业人才培养目标;根据培养目标,细化为毕业要求;按照毕业要求,确定课程体系;再根据不同课程教学内容和知识、能力培养要求,确定课程教学方法。在有效保障的基础上,多元评价人才培养效果的达成情况,进而形成教学反馈与改进措施,指导培养目标、毕业要求、课程体系以及教学方式的调适,形成培养方案—教学方式—教学评价—教学整改循环改进、动态调整的人才培养机制。

其次,学校深入研究企业用人需求,牢牢把握企业需求调查的关键任务,从用人需求层面出发,聚焦人才标准、行业趋势和市场需求三个关键问题,深入把握经济发展运行状况和人才需求,有效调控学校专业设置、招生规模、就业服务等工作。同时,在推动培、育、聘机制的衔接,不断增强人才培养的针对性和适应性,优化考试考核机制,将学校教学评价和企业招聘的用人标准同步的同时,也将职业教育与行业进步、产业转型、区域发展紧密结合在一起,不仅实现了学校教学、企业培训考试结果互认,而且为支撑地方产业转型升级和服务国家战略提供了强有力的保证。

校企合作过程中,众多合作单位都对学校输送的学生做了高度评价:技术过硬、综合素质高,是行业紧缺的高素质技术技能人才。

四、产业学院

"实现梦想的道路上没有一帆风顺,只有坚持不懈地努力。相信很多同学和我一样,从最初的茫然失措到积极面对,再到坚定信念,规划人生方向,最终走向属于自己的那片森林。"这是洛阳科技职业学院富纳智能制造产业学院2021届毕业生权俊辉的心路历程,他现为富纳艾尔科技有限公司驻洛科讲师。

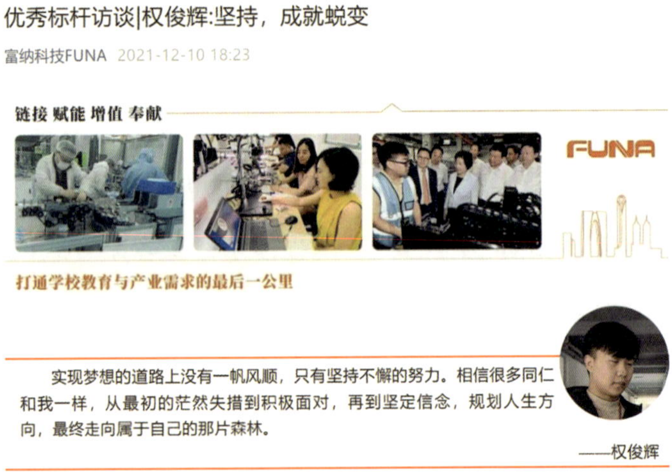

富纳科技公众号推文——权俊辉专访

2016年3月,《国民经济和社会发展第十三个五年规划纲要》发布,明确提出实施高端装备创新发展工程,明显提升自主设计水平和系统集成能力,推动"中国制造+互联网"取得实质性突破,推动生产方式向柔性化、智能化和精细化转变。河南省政府在2018年4月18日发布了《河南省智能制造和工业互联网发展三年行动计划(2018—2020年)》,把加快发展智能制造和工业互联网,深入开展转型发展攻坚,制造业高质量发展作为智能制造主攻方向,努力实现"河南制造"向"河南智造"转变。在产业升级的呼唤下,2018年7月,洛阳科技职业学院与苏州富纳艾尔科技有限公司携手开启"现场工程师"试点培养,首先成立订单班,之后迅速深化合作,升级建设"富纳智能制造产业学院"。

双方合作由企业无偿提供工业机器人、PLC应用、电气控制、工业视觉综合实训工站等各项知名品牌实训设备,学校斥资建设高标准的实训基地。产业学院实行班主任制度和校内外双导师制度,双导师教学团队紧紧围绕建设目标,与企业广泛开展合作,每年选拔优秀教师到企业进行实践培训。教学采取"岗位接轨三步式"(练岗+轮岗+顶岗)新型现代学徒制人才培养模式,构建了"工学交替"的教学模式,探索出了"四共一融通"的培养体系。一方面校企双方共同修订了相关专业的人才培养方案,加强了企业在人才培养方面的参与力度;另一方面校企双方每年派出骨干教师、员工相互交流、学习,引进企业课程,共同编写教材,开发专业核心课程,等等。

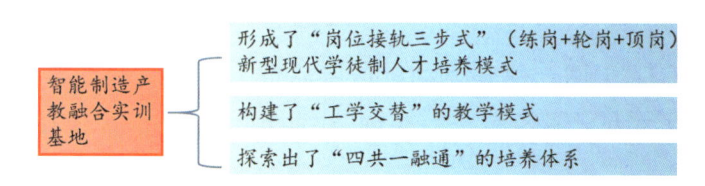

智能制造产教融合实训基地
- 形成了"岗位接轨三步式"(练岗+轮岗+顶岗)新型现代学徒制人才培养模式
- 构建了"工学交替"的教学模式
- 探索出了"四共一融通"的培养体系

智能制造与汽车工程学院实训培养模式

学生在校完成专业基础课程和岗位核心课程的学习后,去企业现场跟岗实习三个月,熟悉生产线装调维护,返校后再进行三个月的培训和考证,并完成毕业设计,随后去企业生产现场顶岗实习六个月,熟练掌握工业视觉系统,完成机器视觉识别、测量、信息处理等一系列工作,学会使用工业机器人、工作站等自动化智能化设备及相关机械工具,掌握工业视觉系统设备运维、安装调试、现场管控等技术,毕业即直接转正。

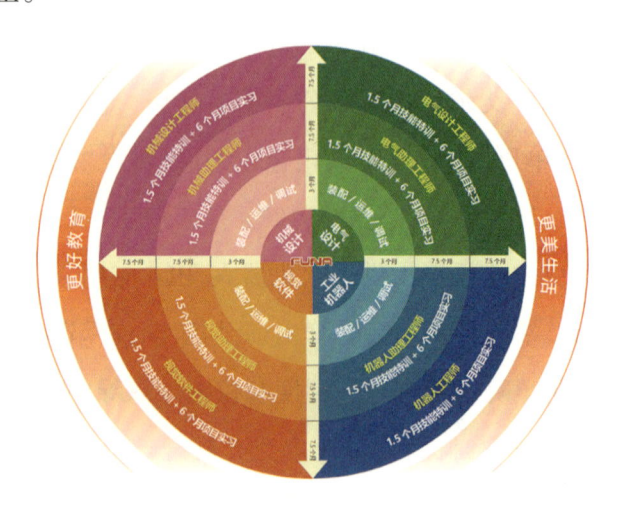

富纳智能制造产业学院人才培养路径

产业学院不断引进企业先进设备,将新技术、新工艺、新规范融入课堂,构建基于工作过程的项目化教学模式,加强实践性教学环节,突出对学生的技能考核,提升学生的岗位竞争能力,彻底打通学校教育与产业需求的最后一公里,为企业培养出一批能扎根一线、能解决现场实际问题的"现场工程师"。近些年,学生在顶岗实习阶段分别前往中信重工、中国一拖、北玻股份、博众精工、康耐视、昆山杰士德、汇川科技等全国各地企业实习实训,毕业生一次性就业率达到97%以上,对口就业率90%以上。"洛科富纳智能制造产业学院毕业生专业能力扎实,动手能力特别强,可以很快融入企业的工作中,部分学生已经成长为智能制造企业的技术骨干。"苏州富纳智能科技有限公司负责人这样评价。

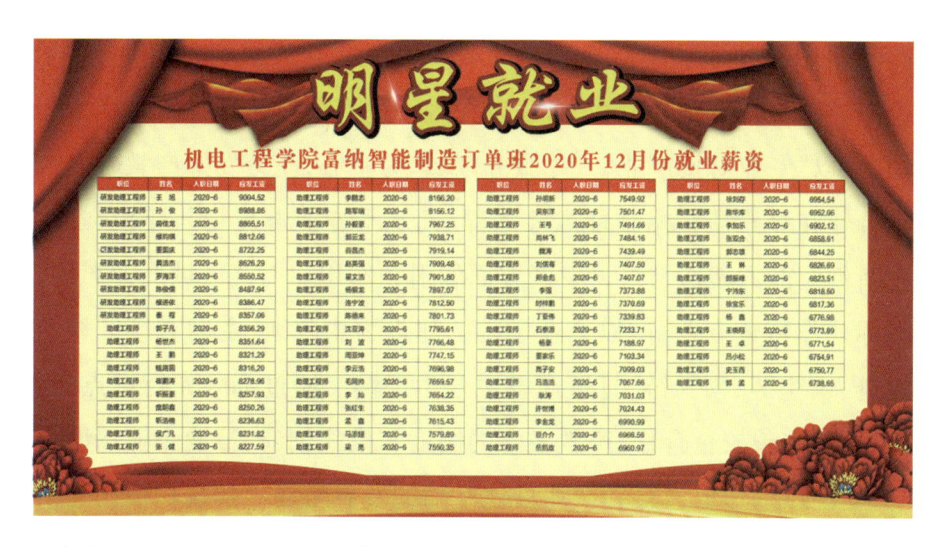

智能制造与汽车工程学院（原机电工程学院）明星就业榜（2020年12月）

  产业学院双导师团队在校企合作、改革人才培养模式、提升基础能力等方面深入研究、大胆尝试，以企业用人需求与岗位标准为导向，以学生技能培养为核心，以学院、企业的深度融合和教师、师傅的相互转换为支撑，取得了一系列成果。先后获得了6项国家级荣誉，15项省级荣誉，公开发表论文10余篇，获批专利20余项。2021年，在全国现代服务业职业教育集团产教融合、校企合作优秀案例评选中，基于富纳智能制造产业学院的合作案例——《打通职业教育与产业需求的最后一公里》获产教融合优秀案例一等奖。

  像富纳智能制造产业学院这样的校企深度合作、产教融合项目，洛阳科技职业学院近年来一直在加快建设和推进。学校认为，深化现代职业教育体系建设改革，必须坚持面向市场、服务发展、促进就业的办学方向。同时，职业教育的生命力在于实践和应用。经济社会发展需求是职业教育改革的主要动力。深化现代职业教育体系建设改革，重点在于坚持以教促产、以产助教、产教融合、产学合作。按照中央关于产教融合的决策部署，促进教育链、人才链与产业链、创新链深度融合、有机衔接。

洛阳科技职业学院全面落实省级产教融合发展行动计划,以学校产教融合特色化建设为主线,以深入推进打造技能社会河南样本为动力,以"专业对接产业、人才服务区域"为中心,充分发挥产教融合校企合作在高素质技术技能人才培养、高水平专业群规划与建设、学生创新创业能力塑造与终身发展方面的引领作用。围绕区域产业布局,对标建设特色专业群,以产业学院的建设为主阵地,主动对接区域产业链、供应链、创新链,打造产教融合生态链。通过部分先行试点、示范,不断完善校企合作、产教融合的制度和模式创新,行业企业深度参与学校改革,形成教育和产业良性互动的发展格局。学校积极构建洛科特色产教融合育人模式,重点打造"一群对接一产业,产业学院强融合"品牌。"一群对接一产业",即专业群对接支柱产业和新兴产业,成立服务于产业链的产业学院,通过产业学院加强人才培养供给侧与产业需求侧紧密互融互通,促进课程内容与技术发展对接、教学过程与生产过程对接。目前,学校已经先后成立了正大新零售产业学院、数智产业学院、软件产业学院、网络产业学院、智慧财税产业学院、跨境电商产业学院、富纳智能制造产业学院、北玻高端智能产业学院、信创产业学院等。

五、平台搭建

着眼国家职业教育改革发展要求和学校战略目标,立足学校基础办学条件,以服务学校八大专业群建设为宗旨,以产教融合、校企合作为导向,按照"创新发展、强化特色、开放共享"的建设理念,学校大力推进产学研基地、实训基地等平台搭建,实现学校基地建设与专业、专业群发展需求同步。着力整合校内外资源,通过政府项目申请、校企合作、自筹自建、混合所有制等多种方式,解决专业实训资源总量不足、专业之间不平衡的矛盾,重点建设一批"高水平、高效益、有特色、成规模",融产学研和社会服务功能于一体的校企合作生产型、运营型产学研基地、实习实训基地等。

(一)产学研基地

学校先后建立4个产教融合研究院:智慧财税产教融合研究院、现代服务业研究院、新一代信息技术研究院、物流研究院。

——智慧财税产教融合研究院:2021年11月,洛阳科技职业学院智慧财税产教融合研究院成立,研究院充分发挥校企资源优势,进行大数据财税应用相关理论研究。校企双方围绕人才培养、技术开发、专利申报、社会培训等组成教学团队、专家团队,在专业体系建设、课程设计与开发、校企师资双向互助提升教学水平等方面开展合作。

——现代服务业研究院:2022年6月,洛阳科技职业学院现代服务业研究院成立,研究院主要围绕乡村振兴(新农村建设、农村经济)、企业和社会咨询(企业咨询、社会技能培训)、科学研究(横向课题研究、学术交流)等开展工作。现代服务业研究院的成立是高职院校社会服务的职责所在,是技能河南建设的需要,是高职院校高质量发展的需要。研究院通过发展,推动政、产、学、研、用、金深度融合,为省市经济社会高质量发展提供人才保证和智力支持,为县区和乡镇小区域经济发展、中小微企业发展"献才献智""献计献策"。

——新一代信息技术研究院:2022年6月,新一代信息技术产教融合发展论坛暨第一届河南省新一代信息技术产教融合联盟理事会议在洛阳科技职业学院举行,同时学校新一代信息技术产业研究院应运而生。研究院旨在顺应技术、产业发展新趋势,以产教融合、合作共享为核心发展思路,构建产、学、研、用相结合的开放合作新平台,建立融合、共赢的协同发展新载体,推进新一代信息技术产业发展。通过联合新一代信息技术应用行业产、学、研、用等各领域代表单位,建立从课程、教学、实习、研发、服务到就业创业一体化的新一代信息技术应用教育生态,引领新一代信息技术创新应用行业学科研究,为河南省新一代信息技术行业产业发展及人才培养贡献力量。

——物流研究院：2022年12月，洛阳科技职业学院入选第七届第一批"中国物流学会产学研基地"名单。中国物流学会产学研基地是中国物流学会为深化理论研究、促进科研成果转化、发挥产学研结合优势、加强物流理论体系和学科体系建设而设立的工作平台。洛阳科技职业学院成功入选中国物流学会产学研基地，为学校在新发展阶段、新发展理念、新发展格局下整合资源，在充分发挥校企合作优势、创新人才培养模式、深化应用研究成果、促进产学研相结合、提升社会服务水平、服务国家重大战略需求等方面起到了积极的推动作用。

（二）实训基地

学校面向区域经济发展，对标产业体系转型升级发展前沿，建设了一批集实践教学、社会培训、真实生产和技术服务功能于一体的实训设施，其中洛科-清华大学天津高端装备研究院洛阳先进制造产业研发基地、富纳智能制造产教融合实训基地、新媒体直播电商产教融合实训基地和大数据与会计产教融合实训基地被评为洛阳市产教融合实训基地培育单位。

学校建设校内实训室12所，签约校外实习实训基地23家，学校将始终坚持"以学生为中心"，持续加强专业建设，加快构建纵向贯通、横向融通的现代职业教育体系，把握新工科建设内涵，以提高质量、促进就业为着力点，大力开展从行业到专业、从企业到职业的产教融合的校企合作模式，培养了一大批厚德博学、内心充盈、敏行善言的高素质技术技能人才，为支撑和服务区域社会经济发展和产业体系升级做出了贡献。

六、国际合作

2023年8月，来自俄罗斯弗拉基米尔国立大学的师生研学团走进洛科，开启他们深入了解中国传统文化的研学之旅。在实训楼，研学团触摸新能源汽车,了解构造,亲身感受中国汽车的科技感;在洛科书院,老师围绕"礼、乐、射、御、书、数",为大家详细讲解"礼射""古琴""刺绣"的历史渊源、发展过程和演变方式,带领同学们体验舞狮、礼射、古琴演奏,充分展示中国传统文化的独特魅力。研学团对学校的优美环境和优良设施赞不绝口,领队表示:"在洛科,我们学到了很多东西,体验到了丰富的文化项目,我非常高兴,非常享受,对后面的课程充满期待;我希望大家都可以来学习中国文化,多了解中国悠久的历史和灿烂的文化。"这样的国际文化和人文交流,在洛科正在不断进行,推动学校国际合作向更高水平发展。

近年来,学校深入贯彻落实《教育部等八部门关于加快和扩大新时代教育对外开放的意见》《河南省教育对外开放发展专项规划(2021—2025)》等文件,着力提高国际化人才培养质量和办学水平,以国际化为目标调整学校培养目标、学术研究、师资结构和发展方向等,以全球视野、开放胸怀、共赢发展的原则,不断提升学校国际化办学水平,为学校发展战略的顺利实施提供动力支撑。在助力区域经济发展的同时,以"地方离不开,行业都认可,国际可交流"的标准,积极响应国家职业教育"一带一路""走出去"倡议,提升自身软硬件实力,集合优质国际教育资源,拓展开放办学和对外交流新渠道。不仅与各国大学建立稳定合作关系,为青年人才职业教育学习、就业创造机遇,搭建平台,而且积极参与并组织国际交流活动,学习借鉴国外先进理念和成功做法,助推中外文化艺术交流。

学校与西班牙、美国、英国、俄罗斯、泰国、马来西亚、新西兰、加拿大、巴基斯坦、韩国、白俄罗斯等10余个国家和地区的近30所高校建立了友好交流与合作关系;与韩国釜山大学、西班牙穆尔西亚大学、马来西亚城市大学、俄罗斯人民友谊大学、泰国格勒大学、白俄罗斯布列斯特普希金国立大学等15所大学签署战略合作协议;与英国北安普敦大学、俄罗斯阿穆尔共青城国立技术大学、韩国蔚山大学等高校,开展了会计、数控技术、机电技术应用、计算机应用、建筑工程施工、韩语等专业本科层次教育合作项目。在项目合作过程中，双方积极进行短期游学、培训交流等活动。学校还组建中俄国际实验班、中英会计学国际实验班、中韩韩语国际实验班，严格按照国家有关规定，采取内培外引的方式，聘请相关海外归国硕士留学生担任专业课教师。按照双方事先确定的人才培养模式，对学生有针对性地培养，进一步促进学生的国际化理解，提升其国际视野，培养其跨界技能素养、跨文化沟通能力。仅2022年，学校海外学历提升项目就成功帮助超过30名师生实现了留学梦想。

不仅如此，学校还积极参加国际活动，出席中国国际教育产业周、中国国际教育行业博览会；入选人文交流经世项目，获得"经世国际学院"建设资格；当选全球工匠联盟（亚太区）筹备委员会常务理事单位、首批"中国—埃塞俄比亚职业教育发展联盟"成员单位、UK NARIC中方理事会成员单位、全球"桥梁计划"发起单位。同时学校承办了"第二届亚洲融合设计展"，不仅加强了国际学术交流，促进了国际学科共同发展，更为学校国际间的交流合作打通了渠道，为师生搭建了丰富多彩的国际文化交流平台，让学生与世界对话，全面培养拥有国际化视野的技术技能人才，服务国际化产业需求，凸显地方职业院校国际化人才培养特色。

第六章

专业建设　适配需求

随着现代职业教育体系建设改革的持续深入和推进,专业及专业群建设已成为助推国内高水平高职院校内涵建设的重要路径,成为实现高水平高职院校特色发展的有力支撑。2014年6月,《国务院关于加快发展现代职业教育的决定》提出要建立专业教学标准和职业标准联动的开发机制,积极参与制定职业教育国际标准,开发与国际先进标准对接的专业标准和课程体系。2019年3月,《教育部 财政部关于实施中国特色高水平高职学校和专业建设计划的意见》提出集中力量建设一批引领改革、支撑发展、中国特色、世界水平的高职学校和专业群,带动职业教育持续深化改革,强化内涵建设,实现高质量发展。2022年4月,新修订的《职业教育法》颁布,从法律层面明确指出"国家根据产业布局和行业发展需要,采取措施,大力发展先进制造等产业需要的新兴专业,支持高水平职业学校、专业建设。"

洛阳科技职业学院深入研究国家各项政策精神,根据自身实际情况,紧密对接河南省"456"战略性新兴产业和未来产业体系,以及洛阳市"'1+10'+7+'5+5'"产业布局体系,立足洛阳,辐射郑州、西安都市圈,结合区域经济和产业特色,以"专业对接产业、人才服务区域"为中心,以科学、清晰的逻辑,积极强化专业建设,加快改造传统专业、发展新兴专业,打造品牌专业及骨干专业,组建完成八大专业群组,构建"一群对接一产业,产业学院强融合"的产教融合模式,着力形成教育和产业良性互动的发展格局。

一、加强专业建设

高职教育是一种面向产业、行业、职业的教育类型,其存在和发展的合理性在于可以满足社会发展和现代产业体系对高素质技术技能型人才的动态需求。2021年10月,中共中央办公厅、国务院办公厅印发了《关于推动现代职业教育高质量发展的意见》,强调推进高等职业教育提质培优,实施好"双高计划",集中力量建设一批高水平高等职业学校和专业。提出优化职业教育供给结构,紧密对接产业升级和技术变革趋势,优先发展一批新兴专业、加快建设一批人才紧缺的专业、改造升级一批传统专业,鼓励学校开设更多紧缺的、符合市场需求的专业,形成紧密对接产业链、创新链的专业体系,服务技能型社会建设。洛阳科技职业学院根据2021年教育部发布的新版职业教育专业目录,对接区域现代产业体系,服务产业基础高级化、产业链现代化,推动专业升级和数字化改造,缓解高等职业院校人才培养与市场需求不匹配的问题。通过打造学校的骨干专业、特色专业,提升专业竞争力;构建专业可持续发展的保障机制,为高素质技术技能人才培养提供扎实的专业支撑。

(一)专业建设探索

学校深入研究《关于推动现代职业教育高质量发展的意见》,对接本区域现代产业体系人才市场需求,紧扣高质量发展主题,融入区域新发展格局,在服务创新驱动发展中推动人才培养供给侧结构性改革,积极构建聚集创新要素的人才培养体系,瞄准产教融合,深化校企合作协同育人,从专业建设的源头上解决专业不符合实际,难以满足学生就业需求等问题。学校多次开展专业建设研讨会,明确专业建设、课程建设的重点、方向以及具体的建设内容。在课程建设方面,要求以学生就业为导向,以教授学生职业技能为课程重点,不断优化课程体系。此外,学校以精品课程建设为重点,在实践教学的基础上不断强化教师的教学科研水平,以研促教,以教促学。教学过程中践行OBE人才培养模式、实现"双精准"育人。课程建设以学生职业技能为导向,推进精品在线开放课程建设,创新教法,稳步推进教学改革,推进与职业教育相适应的考核方式改革等。

依据《国家职业教育改革实施方案》和《教育部关于职业院校专业人才培养方案制订与实施工作的指导意见》,学校牵头邀请行业、企业专家共同对学生就业岗位所需技能进行分析,从知识、能力、素质、和职业面向等出发,全面修订人才培养方案。

专业建设中,学校坚持以学生就业为中心、以工作内容为主线、以优化课程体系为途径、以课堂教学改革为载体、以职业能力培养为目标,开发和设计课程,构建以"必须、够用"为度、理论与实践相结合的理论教学体系,建立以基本技能训练、专业技能训练、岗位技能实训有机结合的实践课程体系;打破传统学科体系的束缚,按照职业岗位(群)能力要求重新编排设计课程,开齐开足公共基础课程的同时,深化技术和技能学习与训练,贯彻落实《教育部关于职业院校专业人才培养方案制订与实施工作的指导意见》,使实践课时不低于总课时的50%,选修课不低于10%。确保专业与产业、职业岗位对接,专业课程内容与职业标准对接,教学过程与生产过程对接,学历证书与职业资格证书对接,既关注学生能力的培养,又不弱化素质教育,科学的课程体系,为培养高素质技能人才奠定了良好基础。

践行OBE人才培养模式,实现"双精准"育人。为落实立德树人根本任务,学校重点推动课堂教学改革,加强OBE教育教学理念,模块化设计课程体系,面向全社会学习者实施全员教育,构建面向两类学习者(学历教育与非学历教育)、提供三个发展路径(岗位群就业、创新创业、学历深造)、分三阶段异步组织(基础知识、岗位核心能力、个性发展能力),校企"双元"育人的人才培养模式,实现"双精准"育人。同时,学校立足社会需求,促进高校毕业生高质量就业与可持续发展,推动教育教学变革,切实提高教育教学质量,实现学校内涵式高质量发展。立足"三教"改革,点燃课堂革命,开展用人单位需求大调研,深化双元育人,加强行业指导,推进课程改革。牢固树立OBE教育教学理念,提升学生就业竞争力,根据用人单位需求和学生成长特点,反向设计教学内容和方法,根据用人单位需求,使用人单位与校友关注度高且满意度低的问题得到有效整改,推动教学变革初见成效。教学内容方面,以OBE理念为导向,任课老师完成"一课一案例"并进行案例分析,提前准备所承担课程一个月的教学资料,在日常教学中进行课程思政目标、课程思政教学与对应知识点设计,促进教师打造有高度、有深度、有温度的思政内容融入课程中。

课程建设以学生职业技能为导向。课程标准严格遵循人才培养方案对课程的要求,并参照职业资格标准编写,充分体现职业性和岗位性要求。课程标准的制(修)定由课程所属系负责,由各二级学院系主任主持,组织骨干教师认真学习研讨高等职业教育理念,贯彻学校制定课程标准的各项原则和具体要求,准确理解专业人才培养目标和培养规格,以学生毕业后将要从事的职业岗位需求为导向。积极开展入企调研,通过相关企业各部门、一线工作人员开展访谈、下厂调研、召开实践专家研讨会等形式,对专业相关岗位及岗位群工作任务进行分析，确定典型工作任务，综合考虑"由易到难"的教育规律和职业学校学生"由初学者到专家"的职业成长规律，安排教学经验和专业实践经验丰富的骨干教师负责执笔起草，在学院内答辩审核后执行。

核心课程加大实施"课证融通"，专业对应职业资格证书，贯彻实施"1+X"证书制度。如艺术与设计专业及视觉传达设计专业学生，通过相应课程的学习，可考取工艺美术员、室内设计师、景观设计师等证书。空中乘务专业学生，可考取现代商务礼仪专家、红十字救护员、航空乘务服务师、茶艺师等证书。表演艺术专业学生，可考取器乐艺术指导职业技能证、演出经纪人资格证、人物化妆造型师证、舞蹈教师资格证、音乐学科教师资格证等。各个专业做到课程标准与职业标准对接，课程内容与职业资格内容融合，强化学生职业技能和职业素质的培养。

推进精品在线开放课程建设。精品在线开放课程可以不断拓展教学时空，增加教学吸引力，激发学生的学习积极性和自主性，扩大优质教学资源受益面，不断促进教学内容、方法、模式和教学管理体制机制发生变革，给高等职业教育教学改革发展带来新的机遇和挑战。随着"三教"改革的不断推进，提高精品在线开放课程的质量是现阶段教育教学的重点。为深化教学改革，提升课程建设质量，学校大力推进校级精品课建设及培育工作。精品在线开放课程实行课程负责人负责制，严格按照建设标准落实建设任务，确保建设质量，在教学实践中探索互联网信息技术的应用，不断通过在线开放课程建设推进课堂教学改革。

创新教法稳步推进教学改革。在教学方法上，学校积极创新，多渠道、多途径、多手段稳步推进，主要体现在以下几个方面：

实施"教学做"理实一体化情景教学模式。学校在教学基础条件建设方面注重职业教育特性和规律，所有教室均配置了多媒体教学系统，多媒体教学设备成为标配。"教学做"一体化教室成为一些专业课程的基本要求，设计工作室、实习实训基地、合作企业是学生工学结合的主要场所。"教学做"一体化教室占80%以上,各门课程均要求运用多媒体课件授课,采用适合职业教育和专业课程特点的多种教学方法和考核方法,有效提高教学效率和效果。专业课教学过程中要求边讲边练,各专业课程主要采用项目导向、模块分解、任务驱动等教学模式,创设仿真工作场景,将一些真实项目带入课堂进行案例分析、模拟训练,甚至完成真实工作任务,以实践项目和解决实际问题引导学生动手动脑,把教学过程变为学生自主性、能动性、创新性学习的过程。

多措并举整合教学资源开展线上线下混合式教学。学校于2020年在畅课(TronClass)平台开展线上教学,引进公开课资源达140余门,要求全体任课教师利用线上教学平台开展线上线下混合教学,所有教师均需在平台设计各教学环节,安排教学活动,开展教学过程评价,提升了教师模块化教学、学生个性化学习的可操作性。

推进与职业教育相适应的考核方式改革。学校针对高职课程教学特点,依据人才培养方案,实行学分制,开设选修课,将课程类型分为"Ⅰ类课(理论≥80%)、Ⅱ类课(理论+实践)、Ⅲ类课(实践≥80%)",按照"过程性评价与结果性评价、定性考核与定量考核、知识考核与技能考核三结合"的原则,将考核方式分为"A闭卷考试、B开卷考试、C实作考核、D过程考核、E成果评审、F绩效考核"。各课程根据课程特点选择合适的考核方式并经过二级学院审核后在教务处备案。同时,利用以赛促教、以赛促改、以赛促建等措施,鼓励学生将课程学习与技能竞赛、职业资格培训、项目实作相结合,培养学生自主动手、动脑,以提高学生的技术技能水平。为更好地适应实际情况,学校于2022年7月份发布《洛阳科技职业学院学分认定与转换管理办法(试行)》,促进学生的自主发展,规范各类学习成果的认定与转换,为学校培养厚德博学、内心充盈、敏行善言的高素质技术技能人才奠定坚实基础。

(二)优化专业结构

新一代信息技术产业是河南省和洛阳市"十四五"规划中重点发

展的战略性新兴产业,同时担负推动新一代信息技术与高端制造业深度融合,打造跨行业的工业互联网平台等重任。学校信息与数字工程学院以产业需求为导向,以市场需求倒推专业建设,成效斐然。

该学院依据社会分工细化、企业形态专业化、从业人员技术技能专门化的趋势,进行专业结构调整,以现代软件技术为核心,将计算机应用技术、大数据技术、物联网技术、计算机网络技术等专业调整优化为一个专业集群。通过精选专业方向,精简专业数量,优化专业结构,调整专业布局,改善专业生态,进一步合理配置学院资源,实现"发展规模适度、结构布局合理、建设层级清晰、目标定位明确、整体生态平衡、竞争优势持续"的专业优化调整目标。将传统专业如软件技术、计算机网络技术向现代化、行业化、区域化方向发展;精简不合理专业,扩大经济与社会效益;增加适应社会与地区需求的专业,改善学院生态,培育新的专业生长点。全面提升专业水平和质量,构建符合高技能实用型职业教育发展需要的专业结构体系。

信息与数字工程学院专业结构优化是学校专业优化的一个缩影。近年来,围绕区域产业体系转型升级对人才的需求,学校加强资源要素之间的统筹、整合、优化,积极构建高等职业教育专业结构动态调整机制,对接河南省、洛阳市产业结构,逐步形成区域特色鲜明、优势突出,综合性和专门性有机结合的专业结构体系。专业优化以深化产教融合促进校企合作,积极探索基于产品生命周期理论的专业改造和淘汰机制,动态调整专业构成,及时对就业率较低的专业实行"关、停、并、转",着力构建多方协同的专业运行和动态优化评价机制;加强专业群建设,建立健全多方协同的专业群可持续发展机制,发挥专业群的集聚效应和服务功能,推动学校专业设置与省市区域产业转型升级深度契合、高度匹配;坚持各个二级学院专业有所为有所不为的建设思路,重点打造最有自身特色和区域优势的专业结构,实现人才培养与产业发展需求的结构平衡;以学校、企业、政府与社会等多主体关系的和谐构建为基础,促进专业资源整合和结构优化,推进专业人才培养与岗位需求衔接、人才培养链和产业链有机融合,构建与河南省"456"战略性新兴产业和未来产业体系、洛阳市"'1+10'+7+'5+5'"产业布局体系相适应的专业建设体系和优化方向。专业建设优化主要从学校专业人才培养规模、毕业生就业率、就业对口率、校企合作企业类型以及社会服务能力等方面全方位分析论证学校专业结构与产业结构的匹配度,明晰学校今后专业结构调整优化方向。

专业结构优化过程中,学校各二级学院积极响应《关于推动现代职业教育高质量发展的意见》要求,对于人才市场需求下滑、招生效果不好、课程匹配程度低的专业及时迭代。新增专业在增设前根据政策、区域产业发展趋势、人才需求情况、区域定位等几方面进行大量调研,查阅拟申报专业的国家标准、培养目标、培养规格和课程体系,检索河南省开设该专业的职业学校招生人数,查阅河南省政府、省教育厅的相关文件通知等,最后由专家委员会进行充分研讨论证。其中智能制造与汽车工程学院逐渐优化了智能焊接技术、光伏工程技术、无人机应用技术、汽车技术服务与营销4个专业,针对区域现代产业体系急需的行业人才新增了智能制造装备技术、机电一体化技术、新能源汽车检测与维修技术3个专业。经济与管理学院先后优化中小企业创业与经营、国际经济与贸易、社区管理与服务3个专业,新增了市场营销、工商企业管理、工程造价3个专业。马克思主义学院的商务英语和社会体育分别调整至经济与管理学院和艺术与设计学院。之后为了更好地契合专业、行业发展,又划归至教育学院。电子商务学院则在2022年新增1个高职专业——网络营销与直播电商。

学校主动适应社会发展的新趋势,对接现代产业体系发展需求,优化培养模式与专业建设,实现职业教育与区域现代产业发展需求的精准对接,推进高素质技术技能人才培养改革,不断探索服务区域产业结构调整的新路径。

(三)专业建设成果

为了加快推进特色优势专业建设,学校以市场为导向优化专业建设,打造特色优势专业,培养跟社会适配度更高的学生。专业建设的优化发展是学校进一步发展的不竭动力,是学生高质量就业的命脉。经过专业的优化升级,专业群的谋划建设,学校的专业建设成果不断涌现。

2019年8月1日,河南省教育厅下发《关于公布2019年民办普通高等学校品牌专业建设点名单的通知》,公布了2019年民办普通高等学校品牌专业建设点名单。学校电子商务专业成功获批河南省2019年民办普通高校品牌专业建设点,获得100万元资助资金用于品牌专业建设。2022年7月,河南省教育厅发布《关于公布2022年民办普通高等学校学科专业建设资助项目名单的通知》,学校软件技术、艺术设计两个专业获批河南省2022年民办普通高等学校学科专业建设资助项目,并获得65万元资助资金用于专业建设。2023年河南省教育厅发布了《关于公布2023年民办普通高等学校学科专业建设资助项目名单的通知》,学校智能制造与汽车工程学院数控技术专业成功获批。目前学校汽车制造与试验技术专业立项国家级品牌专业,立项省级品牌专业8个,省级示范性专业点1个,河南省民办普通高等学校学科专业建设资助项目7个,河南省高等教育教学改革研究与实践项目7个,获得河南省高等教育教学成果奖二等奖,《玉雕技艺传承与创新应用人才培养》入选国家艺术基金,增减材制造技术专业教学资源库成果立项2022年省级职业教育专业教学资源库。这一系列优质教学成果标志着学校在专业内涵建设上再次取得高水平突破,有力支撑了学校高质量发展的战略目标。

不断加强专业建设力度的同时,学校还采取各种有效措施,抓好专业建设优质项目管理,做好绩效监控、绩效评价等工作,按期完成专业建设目标和任务,确保学科专业建设持续取得成效。学校也将依托专业建设资助项目，在人才培养、校企合作、实验实训和教科研、精品课等方面持续发力，强化专业建设，优化调整专业结构，深入分析河南省洛阳市现代产业体系构筑要求，根据区域产业转型升级情况，把握产业发展趋势，找准专业调整和产业需求的对接口，集中精力办好品牌专业和骨干专业，为"建双升本"、高质量发展提供有力支撑。

二、打造高水平专业群

学校在教育教学快速发展和创新探索过程中体会到，高等职业教育原本传统单一的专业建设理念，已难以适应当下区域现代产业体系转型升级的需求，构建对接河南省洛阳市现代产业体系的高水平专业群建设模式势在必行。因此，学校进行合理科学规划、稳步推进专业群建设，秉承"一群对接一产业，产业学院强融合"的建设思路，以专业群建设带动所有专业内涵建设和质量提升，构建专业群发展新格局。

（一）顶层设计

专业建设是现代高等职业教育体系建设和高素质技能型人才培养的中枢，是连接职业教育与地方产业体系构筑的纽带，在一定程度上决定着高等职业教育服务地方现代产业体系发展的程度。学校深入研究《教育部 财政部关于实施中国特色高水平高职学校和专业建设计划的意见》提出的"集中力量建设一批引领改革、支撑发展、中国特色、世界水平的高职学校和专业群"，认识到意见明确指出高水平专业群的建设内涵，"引领改革"是基本定位，"支撑发展"是效益要求，"中国特色"是根本属性，"世界水平"是质量标准，必须使这四个方面有机结合、相互支撑，学校才能完成高水平专业群的建设。

《河南省"十四五"制造业高质量发展规划》明确指出，2025年基本建成链群完整、生态完备、特色明显、发展质量效益显著的先进制造业强省。结合自身发展规划,洛科考虑建立三个层级的专业群发展格局。组织开展专业群层级评选工作,根据专业发展及行业需求,对现有专业群进行细致排序。各层级专业群具体建设要求:一是优势专业群,由1~2个专业群构成,该专业群可用于"推进实施增强制造业核心竞争力和技术改造专项"等,对应的产业方向为新一代信息技术产业、高端装备制造产业等。二是骨干专业群,由2~4个专业群组成,立足产业基础推动装备制造、绿色食品、电子制造等产业,旨在推动装备制造智能化,提升智能终端等,壮大服装和智能家居等产业。三是规划专业群,由3~5个专业群组成,该层级专业群旨在培育发展战略新兴产业链,包含但不限于新型显示和智能终端、生物医药、节能环保、新能源及网联汽车、新一代人工智能、金融服务等。三个层级的专业群相互支撑,全面结合产业发展,形成建设体系。

(二)组群特色

学校在专业群建设过程中,尤为注重从自身发展阶段和实际情况出发,对接区域现代产业体系,彰显洛科独有的产业建群、创新兴群、师资优群、机制优群组群特色。

产业建群——对接产业,适配需求。各二级学院结合现有专业群自身优势与特色,主动对接区域主导产业、支柱产业和战略性新兴产业,适应产业转型升级需求,找准专业结构与产业结构的映射关系,科学确定专业群组群逻辑。组建专业群要坚持服务面向与办学优势并重、职业岗位群与技术领域兼顾,准确定位人才培养目标。专业群内教学资源共享度和就业相关度高,不同专业群之间优势互补、特色鲜明。

创新兴群——统筹设计,资源共享。强化顶层设计,整合现有专业,形成集群式专业结构。加强品牌专业建设,提高其在专业群中的示范带动能力。打破原有专业之间和学院之间的壁垒,动态调整专业设置,整合、优化现有教学设施及实训基地,厘清各专业群之间、专业群内各专业之间关系,放大集群优势。

师资优群——名师引领,团队支撑。整合学校内外师资力量,为专业群配备高水平带头人和教科研创新团队。带头人原则上应为校级及以上教学名师、高层次人才、产业教授等,鼓励为专业群配备校企双带头人。根据专业群发展需要,组建结构化双师型教师教学创新团队,制订团队发展规划,全面提高教师实践教学能力、应用技术研发水平,建立健全企业技术人员高技能人才和教师双向流动机制。

机制优群——完善机制,持续发展。完善专业群结构优化机制,实行群内专业升级改造与退出机制。根据专业结构与产业结构吻合度预警报告,对人才需求情况进行统计、监测和分析,实行就业情况、招生计划与专业群发展"三挂钩",健全就业、招生和人才培养联动机制。定期开展社会需求调研,发布调研结果,为群内各专业调整课程设置、更新教学内容提供参考,形成课程设置与教学内容的动态调整机制。

(三)机制创新

人才培养模式创新。落实立德树人根本任务,健全德技并修、双院育人机制,构建德智体美劳全面发展的人才培养体系,实现全员全程全方位育人。鼓励和支持企业参与人才培养全过程,以专业群为单元联合行业企业组建产业学院,联合开展招工招生、实训实习、质量评价、就业创业等工作,形成产学深度融合的新型人才培养模式。推进1+X证书制度试点工作,深化复合型技术技能人才培养模式改革。

课程体系与教学资源。面向产业链与岗位群需求,开展"宽基础、大平台、活模块"的课程体系。基础通识类课程培养学生专业基础能力或通用能力,模块课程培养学生面向关键岗位的基本素质、核心能力、职业能力等,技能提升课程培养学生岗位迁移能力。根据专业群人才培养目标,完善课程标准、教学资源建设标准、实验实训实习实施标准,建设专业群教学资源库、在线精品课程,推进优质教学资源共建共享。

教材建设与教法改革。规划、推进教材建设,完善教材选用制度,促进教材研究、编写及完善。紧跟产业发展,融入新技术、新工艺、新规范,针对具体岗位职责和操作流程,引用企业真实案例,校企共同开发新形态一体化、工作手册式、活页式教材。推进教法改革,以学习者为中心,打造优质课堂。普及项目教学、案例教学、情境教学、模块化教学等教学方式,广泛运用启发式、探究式、讨论式、体验式等教学方法,推广翻转课堂、混合式教学、理实一体教学等新型教学模式,全面提升教师信息技术应用能力。

教师教学创新团队建设。汇聚校内外优质人才资源,选聘洛阳工匠、技能大师、企业高级技术人员等,组建专兼结合的双师型团队。制定教学创新团队建设和管理办法,不断优化团队人员配备结构,明确教学团队在资源建设、教材建设、课程教学、技术研发、社会服务等方面的具体职责和日常规范。引导团队教师全面参与人才培养方案优化、课程体系重构、课程标准开发、教学流程重建等工作。通过专项培训,提升教师模块化教学设计实施、课程标准开发、教学评价、团队协作、信息技术应用等能力。落实教师定期到企业实践制度,明确教师"双师"能力培养措施。

产教融合平台建设。建设产教融合、开放共享、资源集聚的专业群实践教学基地和教学服务平台。系统设计实践教学体系,统筹编制专业群实践技能标准。集成核心专业与相关专业的实践教学资源,建设融实践教学、技术服务、创新创业于一体的产教融合平台。创新产教融合平台运营模式,提高规划管理水平,确保平台可持续发展。

管理体制和运行机制。创新专业群管理体制和运行机制,推进专业群治理体系和治理能力建设。建立健全专业群建设管理制度,组建由行业企业代表、相关专业群负责人、学生代表等利益相关方参与的专业群建设指导委员会,统筹专业群建设与发展。建立专业动态调整机制,跟踪行业技术与区域经济社会发展变化,提高专业与产业的契合度,持续保持专业结构与产业结构的同步规划和发展。

为持续加强专业群建设,完善专业群人才培养方案,提高各专业人才培养质量,培育洛科优势特色专业,学校成立校级、院级专业建设委员会,负责宏观指导、顶层设计、协调与管理,研究决定专业群建设工作中的重大问题和重要事项,完善高水平专业群的发展机制。实施专业群负责人制度,加强各专业群带头人培养引进工作。在专业群建设过程中强调专业对接产业,强化专业群的概念,深度研究组群逻辑,组织开展专业群教学教研改革,抓好课程建设、教材建设等工作。同时建立校级专业群建设质量管理制度,坚持过程管理与结果评价相结合,制定专业群数据采集规范,实现专业群评估指标数据的实时采集和动态更新。做好专业群建设质量监控工作,结合学校教学质量监控与保障体系,参照相关的职业资格标准,制定专业群管理制度及专业课程标准、技能考核标准等质量标准,实行开放的评价机制。以优势专业群为引领,积极建设骨干专业群,带动其他专业群,以提升办学水平,扩大社会影响。

(四)建设成效

艺术设计专业群是学校优势专业群。建设过程中依照"创意与技能并重,培养高素质技能型设计人才"的理念,以辐射"设计河南"、服务洛阳区域建设为目的,以"一个公共技术平台引领、多个专业方向融合"为原则,建设以文化创意设计为统领,视觉传达设计、环境艺术设计、广告设计、动漫制作技术四大专业互补的艺术设计专业群。通过专业群建设整合教学、实训资源,实施人才培养模式改革,实现课程体系、实训体系、教学资源和师资团队的共享及各专业协同发展。满足文化创意产业和区域经济发展需求以及高职艺术设计专业人才培养需求,面向广告、多媒体、动漫、影视制作、印刷和会展等创意设计工作领域,培养相对应岗位的人才递进能力,为专业岗位人才对口培养与交叉融合培养提供保证。

随着洛阳都市圈建设和现代化强市建设全面启动,学校按照"文旅文创成支柱"要求,依托洛阳独特的历史文化和生态资源优势,通过创新文旅业态、文创产品,培养为现代社会经济服务的具有工程技术与艺术设计综合知识的设计创意应用型人才。

学校构建"艺-工-商"协同育人模式,以服务周边地区文旅产业创新发展战略和周边地区经济社会发展为导向,以校企融合培养模式为突破口,注重教学实践,寻求校企协同育人的路径。充分发挥地域文化优势,将文化文旅的资源优势与当下市场的需求、艺术本身的个性特色进行有机融合。创新人才培养模式,着力提升人才培养质量。人才培养是职业院校的根本任务。艺术与设计专业群(艺术与设计学院)创新人才培养模式,构建"艺-工-商"协同育人模式,突出对学生实践能力的培养,着力培养适应产业发展需要的高质量技能人才。推进产教融合与校企合作的深化发展,平衡艺术类教育与文旅产业、行业融合的供需关系,促进周边文旅行业发展要素的良性互动与教育资源配置的优化整合。

围绕高水平专业群建设目标,学校全力服务区域现代产业体系,深化产教融合、校企合作,培养适应区域社会经济和产业发展的高素质技术技能型人才。学校已经建成计算机应用技术专业群、机械制造及自动化专业群、电气自动化专业群、新能源汽车技术专业群、市场营销专业群、学前教育专业群、艺术设计专业群、电子商务专业群共八个骨干专业群,有效推动了学校的高质量发展。

三、助力区域发展

根据学校"十四五"发展规划,各二级学院积极调研洛阳、郑州、西安、长三角等地区产业结构、产业类型和产业分布,充分及时了解和掌握区域行业产业的发展动态和转型升级进程,对接区域内产业群或产业链上特定岗位群的需求,实时调整专业群内的专业设置、人才培养目标与规格,及时编订新教材,更新教学内容,推动专业群与产业链无缝对接。同时,依托校企合作和产业学院,反推专业群的建设。如利用企业行业技术链搭建专业群课程资源建设信息化平台,完善专业课程资源库、技能培训资源库、证书考试题目库、企业学习资源库等,构建"线上线下同步,虚拟现实结合"的立体化、数字化专业群课程资源库,推进产学研结合,提高专业群建设质量和专业教学质量,为行业产业有针对性地培养高素质技术技能人才。

高等职业教育是区域产业体系转型升级的重要驱动力。高职院校需要跟所在区域产业进行对接,从而完成自身在新时代的资源分配与结构转型。相对于普通高等院校,高职院校能够更加快速地接受新型技术,从而将技术运用到自身的教学活动中,并实现教学活动的转型。在此因素的影响下,学校的体系调整更加迅速,资源分配调整也会更加合理,其人才培养也会更加适应时代发展。当与区域产业链进行对接后,学校也以不断的人才输出为产业链的发展提供有效保障及技术支持,从而促进其发展。总体而言,地方高校与区域经济发展具有一致性,区域经济的发展为地方高校提供必要的物质基础,区域经济的发展方向是牵引地方高校发展的动力之一。

近年来,洛科依托地处产业集聚区的地域优势,借助省级职业教育创新发展实验区的政策优势,扎实推进产教融合。在广泛深入调研的基础上,建立专业动态调整机制和预警机制,积极对接区域现代产业转型升级,充分发挥学校的资源优势,支撑乡村振兴,服务战略性新兴产业,铸造品牌,助力区域现代产业发展;利用学校的专业建设优势,充分贴近区域产业发展需求,为地区经济发展提供高素质技术技能人才和职业技术支持。

(一)支持乡村振兴

学校深入贯彻习近平新时代中国特色社会主义思想,发挥高职教育实践育人的重要作用,积极贯彻我国的扶贫开发奋斗目标,发挥高等职业教育优势,助力乡村振兴战略。为落实乡村振兴战略,服务地方经济,学校开展"一县一品"和送技能助力乡村振兴活动。

电子商务专业是学校的优势专业,电子商务专业团队以服务地方经济为理念,高度重视社会服务。近些年积极对接工会及社会培训,年均培训达数千人次。同时利用专业师资优势组建讲师团,积极承担农民工岗前培训、转岗培训、乡村振兴技能提升培训等职业培训任务。为助力实体经济高质量发展提供人才支撑,助力乡村振兴、激发乡镇企业内生动力,在洛阳市总工会带领下,电子商务专业团队走进栾川县三川镇、栾川川宇农业开发有限公司等地区和企业,开展"送技能、助力乡村振兴"以及"送技能、进企业"活动。同时团队依托全民技能振兴工程,组织申报省部级课题,协同推进"人人持证、技能河南"建设。通过省级课题立项,团队将乡村人员技能培训作为团队的主要任务,每年深入各个乡村进行乡村助农培训,受到社会各界一致好评。

在乡村振兴战略实施中,电子商务兴农教学团队从网络营销与直播电商专业建设的角度把"营销"和"新媒体直播"凸显出来,以非遗传承作为着力点,逐步形成"依托学院的数字商贸社团挖掘项目,利用学校的'洛克8'众创空间打造展示平台,通过书院-学院双院育人助力匠心传承"的黄金三角模式,培养理实一体,德才兼备的新时代电子商务专业人才,提升学生就业创业的竞争力。学院将专业与乡村振兴战略高度融合,将助农融入课程,提升学生助农意识。学生以助农为主题的项目多次在"互联网+"大学生创新创业大赛、"挑战杯"中国大学生创业计划竞赛中斩获10余项省级及以上奖项。其中优秀毕业生李思思在快手平台有300余万粉丝,多次助力农产品销售,优秀毕业生黄珂在新安县开创农产品相关公司,年销售额达600余万元。电商兴农教学团队不断积极销售地方特产,服务地方经济,升级社区农产品销售网红孵化基地,打造农村产品销售培训基地,等等,全面助力农产品销售。

为了进一步服务好乡村振兴战略,学校积极响应国家政策和省委、省政府贯彻落实乡村振兴战略的相关精神,做了有益探索和具体实践。学校依托人才资源与专业优势,主动对接、服务地方政府,加强乡村人才培训、数字赋能，为乡村振兴插上翅膀。学校先后与各县区签订扶贫技能培训合作协议，开展各项技能培训，帮助学员掌握一技之长、取得各种资格证书、实现高薪就业。

学校还通过院校合作更好地助力乡村振兴战略，联合河南经贸职业学院、新乡职业技术学院、黑龙江农业职业技术学院等16所院校打造校际协同助农共同体，16所院校共建智慧兴农平台，助力农产品销售。同时通过校际合作，16所院校相互学习，共同带动农民致富。职教助农，助力乡村振兴，人才是关键。学校始终依托专业优势，主动对接产业发展，精准培养更多适应本地经济发展的实用型人才，为乡村经济的可持续发展提供智力支撑。用高校的智力资源优势对接乡村需求，为乡村振兴引擎注入了技术和创新的持久动力。

(二)服务新兴产业

"我看到一件件高精度的零件被数控机床加工出来，就好像我的人生一样闪闪发光。未来的道路很漫长，唯有苦练技能，才能绽放光彩。"前不久，智能制造与汽车工程学院数控技术专业2023届毕业生宋炳璇入职了中国机械工业集团旗下的洛阳轴研科技有限公司，其扎实的专业技能和不怕苦、不怕累的职业精神获得了公司上下的一致好评，成为新员工的代表。

宋炳璇只是学校众多优秀学子的一个缩影。近年来，学校不断向社会输出国家急需的战略信息产业高素质技术技能人才，为服务区域经济发展、产业体系转型升级做出了卓越贡献。

宋炳璇毕业于学校机械制造及自动化专业群，该专业群对接区域高端装备制造业。高端装备制造业作为国家战略性新兴产业之一，在国民经济中发挥着支柱和牵引作用。发展高端装备制造业的关键，是建设一支由高素质的科技研发人才、技能工匠人才、经营管理人才组成的人才队伍。数据表明，高端装备制造业在驱动创新、拉动内需、服务新兴产业中发挥重要作用。面对百年未有之大变局，我国已把提升自主研发能力、发展高端制造业作为国家战略,以此来牵引和拉动上下游产业,提升经济发展质量。

高端装备制造业的发展和振兴,依赖科研水平和基础工艺的提升,离不开高素质技术技能人才。从国家"十四五"规划纲要将"深入实施制造强国战略"单独成章,到党的二十大报告提出"推动制造业高端化、智能化、绿色化发展",国家聚焦制造强国建设,围绕建设现代化产业体系,做出全面战略部署。做强高端装备制造业,离不开人才的支持,高校是人才培养的摇篮,是社会稳定发展的基石。

学校2022年9月入选全国机械行业现代机电技术职业教育集团副理事长单位,校长刘丽彬当选为副理事长,进一步扩大了学校、专业影响力。以汽车专业为依托,学校现已成为河南省新能源汽车产教融合专业联盟理事单位、洛阳市新能源汽车产业联盟会员单位,并于2021年成功获批洛阳市"河洛工匠"工作室。2022年12月,学校智能制造与汽车工程学院主持申报的河南省钨钼材料数字成型工程研究中心正式获批。这是学校不断深化产教融合、校企合作的重要成果,开创了洛科与洛阳科威钨钼有限公司等本地企业进行生产制造、科研服务、技术攻关、人才培养合作的新局面。学校将依托河南省钨钼材料数字成型工程研究中心,不断完善专业内涵建设,打造服务区域经济发展的"产学研"体系,与洛阳科威钨钼有限公司等企业开展钨钼深精加工产品的研发、生产、绿色制造以及成型设备的数字化转型升级等合作;完成数字成型中试基地建设,为技术成果转化创造条件;构建钨钼材料数字成型领域全链条人才培养模式,提供全方位人才和技术服务。

电子商务专业群也是学校重点打造的高水平专业群,直接对接新一代信息技术产业。2022年6月18日,新一代信息技术产教融合发展论坛暨第一届河南省新一代信息技术产教融合联盟理事会议在洛阳科技职业学院举行。来自省内外高校、企业的数十位院士、专家、学者、企业家围绕"新一代信息技术产教融合发展"主题深入探讨交流。新一代信息技术产教融合联盟的成立是持续深化新一代信息技术产教融合的重大实践,也是联盟积极推进人才培养供给侧和产业需求侧结构要素全方位融合的重大探索。通过联盟,各方可以更加有效地把握时代发展动态,顺势而为,努力发挥政府、院校、企业之间的桥梁作用,整合资源,推动院校和企业间合作融合,促进成果转化和产业发展、资源利用与整合。

会上,学校成立了新一代信息技术研究院,并对研究院下属软件产业学院、数智产业学院、网络产业学院进行了揭牌。在产教联盟和产业研究院的大力支持下,学校积极进行"访企拓岗"大调研,广泛走访了省内外相关知名企业,为专业群建设和专业人才培养定位和转型发展提供了强有力的支持。

新一代信息技术产教融合发展论坛启动仪式

学校信息与数字工程学院与河南合众信泰科技有限公司签署战略合作协议,共建华为ICT学院,打造洛科社会服务基地,学院教师20余人、学生60余人考取华为HCIA证书。企业工程师和校方专业教师共同为洛阳地区中小企业、政府、事业单位提供技能培训、工程支持、技术推广服务,为兄弟院校相关专业提供师资培训和学生认证服务,实现社会效益和经济效益的双赢。

学校与南京嘉环科技股份有限公司共建5G校园网络,助力5G平安校园建设,申报2023年度河南省5G重点项目——5G助力高校平安校园建设,并成功立项。同时加强教学科研项目研究,河南省重点科研项目立项3项。2023年又投入约5万元购买网络工程实验实训设备,与南京第五十五所技术服务有限公司合作,提供包括云计算、大数据、大互联、大安全、大安防、物联网、边缘计算、人工智能、5G和区块链在内的一站式、全方位数字化平台解决方案,将5G技术及产品在洛阳市服务业、制造业进行落地,为区域经济建设服务。

学校充分利用学院的信息资源优势,先后与云图智联、中软国际、南京第五十五所等企业建立软件技术生产实训基地,通过开展系统的培训课程和实践项目,着力服务新兴产业,面向在职职工、下岗职工、农民工、在校学生开展证书考试培训,至2023年底累计培训人员达2400多人次,得到各级领导的好评和社会各界的认可。

(三)铸造文旅品牌

为适应河南省现代产业体系构建和洛阳市文旅产业发展需求,洛科学子多次受邀亮相中国洛阳牡丹文化节、大型实景史诗剧《武则天》等各类文旅舞台。

武则天是我国历史上唯一的女皇帝。武则天称帝后,便以洛阳为政治和经济中心,洛阳"神都"的美名由此而来。她是洛阳深厚历史文化的缔造者之一,在她执政期间,国家政策稳定、兵略妥善、文化复兴、百姓富裕,洛阳更是气势恢宏,商贾云集,这一时期也是洛阳在中国历史上最为辉煌的时期,留下了许多物质与非物质文化遗产。武则天是能体现洛阳深厚人文气息和历史文化的新名片,用好这一张名片,使其成为继龙门石窟、关林、白马寺、牡丹之后体现洛阳深厚人文气息和历史文化的新名片,必将促进洛阳旅游业发展,为洛阳建设国际文化旅游名城提供有力支撑。

洛科艺术与设计学院与洛阳舜谛文化传播有限公司通力合作，打造大型实景史诗剧《武则天》，学院表演艺术、城市轨道交通运营管理、空中乘务等专业600余名学生作为主要演职人员全程参与该剧的演出。

大型实景史诗剧《武则天》演出现场

《武则天》通过专业与专业相融合，专业与产业相融合，在演出过程中融入了卢舍那大佛、牡丹、洛阳方言等地道的洛阳元素，把龙门石窟作为演出背景，还原了跨度80余米、高25米的整个龙门石窟奉先寺，耗时六个月复原了身高17.14米高的卢舍那大佛，并经过仔细的研究和考证，复原了卢舍那大佛的手和底座，观众在这里可以一睹完整卢舍那大佛的神采。基于洛阳牡丹与武则天之间的神话传说，演出以夸张的手法制作了近千朵牡丹，在剧情中漫山遍野盛开，从此，赏花不必在四月，夜夜牡丹为君开。洛科学子倾情演绎再现大唐气象，一代女皇于洛阳牡丹花海中静待万国来仪。

《武则天》实景演艺项目已经成为洛阳一张靓丽的名片，洛科学子精湛的演出，不但为广大古都游客带来一场场丰盛的文化视听盛宴，同时传播了洛阳悠久的历史底蕴和文化品牌，极大提升了洛阳文旅产业吸引力和竞争力，推动了中原文化传承发展。

第七章

就业导向　人才辈出

党的二十大报告提出实施就业优先战略，为进一步做好就业工作指明了方向。客观来说，高校毕业生是我国劳动力市场大军中最为重要的一个群体，在数量上已取代农民工群体成为新增就业主力。

不断增加的高校录取人数，不断扩大的高校办学规模，都在预示着我国高校毕业生人数在未来数年内都不会出现明显下降。如此，高校毕业生就业问题将会持续存在，要求我们将"促进青年特别是高校毕业生就业工作摆在更加突出的位置"。

我校始终坚持"以就业为导向、帮助学生成就梦想"的办学理念、聚焦"精准服务"，履行"乙方思维"，积极探索实习就业工作新路径，真抓实干，锐意进取，促进毕业生更充分、更高质量就业。

与其他高校不同,除了关注学生的就业率,近两年学校还重点关注了高质量就业率。学校对于高质量就业的定义如下:名企就业,如世界500强企业、中国100强企业、上市公司等;考研、升本科以及出国留学;县级及以上公务员事业编制或签订合同;大健康专业进入二甲及以上医院就业;征兵入伍。

近三年,就业工作面临更多的挑战,学校多措并举,保障就业,鼓励创业,在就业形势极其严峻的形势下,学校的就业率依旧相对比较稳定,而高质量就业率有了飞速提升。

洛阳科技职业学院2021、2022年就业情况统计表

年份	协议和劳动合同就业率	创业率	灵活就业率	升学率	暂不就业率（无就业意愿）	待就业率（有就业意愿未就业）	其中高质量就业率
2021年	82.25%	0.62%	5.25%	8.11%	0.16%	3.61%	21.80%
2022年	57.15%	3.53%	13.09%	13.65%	4.69%	7.89%	22.18%

2021年3月,学校被洛阳市教育局评为洛阳市2020年度职业教育校企合作先进单位;2021年7月,被浙江省长三角(湖州)产业合作区管委会科技与人才局授予"政校合作共建青年大学生培养基地"称号;2022年7月,学校依托"洛克8"众创空间成为河南省教育厅"2022年深化创新创业教育改革示范高校(职业教育)";2022年12月14日,中国教育在线举办了2022年度"新时代院校毕业生高质量就业工作总结大会",我校荣获中国教育在线·就业桥"2022年度就业工作创新奖";被国聘知行派授予"就业创业指导服务站";2023年4月,被苏州市吴中区人力资源和社会保障局授予"东吴高技能人才培育基地";等等。

一、高质量就业是立校之本

"把做好就业工作作为当前首要任务。高质量就业是我们的立校之本,高质量育人是我们办学的生命线,以学生为中心,把学生当我们的孩子,以父母之心来育人,帮助学生去实现他的职业成就和人生幸福。"校长刘丽彬不止一次在就业工作推进会上这样讲。学校把学生的就业工作放在首位,为提升学校高质量就业率,学校聚焦提高学生实践能力和创新意识,不断优化专业结构和课程设置,创新人才培养模式,进一步健全完善就业与招生、人才培养联动的有效机制,全面提高人才培养质量,提升毕业生就业竞争力。

随着经济的发展,高校学生的就业也出现了新的要求,高校毕业生的就业问题是一种对社会发展态势的反映,就业质量更是社会对高校人才培养的一种考量。以学生为中心的教育理念也要求把学生的就业问题放在更加突出的位置,通过多种手段推动学生就业,采取多种措施提升学生的高质量就业率,贯彻高质量就业是立校之本的就业导向。

(一)全面落实和深化就业工作"一把手"工程

建立健全全员参与就业工作,学校、职能部门、学院、学生发展中心、班级纵向互通,班主任、辅导员、学院就业指导老师、校友、学生骨干、学生家长横向互联,各司其职、通力配合,形成了期初有部署、过程有督导、期末有考核的就业创业工作方案,审势而谋、应势而变,齐抓共管聚合力,多措并举促就业。

2023年5月至8月,学校多次召开2023届毕业生就业工作推进会。校长刘丽彬系统阐述了双院育人架构下学校就业工作的管理体制,提出"落实全员职责,抓细、抓实、抓好就业工作"的要求,凝聚了全员抓就业的共识,明确了高质量就业的要求。

2023届毕业生就业工作推进会现场

8月8日,洛阳科技职业学院暑期后第一次全体教职工大会以"就业工作大会"为主题,在新民学堂召开。这是洛科办学35年来第一次以全体教职工大会形式,召开就业工作大会。至此,学校全面开启"高质量就业是立校之本"发展战略。

学校不断夯实制度基础,提升和规划管理服务能力,结合学校实际,出台了《洛阳科技职业学院毕业生就业指导与服务工作管理办法(试行)》《洛阳科技职业学院学生实习管理实施办法(试行)》《洛阳科技职业学院校友会章程》等相关制度,规范了学校实习就业管理工作。

(二)全时段推进高质量就业

我校多次组织名企专场线上宣讲会,通过已到苏州迈为、隆基绿能等名企就业学生的分享会,成功吸引带动更多学生到名企就业。

学校高度重视征兵工作。配备了武装专干,专职从事征兵工作。做好征兵动员和全程服务。隆重开展征兵动员大会,组织仪式感满满的送兵仪式,为入伍学生佩戴大红花,赠送行李箱。书院、就业服务中心、武装部联动,从学生动员到入伍,从校内初检到新兵欢送,及时解决征兵中的各种问题,实现服务无缝衔接。

2023年春季入伍士兵合影

强化专升本学生服务。我校2023届毕业生参加专升本考试1707人，被本科院校录取805人，升学率为47.45%，高于河南省平均录取率39.84%。学校继续教育学院做好报考动员、考中暖心行动、考后积极关怀。考试结束后，我校举办了校园双选会，及时为专升本学生推荐就业岗位。

2023届专升本毕业生暖心行动现场

（三）畅通供需对接渠道

全校一盘棋，拧成一股绳，多措并举，协力推动毕业生高质量就业。学校与洛阳市人力资源和社会保障局、新安县人力资源和社会保障局对接，与洛阳市、新安县等产业集聚区、产业园联动，为学生提供更多的岗位资源。此外，学校就业服务中心积极拓展就业信息合作平台，根据学生的求职习惯和特点，依托学校"互联网+就业"一体化智慧就业信息平台，通过微信公众号与中国教育在线·就业桥、河南省毕业生就业信息网、洛阳人才网官网、工作啦智慧化就业平台等 20 余家就业信息平台保持信息畅通、就业专职人员微信群多重提醒，确保岗位信息"不断线"。为 2023 级毕业生组织线下综合类招聘会 2 场，线上招聘双选会 27 场，专业专场视频宣讲会 2 场，发布校园招聘公告 64 篇，为毕业生争取更多更优质的就业资源，岗位供需比达 10∶1。

2023 年校园双选会现场

学校就业服务中心着力为毕业生提供精准服务，创新工作理念，通过洛科就业创业微信公众号、洛阳科技职业学院就业网等渠道，实时推送就业信息，共推送就业短文 200 余条，涉及工作岗位 2 万余个。

利用网络平台,开展"不断线"的网络招聘会10余场,吸引企事业单位1300余家,提供岗位6万余个,参会毕业生达6000余人次。

进入2023年毕业季以来,就业服务中心每月准时召开就业工作部署会、就业工作推进会和毕业班辅导员就业工作培训会,做深做实四级就业队伍,开展精准就业工作指导服务,帮助二级学院毕业班班主任、辅导员解决就业工作中的痛点难点,用好毕业班班主任、辅导员专职就业队伍,做好毕业生就业"最后一公里"服务。

二、创新教学实践服务就业

在创新创业的时代潮流下,高校作为推动双创发展的重要力量,应当为中国经济和中华民族伟大复兴事业做出更大贡献。2015年,《国务院办公厅关于深化高等学校创新创业教育改革的实施意见》《国务院办公厅关于发展众创空间推进大众创新创业的指导意见》等文件相继印发,全面部署深化高校创新创业改革。2018年,《国务院关于推动创新创业高质量发展打造"双创"升级版的意见》则进一步提升了创新创业的高度。现如今,高校持续推进创新创业工作,将"大众创业、万众创新"化为育人的实际行动。

2021年11月,学校正式成立了创新创业服务中心,负责大学生双创竞赛能力培养、创新创业教育改革、创新创业载体平台建设、创新创业活动的组织与管理等工作。为进一步加强学校创新创业导师队伍管理,建设一支热心创新创业教育、指导帮扶大学生创新创业的优秀导师队伍,大力推进学校创新创业教育工作,学校制定了《洛阳科技职业学院大学生创新创业导师管理办法实施细则》(洛科院〔2021〕183号)并从在岗教师中选聘了一批大学生创新创业导师。

自2021年11月以来,创新创业服务中心负责组织学生参加各类创新创业比赛,获得省级及以上奖项68项,其中:中国国际"互联网+"大学生创新创业大赛获省级奖项10项,"挑战杯"中国大学生创业计划竞赛获省级奖项27项,全国大学生电子商务"创新、创意及创业"挑战赛获奖8项,学创杯全国大学生创业综合模拟大赛获奖3项,全国高校商业精英挑战赛"精创教育杯"创新创业竞赛区域赛获奖9项,全国高校商业精英挑战赛"精创教育杯"创新创业竞赛全国总决赛获奖8项,河南省大学生物流仿真设计大赛获奖2项。在2022年全国高校商业精英挑战赛"精创教育杯"创新创业竞赛区域赛中荣获"最佳院校组织奖",在第九届河南省大学生物流仿真设计大赛中荣获"优秀组织奖"。在"挑战杯"中国大学生创业计划竞赛方面,获得省优胜杯,成为唯一以民办身份获得省优胜杯的高校。"互联网+"方面,一个项目获得国赛铜奖,学校成为洛阳市唯一晋级全国总决赛的高职院校,实现了洛科参加创新创业大赛成绩的新突破。

(一)教学改革

职业教育不能脱离社会的发展,要瞄准社会发展趋势,聚焦产业发展方向,不断推进教学实践改革,为社会提供适应性强、高素质的职业技能人才。从教育的目的来说,服务社会、稳定就业无疑占了很大的比重。教学实践改革是提升就业率的重要措施。

1. 基于OBE的"三教"改革

"三教"改革是中国未来职业教育打造标准化体系的关键,实施"三教"改革的目的在于提升人才培养的质量与水平,因此需要将该措施贯彻落实到高等教育、高职教育以及成人教育三个层面,通过对教师、教材、教法的改革来提升人才教育的质量。OBE教育是一种以成果为目标导向,以学生为本,采用逆向思维的方式对课程体系进行建设的教育模式。基于OBE理念的"三教"改革,将"三教"改革的立足点放置于如何体现结果导向上。如基于OBE教育理念的教师改革,其工作重点是思考需要什么样的老师,如何建设我们的教师团队,然后以"双向双融通"为主要途径,校企双方师资互兼互聘;加大培训和引进力度,培养教师的专业能力、实践教学能力和科学研究能力;构建"功能整合、结构合理、任务明确"的结构化的师资团队。

以学校荣获2022年全省教育系统教学技能竞赛(高校经管)一等奖,并获得"河南省教学标兵"荣誉称号的孙柳亚老师为例,她的教学思路的转变、教学方式的转变,都源于她将OBE教育理念落实到了教学实践上。

"柳亚姐的市场营销课很有意思,她会给我们一个具体的项目,比如咱们洛阳的牡丹瓷的营销,她会提前给我们布置作业,让我们了解牡丹瓷这个产品,让我们思考,牡丹瓷的受众会是哪些人,这些人在购买牡丹瓷时更关心哪些问题,除了传统的牡丹瓷,我们还可以把牡丹瓷做哪些延伸。课上她会带着我们一步步地去解决课前的问题,课后会让我们的项目小组负责人给大家复盘,整节课上下来就很舒服,全程都有参与,很棒。"

走进孙柳亚老师的课堂,会发现大家都很兴奋,参与度很高,跟传统印象中的课堂不太一样。跟孙老师聊起来才知道,孙老师上课的时候采用了OBE的教学方法,强调结果导向,不仅把关注点放在学生知识的掌握、能力的提升上,更重要是让学生掌握学习的方法,为以后的就业打下基础。教师思想的转变、教法的转变,让整节课趣味十足,90分钟的课程让学生意犹未尽。

课堂是学生跟老师的双向互动。传统的一问一答或者诱导性提问很明显不能最大限度地发挥学生的主观能动性。那么将以结果为导向的 OBE 理念放在教学中,将教学的重点聚焦于"学生产出",强调学生的预期学习成果的确定、达成方式以及达成度的评价,注重对学生创新、实践等能力的培养,绝对是对老师教学能力和教学方式的一场变革。

刚开始,很多老师都在思考如何将 OBE 理念引入教学,如何将结果导向与学生链接,如何实施项目式教学,在学生内驱力不够的情况下如何激活学生,等等。在教学上,孙柳亚有自己的方法。在职业教育改革的大背景下,她研读最新的教育政策、行业标准,结合学情,重构教学内容,围绕 OBE 理念实施项目驱动"三问、三段、三结合"的教学方法。"是什么?为什么?怎么做?"三问的启发式教学模式锻炼学生的逻辑思维,体现课程高阶性。课前、课中、课后三段一体的教学设计体现立德树人根本任务,使得思政元素无声融入。线上线下结合,混合式和 BOPPPS[①]结合,理论仿真与实践结合,三结合体现以学生为中心,保证教学目标达成。

在教学过程中,孙柳亚老师一直坚持课程整体采用 OBE 导向的整体教学理念:以学生发展、学生学习为中心。注重培养网络营销岗位技能,以真实产品、真实项目提升学生电子商务实践技能。课程采用"一中心、两课堂、三平台、四环节、五阶段"的教学模式。以项目教学为中心,打通第一第二课堂,虚拟实训、模块实习、专业实战三平台融合。通过"思学用测"四个环节让学生动起来,每一个环节均有明确的、可测评的目标,并提供学习资源支撑。在课堂教学中,告别老师单声道,学生通过蓝墨云自测找出盲点,教师进行任务设计,师生共同研讨产生的问题,针对问题教师使用不同教学策略进行教学,最后通过实训实战检测目标的达成度。

---

① 一种教学模式,包括六个环节:课程导入(Bridge-in)、学习目标(Objective)、前测(Pre-assessment)、参与式学习(Participatory Learning)、后测(Post-assessment)、小结(Summary)。

除此之外,她还充分利用线上资源,将经典的"BOPPPS"教学模式优化为"PBOPPSS"模式。课前线上自学、完成前测;课中释疑解惑,参与式学习;课后思维整理、撰写实习报告。整个教学过程中,通过云班课平台和实训平台,及时考查目标达成度,实现形成性评价,并持续改进教学,优化后的教学模式如下所示:

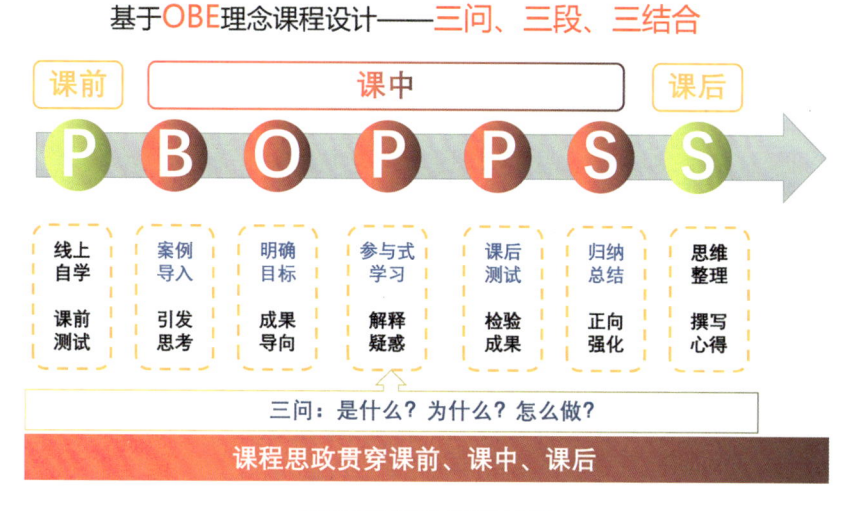

基于OBE理念课程设计——三问、三段、三结合

课前	课中	课后
P	B O P P S	S
线上自学 课前测试	案例导入 引发思考	明确目标 成果导向	参与式学习 解释疑惑	课后测试 检验成果	归纳总结 正向强化	思维整理 撰写心得

三问:是什么?为什么?怎么做?

课程思政贯穿课前、课中、课后

OBE教学实施路线图

解决了谁来教,怎么教的问题,下一步需要思考的就是教学的重要载体——教材。教材,是教学内容的支撑和依据,是实施课程改革的重要载体。加快教材改革与创新,是更新教学内容,推动教学改革,提高人才培养质量的重要措施。

相对于普通教材而言,校本教材的编写更能体现学校的办学特色,更贴近学生的学习需求,学习结果的导向性更强。仅2023年,学校就出版校本教材20本。校本教材多采用新型活页式、工作手册式,具有主体的联合性、内容的开放性、更新的及时性、使用的便捷性等特点,更加符合职业人才培养要求。

2023年校本教材统计表

序号	教材名称	适用方向	主编	完成时间
1	网络营销	电商专业、跨境电商专业等	孙柳亚	2023-2
2	网店运营与管理	电商专业、跨境电商专业等	张茜茜	2023-6
3	网店美工	电子商务专业	裴雯	2022-12
4	电子商务数据分析与应用	电商专业、跨境电商专业等	光景、曹文杰	2023-7
5	直播电商运营	电商专业、网络营销与直播等	符甜	2023-7
6	市场营销基础与实务	市场营销	郭凯	2022-12
7	管理学基础	金融服务与管理、大数据与会计、人力资源管理	苗伟伟	2022-12
8	工程测量	建设工程管理	张岭岭	2023-3
9	客舱安全管理与应急处置	空中乘务	田佳俊	2023-1
10	商务与社交礼仪	城市轨道交通运营管理	沈瑞锋	2023-1
11	幼儿教师手工基础	学前教育	张旭	2023-6
12	运动生理学	社会体育	孙祥鹏	2023-6
13	职场英语听说教程（生活篇）	所有专业	于素芳	2023-7
14	应用高等数学	理工经管农医类	李得福	2023-7
15	计算机网络技术项目式教程	计算机网络技术、物联网等	杨凌雯	2023-5
16	MySQL数据库项目式教程	计算机网络技术、物联网等	王晶晶	2023-6
17	数字化办公技术	软件技术、艺术设计等	徐好芹、曹雅芯	2023-6
18	纯电动汽车电机及控制技术	新能源汽车技术、汽车技术服务与营销、汽车制造与实验技术	李爽、郑利铭	2023-6
19	汽车销售实务	新能源汽车技术、汽车技术服务与营销、汽车制造与实验技术	王彦霖、闫文英	2023-7
20	纯电动汽车结构与原理	新能源汽车技术、汽车技术服务与营销、汽车制造与实验技术	郑利铭、程星星	2023-7

在校本教材的编制过程中,学院与企业深度合作,编制的内容更能反映企业的生产实际,而且融入了新技术、新工艺、新流程,兼顾了理论与实践,很好地解决了教材内容陈旧、更新速度慢,与职业资格证书制度衔接不紧密等问题,为学生顺利就业以及高质量就业提供了保障。

2. 建设在线精品课程

在线精品课程主要体现信息化和数字化的高效应用、深度教学和深入高效的教学管理,最终落脚到学生的学习成效和教学质量的提升上。在线教学是学校教育发展的一个方向,需要全体教师积极参与和推进。精品在线课程的立项审核严苛,要求团队成员年龄、职称分布合理,同时团队成员中要有专业带头人、骨干教师、企业兼职教师。在线精品课程还需要内容及时更新,对应社会和职业新业态、新知识、新技术、新工艺、新规范,落实国家职教新政策,及时进行教学内容的补充、调整和重构。在线精品课程在某种程度上是学校教学能力的体现,是学生高质量就业的保障。

自2018年以来,学校已累计建设校级精品在线开放课程19门,其中"网店客服""Web前端设计"在2021年9月被认定为河南省高等职业学校精品在线开放课程,实现了历史性突破,同时也极大激发了广大教师参与精品课建设的热情。2021年的校级精品在线开放课程立项一举增加到15门,建设课程总数达到20门,其中"Photoshop平面设计""网店运营与管理"获批2021年省级精品在线开放课程立项建设。

2022年,学校获批3个河南省职业教育和继续教育精品在线开放课程立项建设。其中,由副校长赵兵主持的"机械制图"、经济与管理学院院长郭凯主持的"基础会计"进入2022年河南省职业教育精品在线开放课程立项建设名单;由校长刘丽彬主持的"现代物流学"进入2022年河南省继续教育精品在线开放课程立项建设名单。

2022年,学校校级精品在线开放课程立项建设达16项,涵盖了学校各学院的专业核心课程、专业课程及公共基础课程。所有立项课程均在蓝墨云班课开展课程建设,包括但不限于课程资源的持续更新、课堂活动的建立和优化、运行维护及质量评价等。学校鼓励教师利用精品在线开放课程,实施翻转课堂、混合式教学等教学模式改革。精品在线开放课程实行课程负责人负责制,课程负责人严格按照建设标准,落实建设任务,确保建设质量,在教学实践中探索互联网信息技术的应用,不断通过在线开放课程建设推进课堂教学改革。精品在线开放课程建设取得的标志性成果,有力支撑了学校的专业内涵建设,推动了学生的就业。

3. 改革课程

2023年,依据用人单位及毕业校友的反馈,教务处协同马克思主义学院,以学生为中心,以就业为导向,从授课方式、考核方式与评价方式等方面推进职业素养类课程改革。

职业素养课程是指人才培养方案中有效提升学生职业素养的必修课程,在整改方案中主要涉及"大学生职业生涯规划""创新与创业""大学生就业指导"三门课程。其建设目标为培育用人单位满意的毕业生职业素养,重点聚焦生涯规划、简历制作、面试技巧、职场礼仪、沟通表达、就业政策和创新创业七大方面,终极目标是切实为学生就业赋能,提高毕业生就业质量满意度。

以"大学生职业生涯规划"课程为例,课程建设聚焦学生职业素养,如团队合作、沟通表达能力,聚焦就业能力,如求职简历制作、面试自我介绍、面试礼仪、面试沟通交流能力等。教学团队通过项目化教学、分组教学、模拟面试等方式开展教学,提升教学成效。

课程改革组深入研究学院六大行业的企业介绍、招聘岗位、任职要求、薪资待遇等,结合各专业人才培养方案,收集往届毕业生心得体会、目前学生对就业的困惑等问题后,分工制定自编活页教材,包含文秘、营销、能源/电气/机械专工、程序员、人力资源管理(会计)、学前教师、设计师等,对学生进行定向专题式就业指导。

教材重构后按4个模块来授课,8学时/模块,4学时/任务,4个模块各占考核比重的25%,以随堂考试、小组或个人提交展示作品的形式进行考核。

此外,由于职业生涯规划教育是一个动态的过程,课程的总体设计更加倾向于"碎片化、持续性",打破了传统纸质教材理论讲授及一学期进行完所有内容就不再进行阶段性调整、追踪的弊端,把1学期调整为3个学期。3个学期占比为50%+25%+25%。

课程改革贯彻党的二十大精神,全面落实党中央、国务院对高校毕业生就业创业工作的决策部署,深入贯彻高质量就业是立校之本的发展理念,通过加强职业素养课程建设全面提升学生就业竞争力和可持续发展能力。

(二)职业技能大赛

职业院校技能大赛是培养锻炼具有工匠精神优秀技能人才和检

验职业院校教学效果的重要平台。技能大赛的社会影响力持续增强和社会认可度越来越高,使得参与技能大赛的学生,尤其是获奖选手受益很大,成为企业竞相抢夺的对象,有效地提高了学生的高质量就业率。学校也以此为突破口,加大对职业技能大赛的投入和支持力度,鼓励学生参赛,购买设备辅助学生比赛,对大赛辅导老师加以奖励,激发学生的参赛热情,保障学生的参赛效果。

近年来,学校的技能大赛成果不断突破。2021年,学生比赛荣获全国57项大赛185个奖项,其中国家级奖项33个,省级奖项152个。2022年,在56项全国大学生学科竞赛中,学生共计获奖194项,其中国家级奖项32项(国家级一等奖9项),省级奖项162项(省级一等奖19项)。

1. 未来设计师·高校数字艺术设计大赛

2021年,学校艺术与设计学院在第九届"未来设计师·全国高校数字艺术设计大赛"中斩获国家级一等奖3项、二等奖3项、三等奖5项,省级一等奖15项、二等奖28项、三等奖62项,共计116个奖项。2022年,学校再接再厉在第十届"未来设计师·全国高校数字艺术设计大赛"中荣获国家级一等奖3项、二等奖1项、三等奖3项,省级一等奖3项、二等奖13项、三等奖19项。学校荣获省级优秀组织单位和国家级杰出贡献奖。2023年,在第十一届"未来设计师·全国高校数字艺术设计大赛"中荣获一等奖15项、二等奖11项、三等奖24项。

第七章｜就业导向 人才辈出

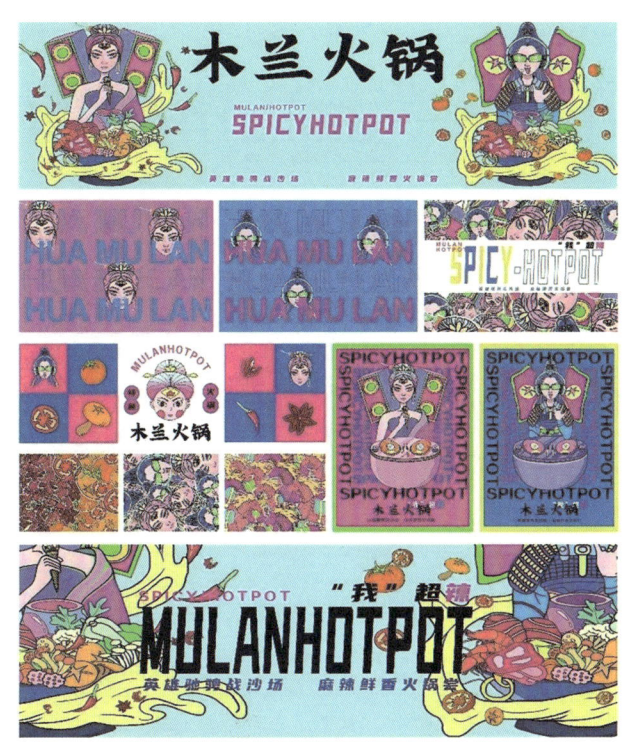

艺术与设计学院学生获奖作品
（2021年"未来设计师·全国高校数字艺术设计大赛"）

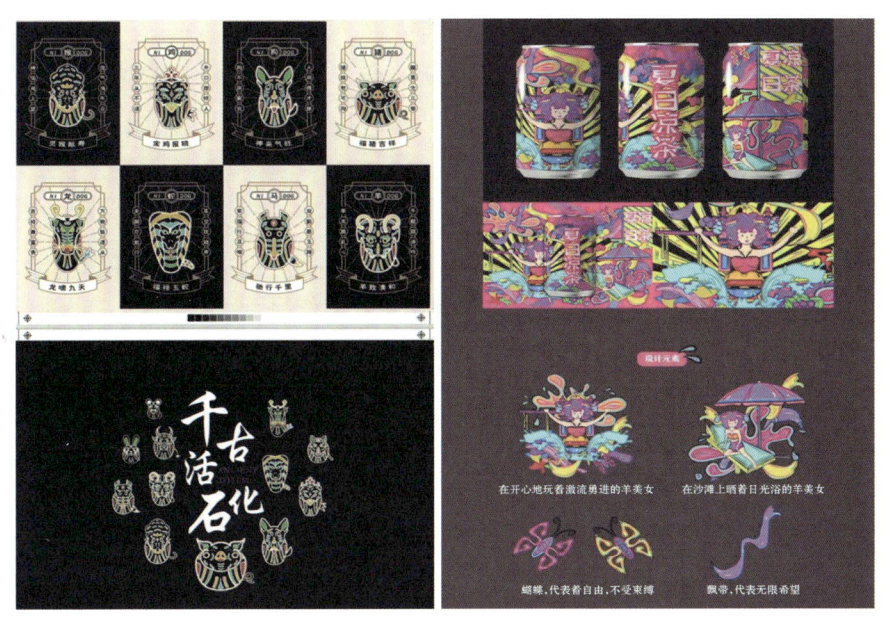

艺术与设计学院学生获奖作品
（2022年"未来设计师·全国高校数字艺术设计大赛"）

艺术与设计学院学生获奖作品
（2023年"未来设计师·全国高校数字艺术设计大赛"）

截至2023年，"未来设计师·全国高校数字艺术设计大赛"已连续举办十一届。大赛秉承"设计为人民服务，培养未来设计师"的理念，是教育部中国高等教育学会"全国普通高校学科竞赛排行榜"项目，是高校教育教学改革和创新人才培养的重要竞赛项目，为艺术设计领域的高水平知名赛事。

学校在大赛中的优异成绩离不开学校对学生综合素质培养的重视,学校积极鼓励和组织学生参与艺术欣赏和实践,帮助学生提升审美意识、人文素养和创新能力,坚持艺术与技术并重,引导大学生将专业知识服务于社会,提升大学生的设计创新与实践能力,拓展艺术视野及团队协作精神。

2. 蓝桥杯——全国软件和信息技术专业人才大赛

2021年,学校信息与数字工程学院的学生与来自北京大学、清华大学、复旦大学、上海交通大学等1300多所高校的7.5万余名选手同台竞技,在第十二届蓝桥杯全国软件和信息技术专业人才大赛中斩获国赛三等奖1项、优秀奖2项,省赛一等奖1项、二等奖5项、三等奖10项。2022年,学校在第十三届蓝桥杯全国软件和信息技术专业人才大赛国赛中获得二等奖2项、三等奖2项、优秀奖2项;省赛中荣获一等奖9项、二等奖15项、三等奖25项、优秀奖13项。2023年,学校乘胜追击,在第十四届蓝桥杯全国软件和信息技术专业人才大赛中,斩获8项国奖,29项省奖。

2021年蓝桥杯获奖学生

蓝桥杯全国软件和信息技术专业人才大赛由工业和信息化部人才交流中心主办,是教育部认可的57项全国大学生学科顶级竞赛之一。大赛以"立足行业、突出实践、广泛参与、促进就业"为宗旨,围绕当前社会发展急需的信息技术重点领域,开展IT人才的培养和选拔,是国内权威性高、覆盖面广、影响力大的IT类专业赛事。在大赛成立的十二年里,累计有包括北大、清华在内的1500余所院校,50万余名学子报名参赛。同时,大赛由IBM、百度等知名企业全程参与,是深得行业认可的IT类科技竞赛。

3. 全国大学生电子商务"创新、创意及创业"挑战赛

2020年8月21日至22日,第十届全国大学生电子商务"创新、创意及创业"挑战赛(简称"三创"赛)总决赛在洛阳隆重举办。经过精彩激烈的角逐,洛阳科技职业学院参赛团队从70000余支参赛队伍中脱颖而出,其中张茜茜和张甲立老师指导的团队"有侠校园——O2O校园综合服务与创业平台"获全国总决赛特等奖,沈瑛莹、党梦瑜老师指导的团队"嗨橙创旅——把城市带回家"以及王鸿翔、王博老师指导的团队"律健——健康校园小程序融创平台"均获得全国三等奖。

第十三届"三创"赛获奖师生代表

2023年9月,学校葛怡源、杨光和吴静哲三位老师所指导的"愈趣纸雕——创新与传统齐飞,文化共时代一色"项目团队,从全国近14万支参赛队伍中脱颖而出,荣获河南赛区特等奖和全国总决赛二等奖。葛怡源、杨光与吴静哲获得省级最佳指导老师奖,王鸿翔获得省级优秀指导老师奖,学校荣获省赛优秀组织奖。

全国大学生电子商务"创新、创意及创业"挑战赛是教育部、财政部"高等学校本科教学质量与教学改革工程"重点支持,由高等学校电子商务类专业教学指导委员会主办的全国性在校大学生学科性竞赛,自2009年到2023年已成功举办了十三届,是中国高等教育学会发布的全国普通高校大学生竞赛排行榜的84项赛事之一。

学校聚焦人才培养,坚持以学生为中心,不断优化人才培养模式,推动教学改革,以赛促教、以赛促学,在比赛中检验教学成果。学校重视教学实践课程,以OBE教育理念突破传统的教育模式,通过多元化考核培养学生的综合能力与素养,让学生在评价中获得成就感,不断增强自信心,激发学习动力,学习成效显著提高。

(三)联动政府、企业促就业

高校毕业生就业,不仅是一个经济问题,更是一个社会和政治问题。政府是社会管理的主体,有着企业和高校所不具备的破解宏观难题的"非常之力",也肩负着保障大学生就业之责;企业是稳定经济的重要基础,也是扩大就业的重要力量,可以说一般企业吸纳了大部分的毕业生。如果跟政府联动,跟企业建立良好的合作关系,毕业生的就业问题很大程度上能得到缓解。

1. 打造市域产教联合体、行业产教融合体

党的二十大报告明确提出,"推进职普融通、产教融合、科教融汇,优化职业教育类型定位"。2022年12月,中共中央办公厅、国务院办公厅印发《关于深化现代职业教育体系建设改革的意见》,明确要求

"打造市域产教联合体"。

《洛阳市国民经济和社会发展第十四个五年规划和二〇三五年远景目标纲要》中明确,"十四五"期间,洛阳市将形成"'1+10'+7+'5+5'"的产业布局体系,建成规模超万亿的全国先进制造业基地。实现这些宏伟目标,迫切需要推进职业教育高质量发展,培养大批高素质技术技能人才和能工巧匠。

我校校长刘丽彬作为新安县人大代表出席洛阳市第十六届人民代表大会,并提交《关于打造洛阳市产教联合体》的议案。

刘丽彬认为,在"十四五"期间,打造洛阳市产教联合体是贯彻中央相关要求,推进洛阳市产教融合,促进区域产业转型升级高质量发展的迫切需要,此举将推动洛阳市各行业重点企业、骨干企业联合区域内职业院校共同组建产教融合集团(联盟)、产业学院,带动中小企业参与,推进实体化运作,从政府层面为高校毕业生提供更多的就业岗位。是解决产教融合运行机制不完善,融合平台匮乏,职业院校专业设置与区域产业发展对接不紧密、服务产业发展能力不强,行业企业参与校企合作动力不足、积极性不高等问题的迫切需要,可以打通区域行业企业人才需求,完成职业院校人才培养"最后一公里",增强人才培养适配性,为职业院校向社会输送高素质、高技能人才提供保障,助力实现洛阳市打造超万亿全国先进制造业基地规划目标。

刘丽彬建议该产教联合体由洛阳市政府牵头成立,重点企业、职业院校、科研机构等多方参与组建理事会。实行实体化、市场化运作,集聚资金、技术、人才、政策等要素,有效推动各类主体深度参与职业院校专业规划、人才培养规格确定、课程开发、师资队伍建设。各参与主体共商培养方案、共组教学团队、共建教学资源,共同实施学业考核评价,推进教学改革,提升技术技能人才培养质量。产教联合体搭建人才供需信息平台,推行区域产业布局规划和人才需求发布制度,引导各职业院校紧贴市场和就业形势,完善职业教育专业动态调整机制,促进职业院校专业布局与区域产业结构紧密对接。

同时,刘丽彬建议根据洛阳市"'1+10'+7+'5+5'"的产业布局体系,组织推动区域内各行业重点企业和职业院校合作,组建职业院校、科研机构、上下游企业等共同参与的跨区域产教融合共同体。汇聚产教资源,制定教学评价标准,开发专业核心课程与实践能力项目,研制推广教学装备。依据本区域"十四五"产业体系布局产业链分工对人才类型、层次、结构的要求,实行校企联合招生,开展委托培养、订单培养和学徒制培养,面向行业企业员工开展岗前培训、岗位培训和继续教育,为区域产业体系提供稳定的人力资源。

2. 访企拓岗问需

贯彻以学生为中心的核心价值观,全面落实因材施教、学以致用的教育理念,深化OBE教学改革,立足用人单位需求,实现以需求为导向推动教学变革,促进学生高质量就业与可持续发展,学校在2022年年底启动了用人单位需求大调研活动。活动目的是通过大调研,深化双元育人,加强行业指导,推进课程改革。树立"以学生发展为中心,提升学生就业竞争力,根据用人单位需求和学生成长特点,反向设计教学内容和方法,持续改进"的教学变革理念,根据用人单位需求,实现用人单位与校友关注度高但满意度低的问题得到有效整改,推动教学变革。各个二级学院积极响应学校政策,相继制定出了具体的调研方案,院长亲自部署安排,由专业负责人具体落实,且多次召开学院内部会议,切实以市场、企业为导向,以学生需求为出发点,加强学生动手能力的培养,增强一线教师跟企业的对接。

当前学院人才培养方案制订存在调研不深入,人才培养方案科学性较差等问题。通过调研可以详细了解企业需求,从用人单位需求和毕业生状况反向推观照课程,真正实现OBE理念教学。此外,通过调研可以根据用人单位需求和学生成长特点,反向设计教学内容和方法,重点修订人才培养方案、教学大纲、教案等。还可以在调研活动中通过企业了解学院教学质量,从而有针对性地进行改进。最重要的是调研过程中可以了解专业就业质量、专业育人目标、毕业校友状况以及社会对专业建设的意见和评价,有助于专业群建设。此外,面对调研企业中善运营、能力强的骨干员工,争取转化成外聘教师,将企业最前沿的知识讲给学生。还可以通过调研获取资源,承接企业的横向课题。同时,调研过程中与企业中的人事或市场部负责人建立深厚友谊,有利于扩充学校人脉。

调研采取线下深入企业一线的形式进行。参加调研教师人数达285人,参与调研人员有副校长,二级学院院长、副院长,教务处处长,系主任,教研室组长,专职教师,辅导员等。各二级学院按照"前期已深入合作""有意向合作"与"已有毕业生在该企业就业"等逻辑选定调研企业。截至2023年2月9日,已调研企业135家,包括中国一拖集团有限公司、洛阳北方玻璃技术股份有限公司、浙江吉利控股集团有限公司、阿里巴巴、搜狐畅游、中信重工、航天信息股份有限公司、中建七局、中铁隧道局、中铁十五局、华为郑州基地等头部企业。

副校长韩全力带队开展访企拓岗活动

2023年暑假期间刘丽彬校长亲自带队到马鞍山粤美金属制品科技实业有限公司、江苏爱德梵星人工智能科技集团有限公司、安吉亚太制动系统有限公司等开展访企拓岗和直播带岗活动,线上浏览量上万,在2022及2023届毕业生中引起强烈反响,对我校的就业工作起到非常大的促进作用。

校长刘丽彬在上市公司安吉亚太开展直播带岗活动

访岗拓企活动将持续加强校企合作,不断深化教学改革,共同开发模块式课程体系,以课程的实用性为导向,提升学生的学习成效和综合素质,共建专业群高质量人才培养体系。学校将结合专业特色,以行业发展和职业岗位需求为导向,将企业所需技术技能贯穿于教学全过程,让毕业生在行业找到适合自己的就业岗位和发展空间。

3. 众创空间——洛克8

"今天咱们得到了新安县小微企业开业大礼包3000元,虽然钱不多,但是感觉自己的想法得到了政府的支持,也就是说我们的方向是对的,再坚持一下。不是说面包会有的,牛奶也会有的嘛。"

学校"洛克8"众创空间孵化的洛阳耀嘉机电科技有限公司的负责人回忆起公司的第一桶金时感慨万千。谁也想不到当初连进账

3000元都让人欣喜的公司,如今公司规模已近50人,产值更是达百万元。

2015年,《国务院办公厅关于发展众创空间推进大众创新创业的指导意见》(国办发〔2015〕9号)印发,积极响应国家政策,2016年河南省高校众创空间开始建设。

2016年8月,学校成立洛阳荣宇创业服务有限公司,负责洛克8众创空间建设工作,开始了以电子商务为核心产业,以鼓励大学生自主创业为工作目标的双创载体建设工作。洛克8众创空间负责学生创业项目的指导、培育、孵化工作。众创空间在着力打造场地、设施、设备等硬实力的同时,还注重增强组织、协调、服务、辐射带动等软实力。在众创空间的建设过程中,学校始终以青年大学生创客需求为导向,按照配套支持全程化、创新服务个性化、创业辅导专业化的总体要求,积极构建创新创业实践平台,努力将众创空间建设成为政策、人才、项目、资金等优势资源的聚集地。目前,助力青年大学生创客更好地开展创新创业实践活动,已成为学校进一步深化创新创业教育改革工作的重要举措。众创空间在充分利用学院资源,营造创业氛围,做好创业示范,培育创业典型,促进大学生就业等方面起到了重要的推动作用。

"让创客成功"是洛克8众创空间设计的基石,自成立以来,空间深入分析创客团队的痛点和难点,针对这些问题设计先进的服务模式来切实服务好入驻的团队,通过建立规范完善的创业体系,引导团队掌握科技前沿信息,从而提升团队创业成功率。

2018年,洛克8众创空间经洛阳市科技局验收通过获评洛阳市市级众创空间。2020年,洛克8众创空间通过河南省教育厅验收获评河南省高校众创空间。

2021年4月17日,河南省高校众创空间联盟在郑州大学成立。联盟由河南省教育厅、河南省科学技术厅、中国高校众创空间联盟、中国高校创新创业教育联盟指导,郑州大学联合河南科技大学、黄河科技学院、华北水利水电大学、洛阳理工学院等高校发起成立。学校作为联盟首批成员,参加了联盟第一次全员大会和成立仪式。学校也将以此次成为省高校众创空间联盟会员单位为契机,加强交流、协同创新,在项目孵化、人才培养等方面发挥更大作用。以前瞻视角激发众创空间创新创业活力,推进多学科交叉会聚,推动传统产业升级和未来产业创新。使双创教育与专业教育结合,双创教育与思政教育结合,双创实践与产业变革结合,把双创教育融入学校育人的各个环节,继续通过学分转化、创业大赛、主题活动、专家讲座、创业实践、课题资助等形式,把学校洛克8众创空间打造成为创业就业的重要载体,培养涵盖专业链全环节,具备创新精神、创业意识,敢闯会创、敢于成功的新时代卓越人才。

2022年6月28日,河南省教育厅官网公布了《关于2022年河南省深化创新创业教育改革示范高校(职业教育)名单的公示》,认定洛阳科技职业学院等10所学校为2022年河南省深化创新创业教育改革示范高校(职业教育)。

2022年11月,以洛阳数云信息科技有限公司注册为标志的新一轮"校企共创"型企业陆续入驻众创空间。2023年7月,学校完成洛阳荣宇创业服务有限公司全部股权回收。截至目前,学校正积极努力,以国家级众创空间、省级大学科技园、省级创新创业孵化基地为目标,积极开展创新创业载体建设及创业孵化服务工作,助力学校新一轮"双高校"指标工程建设,服务学校"建双升本"。

近年来,为全面贯彻落实教育部和省教育厅关于创新创业教育改革工作有关要求,学校高度重视并大力推进创新创业工作,普及创新创业教育,完善创新创业教育体系,搭建"双创"实践平台,增强"双创"服务能力,鼓励学生参加"双创"大赛,扶持大赛项目落地转化。

三、人才辈出

近年来,党中央、国务院高度重视职业教育,相关政策密集出台,进一步深化了职业教育体系建设改革。未来,职业教育的整体布局将最大程度拓宽学生多样化、多途径成长成才的通道,让不同禀赋和需要的学生能够多次选择、多样化成才,职教生不再是传统观念中学业竞争的失败者,从此拥有闪耀发光的人生轨迹。学校致力于建设青年友好型职业大学,敢于打破传统观念,让职教生重塑自信,用"认同、尊重、激活"的育人理念,认同每一位学生的基础与潜能,尊重他们的个性与发展,激活每一个生命个体。

为适应高素质技术技能型人才育人模式创新,学校创新了"一体两翼"培养模式。"一体"即办"青年友好型职业大学","两翼"即"书院-学院双院育人""政-校-行-企协同育人"。学校全面推进书院制改革,设立八大书院,将学生日常管理、素质培养和专业教育相结合,构建"三全育人"新模式,培养厚德博学、内心充盈、敏行善言的高素质技术技能人才,努力成为扎根中原大地的职教书院典范。职业教育以就业为导向,以就业岗位需求倒推人才培养方案、课程体系及教学方式,整合全社会资源推动学校及学生发展。

学校在"产教融合、校企合作"上创新发展。产业转型升级背景下,学校通过政校行企深度协同,在建立现代产业学院、建立中国特色学徒制等方面进行探索,加强专业群建设,一群对接一产业,实现了产教融合发展。近年来,学校累计向社会输出各类技术技能型人才10余万名,就业率高达97.91%,就业满意度达98%以上。

(一)培养大国工匠

教育部原部长陈宝生2022年3月12日在十二届全国人大五次会议新闻中心举行记者会回答中外记者提问时指出:我们国家经济社会

发展已进入一个新的历史阶段和新常态,进入以供给侧结构性改革为主要内容的结构大变动的时代。这个阶段对职业教育发展提出了急迫的要求,要求我们为现代化建设提供大量的、大规模的技术人才支撑。也就是提供两个公共产品,一个公共产品是在全社会通过职业教育弘扬工匠精神,一个公共产品是提供大量的大国工匠。

根据国家有关指示精神,我校广泛开展职业技能竞赛、技术比武活动,以国内技能竞赛为主体,彰显中国高技能人才水平和青年技能人才风采。在校内广泛开展"技能中国""大国工匠"等多种形式宣传活动,弘扬工匠精神,在校内树立"行行出状元"的理念。

2022年12月,我校智能制造与汽车工程学院学生范子豪、赵鹏、张文基参加第十一届全国大学生金相技能大赛,与国内众多名校学子同台竞技后脱颖而出,取得3项国家级奖项,范子豪同学更是斩获全国一等奖。"金相图像质量清晰,样品清洁程度好、平整度高!"范子豪同学打磨的金相样品受到老师们一致好评。

第十一届全国大学生金相技能大赛获奖同学

(从左至右:赵鹏、范子豪、张文基)

第十一届全国大学生金相技能大赛奖牌

2023年3月,"徕卡杯"第十二届全国大学生金相技能大赛正式启动。共有507所高校的8361名选手进入复赛。经过选拔,最终来自493所高校的1431名选手脱颖而出,进入决赛。智能制造与汽车工程学院参赛师生利用暑期进行了高强度训练,夜以继日地在实验室研磨探索,追求无划痕无抛痕、腐蚀均匀、轻重适中、组织清晰且白净无瑕的样品。训练期间,他们克服技术瓶颈、训练疲倦、心理焦虑等因素,不断突破自我,整个训练过程既磨相,更磨心。最终,我校的6名参赛选手斩获国赛一等奖1项、国赛二等奖2项、国赛三等奖3项。同时,洛科参赛团队获得团体三等奖。

"徕卡杯"第十二届全国大学生金相技能大赛获奖师生合影

全国大学生金相技能大赛是由教育部高等学校材料类专业教学指导委员会批准,由清华大学、北京科技大学、天津大学、国防科技大学、昆明理工大学、重庆大学、东南大学、中南大学、湖南大学、郑州大学、上海应用技术大学等高校联合发起的一项大学生赛事,现已纳入全国普通高校大学生学科竞赛排行榜(84项学科竞赛),是目前我国材料类专业规格最高、制度最健全、覆盖面最广、影响力最大的一项赛事。

大赛要求参赛选手在规定时间内,对指定金属样品的指定端面完成磨制、抛光、浸蚀等工序,最终制备出清洁、平整、在金相显微镜下可以清晰观察到显微组织的样品。金相奖技能大赛需要选手们一遍又一遍地磨炼动作,形成肌肉记忆,把复杂的事情做规范,把简单的事情做到极致,在训练中打磨意志,感悟"精于工、匠于心、品于行"的工匠精神。央视《东方时空》栏目曾以《培养新时代"工匠"精神》为题,对大赛进行了报道。

党的二十大报告强调,"加快建设国家战略人才力量,努力培养造就更多大师、战略科学家、一流科技领军人才和创新团队、青年科技人才、卓越工程师、大国工匠、高技能人才",将大国工匠、高技能人才列为国家战略人才。

长期以来,洛阳科技职业学院紧跟国家发展步伐,坚持"以学生为中心",提升"三全育人"的实效性,通过"以赛促学、以赛促教、以赛促改、以赛促建"的方式,提升学生专业技能的同时,培养学生的探索精神、实践精神与工匠精神。将工匠精神融入职业教育血脉,为社会培养输送了一批批厚德博学、内心充盈、敏行善言的高素质技术技能人才。

(二)中国大学生自强之星

"中国大学生自强之星"寻访活动由团中央和全国学联主办,每年举办一次。"中国大学生自强之星"旨在深入贯彻习近平新时代中国特色社会主义思想,从当代大学生中树立一批可亲、可敬、可信、可学的榜样,进一步培育和践行社会主义核心价值观。经高校推荐、省级初评、全国评审等环节,一批在爱国奉献、道德弘扬、科技创新、自立自强、志愿公益、身残志坚等方面具有突出事迹,在当代大学生中能起到榜样引领作用的自强典型脱颖而出。活动自2008年启动以来,受到社会各界的广泛关注。

近年来,我校共有4名同学获得中国大学生自强之星,他们用自己的实际行动展现了当代大学生的时代责任与担当。

1. 陈司鑫

陈司鑫,女,预备党员,2021年度中国大学生自强之星。2002年7月出生,2020年进入洛阳科技职业学院,在电子商务学院电子商务06班学习。

中国大学生自强之星——陈司鑫

陈司鑫在校期间多次参加共青团河南省委、河南省教育厅、大学生创新创业组委会等组织的大型赛事,先后获得多项国家级、省市校级荣誉证书,其中包括2021年在第三届全国职业院校"华唐杯"呼叫中心客户服务与管理技能大赛中被北京华堂中科科技集团有限授予"高职组个人一等奖";2021年在河南省高等职业教育技能大赛中被河南省教育厅授予"河南省一等奖";2021年在中国国际"互联网+"大学生创新创业大赛中被河南省"互联网+"大学生创新创业组委会授予"河南省二等奖";2021年在"挑战杯"河南省大学生课外学术科技作品竞赛中被共青团河南省委、河南省教育厅等授予"河南省三等奖";等等。

作为土生土长的河南姑娘,陈司鑫祖辈皆为农民,在了解到农产品产量高、价格低、销售难的状况后,她毅然决然地投入到了家乡的乡村振兴发展中,她发挥自身职业特长,通过直播带货的方式帮助宣传销售洛阳七县七区的特色农副产品。她先后协调举办线下线上活动48场,直播近300场,协调整合洛阳市七县七区特色农产品2000余款,通过产品赋能,农产品附加值提升32%以上,有效解决了282家农业类企业产品销售难问题。

2020年在中共河南省委教育工委组织开展的"二十岁遇上二十大"系列活动中,陈司鑫利用自身职业特长通过电商直播的新兴互联网模式助力乡村振兴的事迹,在全省各大高校数千名竞争者中脱颖而出,入选二十人名单。陈司鑫一直坚持集体利益大于个人利益的理念,始终团结凝聚各级党组织,大力宣传和弘扬社会主义核心价值观。

2. 马培森

马培森,男,入党积极分子,2020年度中国大学生自强之星。2002年3月出生,2020年进入洛阳科技职业学院,在艺术与设计学院2020级高职动漫03班学习。

马培森在校期间曾获上蔡蓝天救援队"抗疫优秀队员"、洛阳科技职业学院优秀团学干部、2021年"蓝桥杯"视频设计河南省二等奖、2020年洛阳科技职业学院"木槿杯"摄影大赛一等奖、2021年洛阳科技职业学院心理剧二等奖、2021年中国蓝天救援队"抗洪最美逆行者",2021年新乡市应急局给予"抗洪感谢信"、2021年上蔡县团委办公室给予"青年抗疫感谢信",等等。

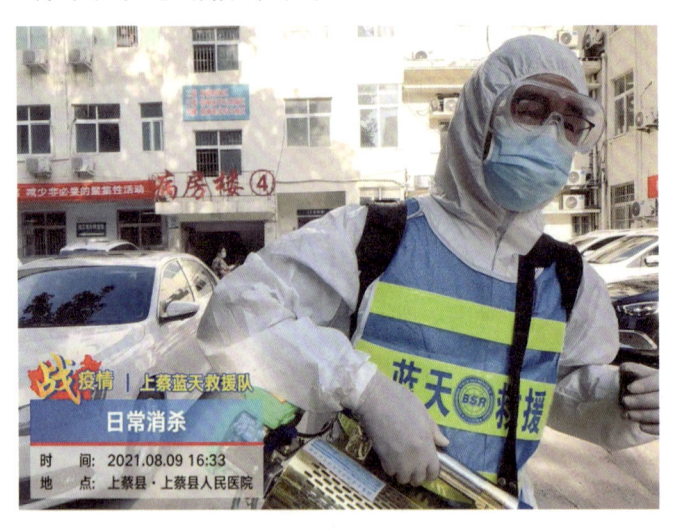

中国大学生自强之星——马培森

2020年2月中旬马培森正式加入蓝天救援队,积极参与抗击新冠疫情,每天积极跟队消杀数十万平方米的面积,对家乡的中学、小学、幼儿园、敬老院等进行全面消杀。

2021年7月20日郑州突遇暴雨,马培森被困陇海快速路和东三环,当他看到距离他不远的郑州蓝天救援队后,迅速请求参战,随后跟着郑州蓝天救援队开着冲锋舟展开救援。郑州的汛情得到控制后,该同学又随救援队赶往新乡卫辉、凤泉等地,展开新一轮的救援。在水灾比较严重的卫辉(新乡医学院第一附属医院),在两米多深的积水中,他和队员们一起转移病人和群众1400余人。马培森同学参与过较大溺水救援任务3次,以及30余次的失踪人员搜救。为了能让自己更专业,马培森学习了潜水,学习了基本救援知识,还成功考取了急救资格证。

一直以来,马培森积极参与志愿服务活动,以实际行动践行"奉献、友爱、互助、进步"的志愿精神。面对困难和挫折,马培森坚持以力所能及的方式为疫情防控和抗洪救灾工作贡献力量,展现出在特殊时期、在新时代积极践行初心使命、全心全意为人民服务的责任与担当,并荣获校级"抗洪防疫优秀志愿者"称号。

马培森作为一名优秀的共青团员，严于律己，为同学们树立了榜样。同时他还具有高度的责任感，对于团支部安排的大事小事，都积极完成。始终保持严谨认真的工作态度和一丝不苟的工作作风，严于律己，勤勤恳恳，吃苦耐劳，在工作中讲求实效，坚持实事求是，一切从实际出发，不断开拓创新，时刻起到带头作用。

3. 聂帅

聂帅，男，共青团员。2022年度中国大学生自强之星。2003年2月出生，2021年进入洛阳科技职业学院，在经济与管理学院2021级高职建工02班学习。

在校期间，聂帅曾获2021年8月年度固始县红十字会颁发的"7·20郑州抗洪抢险先进志愿者"、2021年11月固始县志愿者协会颁发的抗疫荣誉证书、2022年5月共青团洛阳科技职业学院委员会颁发的"优秀青年志愿者"、2022年12月固始县红十字会颁发的"优秀志愿者"、2022年12月固始县蓝天救援队颁发的"优秀队员"、2022年5月共青团洛阳科技职业学院委员会颁发的"优秀青年志愿者"、2023年3月共青团洛阳市委颁发的"洛阳市优秀青年志愿者"、2023年5月共青团固始县委颁发的"固始县青年五四奖章"等荣誉。

作为优秀的共青团员，聂帅的身上充分体现了新时代新青年爱国奉献的先锋力量。他于2022年正式加入蓝天救援队，二十岁已经成了一位拥有丰富救援经验的优秀队员。2021年7月，聂帅积极参加固始县史河抗洪抢险救援，2022年7月接连参加河南省7·20特大洪灾现场抗洪抢险救援、固始县水域救援，先后跟随固始蓝天救援队参加了14次水域救援以及148所幼儿园中小学防疫消杀，并参加了7次活动保障、5次公益应急救护知识培训、21次校园防溺水培训、8次人员走失寻回行动。

在2021年7·20重大洪灾面前，聂帅作为一名共青团员，义无反顾跟随固始蓝天救援队参加郑州抗洪抢险救援活动。除了搬运物资，他还积极参与到人员搜救活动中，最后经过连续7天的艰苦奋斗，成功转移3800余人，搜救失联群众12人，搬运救灾物资近万件。作为此次救灾工作中年龄最小的蓝天队员，聂帅被评为"最小逆行者"。

2022年3月，聂帅向学校团委提出建立大学生蓝天救援队，旨在传播正确的应急救援理念和知识，让更多的青年熟知基本救援知识，为生命保驾护航。这是河南省第一支大学生蓝天救援队。在他的带领下，洛科大学生蓝天救援队共计完成核酸现场秩序维护8次、校级会场秩序维护及会场布置9次，开展防灾减灾活动5次、应急救护知识培训5次，全队总志愿服务时长达4404.5小时，总出队人数达700余人次。

聂帅作为一名青年学生，能在社会危难之时挺身而出，在同学需要帮助时及时援助，时时刻刻践行着"奉献、友爱、互助、进步"的志愿精神，体现了当代青年的责任与担当。

学校深入推进实施大学生综合素质教育，坚持学生为本，坚持价值引领，始终将社会主义核心价值观、中华传统美德贯穿于德育工作全过程，以培养学生社会责任感、创新精神和实践能力为落脚点，将立德树人根本任务落细落实。

学校将以中国大学生自强之星的获奖为契机，进一步培育和践行社会主义核心价值观，在广大青年学子中树立一批可亲、可敬、可信、可学的青年典型，用身边人讲身边事，用身边事教育身边人，充分发挥榜样育人功能，让同学们始终高扬爱国主义的光辉旗帜，勤奋学习、深入实践、奉献社会，努力成长为中国特色社会主义的合格建设者和可靠接班人。

天行健，君子以自强不息。志存高远，拼搏努力，脚踏实地，心怀感恩，中国大学生自强之星为洛科学子树立了榜样。相信未来会有更多的洛科学子坚守初心，不断提升自我，向社会展现自强不息、勇敢追梦的奋进姿态。

（三）就业榜样

学校始终坚持以学生为中心，积极构建以建设"青年友好型职业大学"为主体，"学院—书院双院育人""政-校-行-企协同育人"为两翼的"一体两翼"发展模式。同时以就业为导向，实施专业集群发展策略，构建洛科特色产教融合育人模式，目前已成立9个产业学院和4个产教融合研究院。学校高度重视学生的就业工作，倡导高质量就业是立校之本的就业导向，积极汇聚各方力量，为学生就业保驾护航。

在这些人才中不乏高薪入职知名企业、自主创业、扎根基层服务乡村、学历提升的佼佼者，如凭借过硬的专业技能，创办傲创建筑工程有限公司的信息与数字工程学院学生史又齐；独立创业经营个人网店，年入30万元的电子商务学院学生王松旗；转战多个电商平台，相继在拼多多、天猫、淘宝等平台开设多家店铺，并帮助学弟学妹就业的电子商务学院学生黄珂；就职上海北玻自动化有限公司的智能制造与汽车工程学院的张学；等等。有太多优秀的毕业生，在各行各业发光发热。他们的事迹，对于学弟学妹来说，是最好的教育素材。让我们一起走近优秀的洛科学子，感受榜样的力量。

1. 李思思

李思思，洛阳科技职业学院电子商务学院2022届毕业生，从事自媒体行业，是拥有300余万粉丝的优秀美妆博主。

李思思就读的电子商务学院，是学校的特色学院之一，学院开设有视频采编、美术鉴赏、新媒体运营等特色专业，这些课程的学习和电子商务学院组织的产教融合实践活动，为李思思发展短视频事业提供了有力帮助。

疫情期间，李思思结合自己所学的电商专业知识，开始学习短视频剪辑制作，陆续在短视频平台分享自己的日常。平时课堂上学到的专业知识，在实践中得到了检验。而老师和辅导员的关心和爱护，也让她在成为一名成功的美妆博主的路上大步向前。

"做视频看起来很简单,实际上并不容易。粉丝多起来后,账号的运营、品牌的维护推广是一门很大的学问,需要不停地去学习。还好我在学校学习的电商专业是对口的,大学期间学到的很多知识都可以帮我做好账号运营。"

学校开展的实训活动,成了李思思与化妆结缘的契机。学校长期组织各类活动,充分发挥新时代高校美育在立德树人伟大事业中的培根铸魂根本作用,促进学生德智体美劳全面发展。李思思喜欢参加学校组织的一些表演活动,入校不久,她参加了学校组织的《武则天》演出,并在这次登台表演中,学会了化妆技巧。自那之后她开始注重研究穿衣打扮,日常生活中也会利用课余时间学习穿搭,研究妆容。

成为专业的博主之后,她发现做视频没有想象中简单,不能仅凭单纯的爱好。拍一条视频,需要考虑数据,考虑内容,写脚本,费尽心思进行剪辑。李思思回忆,一开始做博主是有包袱的,总想展示自己最完美的一面,但慢慢她发现,真实有趣的生活才是观众爱看的。于是李思思丢掉包袱,不再畏惧镜头,把镜头前的每一个粉丝当成网上最亲密的朋友。她制作的短视频保持着一贯的真实有趣,渐渐地,关注她的粉丝越来越多,不久后就突破了百万。

"我做博主可以说是努力和运气各占一半。大家可以在我的评论区吐槽种草、谈天说地、互相帮助,虽然互不相识,却也感觉亲密无间,我也会在网络上展现最真实的自己。"

人们喜欢好看的事物,因为"看到好看的东西,才能想象自己好看的样子"。李思思认为,追求美是对一个人负责的表现,正是这种尊重美的态度塑造了她工作的底色。做美妆博主,无疑需要巨大的勇气,可能要面对不完美,面对惨淡的数据,最重要的是做好自己的心理建设。总而言之,一定要有强大的自我调节能力。

李思思觉得,审美不是千篇一律的。博主输出的内容,有人喜欢,也会有人谩骂,这是再正常不过的了。一开始可能会感到难过,感到委屈,但是一路走来,总要对自己的选择负责——既然选择了做博主,选择作为公众人物走进一个个手机屏幕,就要承担相应的压力和责任。而学校"认同、尊重、激活"的育人理念,也帮助了李思思更加自信地面对外界各种声音。

"在这个短视频泛滥的时代,内容同质化是一个显而易见的问题,要想不被这样的漩涡淘汰掉,就得在紧跟时代潮流的同时,选择性地跟随,但也一定要有自己的个性。"

粉丝突破百万之后,逐渐有商家联系到了李思思,让她为自己的产品做推广。一开始,李思思不懂产品宣传中的"陷阱",接到了一些质量不太好的产品,走了许多的弯路。遭遇到粉丝质疑的李思思开始反思自己,她明白现在她的一举一动都要对粉丝负责,尤其是选品方面,绝对不能出现质量问题。于是,自那之后的产品推广,李思思会更加关注品牌,关注商家的信誉和产品自身的质量。拿到产品后,她会自己先试用测评,确实好用的产品,才会推荐给粉丝。

"这不是钱的问题,人总要有原则底线。产品质量不行,那就是不行,我是不能推荐给粉丝的。虽然我决定不了我这个品牌未来的上限,但我可以决定它的下限。"李思思明白,短视频就是她的品牌,自己通过视频说出的每一句话,都代表着她的态度,关系着她这个品牌的信誉和未来。最终,她选择为自己的粉丝负责,坚守原则,诚实真挚地为大家做测评。

"在我的短视频创作之路上,学校给了我很多帮助。有次查寝,我那一柜子的化妆品惊呆了校领导。但得知我在拍摄短视频后,校领导鼓励我继续做下去,他们说做出彩不容易,一定要坚持下去。这让我认识到,我不是一个人在奋斗。除此之外,我的辅导员刘琦老师见证了我的成长。他带着我们去上海的电商基地参观学习,尽他最大的努力为我们提供帮助,我们很愿意把自己的一些想法说给刘老师听,他会给我们很不错的建议,像朋友一样……我记得很清楚,粉丝短短几天内涨到十万的时候,我第一时间告诉了刘老师,他比我还要激动。"

提及李思思在短视频运营行业取得的成就,刘琦很欣慰,因为他知道一个人经营账号的艰辛。身为辅导员，刘琦时刻关注照顾着学生们的学习生活，无论是什么样的烦恼，只要找他聊，总能得到解决。"以学生为中心是我们洛科的办学理念之一。"刘琦说，"我们老师也是围绕着这一理念，来协助学生们学习、创业，帮助他们在洛科更好地学习生活，取得更大的成就。"

谈到自己未来的职业规划，李思思说，想把自己喜欢的短视频接着做下去，用自己的所学把它运营好。每一个人生阶段，都是李思思生命中浓墨重彩的一笔，认真做好当下的事，一步步地成长。听从自己的内心，就是她给自己最好的答卷。

学姐有话说：希望学弟学妹们在大学多交正确的朋友，扩大自己的圈子，认识一些充满正能量，对自己有帮助的老师、同学；尝试通过自己的才华和劳动赚取学费生活费，这不仅能锻炼自己的能力，还能减轻家庭负担。

2. 刘士万

刘士万，2015级智能制造与汽车工程学院学生，现为洛阳昀润商贸有限公司总经理。曾获"洛阳市优秀企业家"称号，2022年，荣获第八届"互联网+"大学生创新创业大赛国赛铜奖、省赛二等奖。

2017年刘士万成立洛阳昀润商贸有限公司，任公司总经理。公司依托地理区位、资源保障、科技人才等优势，融合工业与城市发展，打造一站式维修服务群，形成"低成本、高效率、好服务"的核心竞争力，目前已广泛服务冶金、化工、轻工、环保、电力等领域，得到客户的一致好评。2018年，与华能集团阳光电厂签订251万供货合同；2019年，与大唐集团安阳电厂、洛阳电厂、许昌龙岗电厂签订790万维修合同；2020年，与华润集团签订首阳山电厂410万设备维修合同；等等。公司直接、间接带动600余人就业，与大唐、华能、华润及中铁集团等大型企业有战略合作，还与高校、研究所达成合作，大力推进"工学一体"技能培训。

2015级优秀毕业生代表——刘士万

问及成功的秘诀,这个小伙子坦言道,很感谢学校给与的平台和支持。刘士万说:"在学校,我们可以接受系统、全面的知识教育,这为我们了解社会、了解市场提供了必要的素养。在接受正规教育的过程中,我们接触到了各种各样的知识,提升了我们的综合能力。这些知识和能力可以为我们在创业的道路上提供指导和支持,使我们能够更好地把握机遇,化解风险。除此之外,学校还注重培养我们的创新思维,让我们接触到了各种各样的知识和观点,了解到了社会上的不同问题和挑战。这种多元化的信息对我们的思维方式产生了积极的影响,激发了我们的创新潜力。"

除了知识、技能,人脉和资源也是影响创业成功与否的重要因素。回忆起创业前期,刘士万说:"在学校可以结识到各行各业的人才,包括教师、同学以及与学校有合作关系的企业里的人等。这些社会资源和人脉关系为我的创业提供了重要的支持。我可以向老师请教一些问题,获得他们的经验和指导;我可以与同学一起合作,互相帮助,同时也可以互相促进;最重要的是我们借助学校与企业的合作平台,与企业家、投资人等建立了联系,获得了更多的机会和资源,建立了社会关系和人脉网络,这对于创业成功至关重要。"

如果说学校给刘士万提供了创业的实力、勇气和持续向上发展的潜力，那么创业后刘士万对于专业知识的不断钻研、学习，对于工作细节的把控，对质量的高标准要求则是他成功的源泉。刘士万经常说，细节决定成败，安全高于一切，这是他们维修检测的底线和关键。为确保设备检修质量，刘士万深入基层，制定检修方案和标准化作业指导书等，明确分工、细化流程、规范作业、严控质量，把安全目标和质量目标分解到每项工作中，细化到每个环节，做到可操作、可监控、可追溯。在检修过程中，他要求严密监督检修方案、安全措施、质量验收制度执行情况，实行对项目的实时跟踪和全程监管，努力做到确保人员落实到位、职责落实到位，确保检修台账、实验报告等技术文件清晰、准确、完整，确保设备在检修完成后能够平稳、安全运行。

学长有话说：梦想属于每一个欲将努力或正在向上的人，不要因为前路艰难就停止了前进的脚步。追寻梦想的过程都是艰难的，然而一旦经过磨砺，就会拥有更多内涵。不要让不安的心成为躁动的俘虏，我们需要的是展开灵魂的翅膀在校园里汲取知识，在不同层次的人群里学着更好地做人。对我们而言，三年的时间也许放弃极易，坚持很难，但我们要始终坚信冬天来了，春天就不会再遥远，没有度过寒冬就无从得知春日的温暖，没有走过沙漠就不会知道水的甘甜，没有经过失败就不会懂得成功的喜悦。青春前路神奇而又未知，我们也许会失败，可正是这样的年轻无畏使得我们拥有了勇往直前的资本。只要我们怀着青春的梦，踏踏实实地走好脚下的路，我们终究会取得胜利。

3. 黄珂

黄珂，2019级高职电商班学生，现任洛阳视物城网络科技有限公司、洛阳赫婉电子商务有限公司、洛阳升视教育科技有限公司、洛阳都市玖捌快捷酒店四家公司总经理。2022年总营业额达到6500余万元。

黄珂的创业史，可谓简单、粗暴却不失规划，2018年成立了赫婉电子商务有限公司，重点耕耘国内市场，自有运营助销农产品，实现农产品物联网化、智能化和数字化。依靠淘宝、拼多多等电商平台售卖樱桃、石榴、苹果、桃子等当地农特产品,在2018年做到了500万元的年销售额。在2021年和2022年相继成立了视物城网络科技有限公司和升视教育科技有限公司,进一步扩大业务板块。这两年相继与100余家企业与品牌产地合作,其中大型上市企业12家,实现了年营业额突破5000万元的目标。目前,公司正致力于创建自有平台,实现真正意义上的产品物联网化、智能化和数字化,预计2025年营收突破亿元。

黄珂最初开始做淘宝的时候,很多人都劝他说淘宝红利期已过,重新起店的话很难赚钱。但黄珂对开网店兴趣浓厚,他并没有理会别人怎么说,而是坚定自己的想法跟着老师学习了一段时间,凭着自己对互联网购物的敏锐洞察力,在坚果零食类开启了一个细分类目,并以细分类目为依托做细分产品,在摸索中开始了属于自己的淘宝之路。

2021届优秀毕业生代表——黄珂

在一个人经营店铺的过程中,黄珂几乎每天都忙到凌晨才能吃饭,时间长了身心很是疲惫。此时正好有两位好友询问黄珂做淘宝的心得,黄珂索性拉他们组建团队,成立了属于自己的公司,在80平方米的房间里踏上了筑梦旅程。三人团结一心,仅2020年"双十一"一天的销货量就达到了两万六千多单,黄珂他们都非常激动,连续奋战两天两夜依旧精神百倍,对成功的渴望更加强烈了。他们主营坚果零食、方便速食、生鲜水果等种类,主营的板块有客服外包业务、店铺代运营业务、自有运营业务、供应链业务、客户销售业务等。他的店铺几乎能满足所有客户的要求,并且每个板块都设置了一个主要负责人。

现在黄珂与朋友拥有4家天猫店铺、2家抖音小店,6家拼多多销量达到10万以上的店铺,运营团队达15人,库房打包员工40人,目前已有多位洛科毕业生在黄珂开设在新安县电商产业园的公司实习、就业。

学长有话说:等风来不如追风去,唯有热爱和坚持,才能成就自己,才能让成功唾手可得。创业不易,但其他事又何尝简单?人这一生只有经历失败才能赢得辉煌,只要熬过困境,一定能迎来曙光。

4. 张森、赵武龙

张森,电子商务学院2018级高职电商14班的学生,于2019年9月被招入中国人民解放军仪仗大队;赵武龙,智能制造与汽车工程学院学生,2020年9月入伍。2021年7月1日,两名学生均参加了在天安门广场举行的庆祝中国共产党成立100周年大会。

国旗护卫队队员的平均年龄是23岁,为了能出现在天安门广场前,每个人都为自己制定了极为严苛的训练要求。作为仪仗大队成员,站军姿、踢正步、齐步走都是基础训练,每天11个小时的训练,每一个姿势,每一个动作要反复训练无数次,有时甚至一练就是五六个小时。这无疑给张森和赵武龙留下了个人人生中不可磨灭的回忆。

"入选国旗护卫队,是我入伍以来第一次执行大型任务,我一直都告诉自己,不管多难都要出色完成任务。"

"亲眼见到习主席的那一刻真是心潮澎湃,他比电视上看到的更加和蔼可亲,而且气场也更强大。"

2021年7月1日,庆祝中国共产党成立100周年大会在天安门广场隆重举行。上午8时,庆祝大会开始,象征着巨轮起航的汽笛声响起,100响礼炮响彻云霄,国旗护卫队官兵护卫着五星红旗,从人民英雄纪念碑行进至天安门广场北侧升旗区。铿锵有力的步伐、威武挺拔的身姿令所有观众不禁赞叹"太帅啦"。

在张森心中,穿上军装,踏着有力的步伐,英姿飒爽,看着国旗冉冉升起,是他觉得最自豪的时刻。

为防止被淘汰,张森对自己要求非常严苛,每天除了11小时的艰苦训练外,他还利用休息时间梳理细节,几个月下来,瘦了整整13公斤。但张森说,再苦再难他都没想过放弃,只要能去天安门前参加活动,无论多苦都值得。出场即震撼,亮相即精彩!张森的汗水没有白流,建党百年庆祝大会上,身着军装的他,走在国旗护卫队左后方,精彩亮相。

"当我站在国旗下,耳边响起国歌时,心里激动又自豪,感觉所有的付出都值了!"回忆起当时的场景,赵武龙难掩激动。

赵武龙的父亲曾经也是一名军人,他的哥哥也在部队服役。作为家里最小的孩子,在家庭的影响下,他心里也早就产生了携笔从戎的想法。在谈到赵武龙参加庆祝中国共产党成立100周年大会时,赵武龙父亲动情地说:"'七一'当天,一家人早早就守候在电视跟前,紧盯屏幕、认真寻找孩子的身影,终于在第3排发现了赵武龙的身影,我们感到非常自豪。"赵武龙父亲表示,生在这个伟大时代,在天安门广场,孩子能现场聆听习近平主席的讲话,亲身感悟习主席的谆谆教诲,他的内心无比激动。

赵武龙所属部队是中国人民解放军仪仗大队本部,仪仗队负责执行我国外交礼宾任务,不仅是重大历史时刻的见证者,也是军队、国家对外开放、外交发展的亲历者,其整体形象和气质都代表着中国的门面。

仪仗队的训练严格又艰苦,为了每个队员的每个动作都能整齐划一,几乎每一个姿势都要反复训练无数次,有时甚至一练就是五六个小时。

仪仗队的训练更多是意志力的磨炼,在这里赵武龙明白了护卫国旗是一种怎样的荣誉,明白了身为一名军人应该具有的品质,那就是毅力、坚定和专一。

2021年7月1日,庆祝中国共产党成立100周年大会如期而至,张森、赵武龙也迎来了他们人生的第一个意义重大的时刻。

2021年7月1日,张森、赵武龙和战友们凌晨3点起床,穿上礼服,手持配枪乘大巴来到天安门广场前,他们当天的任务是配合国旗护卫队举行升旗仪式。

抵达指定地点后,张森、赵武龙事先进行热身训练,因为国旗护卫队的升旗时间是严格按照预先制定的时间表进行的,所以国旗必须与太阳一同升起。这让第一次执行如此重要任务的他们内心既激动又紧张,但当国旗高高飘扬的那一刻,张森、赵武龙难掩自己身为一名军人的骄傲和自豪。

中国共产党成立100周年大会升旗仪式现场

谈及在学校的生活,张森觉得自己的校园生活十分充实,除了学习之外,他还担任洛科国旗护卫队队长一职。

张森表示,每次训练前他都会认真准备,但他准备的并不是队列动作,而是帮助学弟们树立正确的人生观和价值观。对于刚进入校园,还在成长道路上摸索的学弟学妹们,张森觉得自己经历过的事,或许无形中能改变他们的观念,从而对他们今后的人生有一定引导作用。

"所以我总想把我最好的一面展现给他们,为此我可能要比之前更加努力,因为我想做得更好,因为我清楚要成为榜样任何事都要严格要求自己,才能更好地为学弟学妹们提供力所能及的帮助。"

谈及自己的部队生活,赵武龙表示平常在部队交流感情的方式通常是聊天,或者来一场正步的比拼,他也正是通过这种方式结交了许多兄弟般的战友。

"来自全国各地的队友们一起训练、一起流汗,我们在相互鼓励中成了兄弟,这份友情是其他人不能比的。"

张森说,机会永远都会留给有准备的人。人生如白驹过隙,无论参军也好,工作也罢,其实在他看来都是在追寻生存的价值。懂得规划人生并理解生活真谛,懂得努力并坚持付诸行动,不浪费青春年华并坚持持续攀登,终会有"得偿所愿"之时。

学长寄语:你若盛开,蝴蝶自来;你若精彩,天自安排。人生的舞台只要坚定理想树立目标,并为之努力奋斗,一定能在苦尽甘来之时,绽放无与伦比的精彩。

5. 石创

石创,信息与数字工程学院2023届毕业生,中共预备党员,在校期间任班长一职。曾荣获国家励志奖学金、省级优秀学生干部、洛科一等奖学金、优秀支部委员、优秀学员、优秀学生干部、职业生涯规划二等奖,现工作于河南省教育厅。

大一刚入校时,石创与其他新生一样,对即将开始的大学生活有期待、有憧憬,同时又有对未来的迷茫。或许是性格所致,石创喜欢独来独往,但骨子里始终有一份自信牵引他不断向前。

大一军训时,石创毛遂自荐,主动找到辅导员老师提出自己想参加班长竞选,因为在小学到高中的十二年中,石创有十年时间都担任班长,对管理好班级很有信心。参与竞选后石创如愿以偿担任班长一职,任职期间尽职尽责,将班级事务管理得井井有条,带领同学们获得了"优秀班集体"的荣誉。

在担任班长的过程中,石创学习了很多整理资料及撰写文稿的技能,辅导员老师发现他做事很认真,除了字写得漂亮,办公软件运用也十分熟练。在老师的鼓励支持下,石创参加了学校监察审计处勤工俭学岗位的面试,并且顺利入职。注意到石创有着一股"钻劲儿"后,辅导员老师又鼓励他参加职业生涯规划大赛,尝试多领域发展。

"一开始我有些忐忑,怕自己怯场,也怕自己忘词。但是老师利用周末时间带我去教室演练,一遍不行就再来一遍,就在一遍又一遍的锻炼中,我没有了刚开始的忐忑。功夫不负有心人,我最终在职业生涯规划大赛中获得了优异的成绩。取得荣誉可能只是参加比赛的结果,更重要的是我在这个过程中信心倍增。这对我今后的生活和学习都有很大帮助。"

石创的迷茫期开始于身边同学都奔赴实习岗位之后,先就业再择业还是先择业再就业成了摆在他面前的难题。他每日去监察审计处处理工作,生活逐渐变成了吃饭—上班—睡觉的简单重复,但就是这段工作经历,让他对自身的发展有了更多的思考。他开始不断思考自己未来的职业规划,捕捉自身的兴趣爱好,修正自身缺点,提升各方面的能力。

最终,石创还是遵从内心选择,求职意愿越来越强烈。他希望从事专业对口的工作,进入教育类或专业相关企业,抑或考取事业编等。但细心的辅导员老师发现,石创虽然对未来有所规划,但缺少面试经验,也因为害怕应聘失败对投递简历较为恐惧。为此辅导员主动与石创谈心,让他认识到在求职过程中遇到挫折实属正常,他需要做的就是从每一次的求职经历中吸取经验,即使面试失败也要积极调整心态,不要陷入自我怀疑之中。

在辅导员的鼓励下,石创完善简历,做好求职准备。老师根据他的求职意向和专业特长,重点推荐适合他的企业,并邀请人事处老师为他培训面试技巧。在充分准备之下,石创顺利通过河南省教育厅的面试,成功入职。

接触教育厅办公室的工作以后,石创对每一项工作都认真对待,经过一段时间的适应,他也清楚感觉到这对自己来说又是全新的挑战。

"办公室的工作比较复杂,类似于一个小型的处理器,接收到外部的信息之后分类别再传达到各个处室。工作内容也比以前更有难度、深度。工作当中需要更加细致和更多的精力。在工作中运转文件的时候也需要更加细心。这让我在工作中积累了丰富的相关经验。"

2023届优秀毕业生代表——石创

工作之初,石创做得最多的工作就是接听全省的热线电话,并且每一通电话都会让他面临各种各样的问题。遇到脾气不好的群众,还会说一些极端的话语,而石创有时会成为他们的情绪发泄口。但即便这样,他面对大家各式各样的要求,总会耐心开导,竭力劝慰。久而久之,热线工作似乎变得得心应手。后来,石创无意接到了一个患有白血病的孩子的电话,石创第一时间在自己能力范围内为他捐赠了一笔钱用于治疗,这也让石创意识到自己在成长路上不知不觉学会了承担更多的社会责任,学会了在帮助他人的同时温暖自己。

而石创入职后,他的辅导员老师一直与他保持联系,时常会与他聊起当前工作状态。"近三年的时间,老师很关心我的生活和工作,我们算是从师生成了朋友。每当工作中遇到困惑时我会主动联系老师与她沟通。从进入洛科开始,老师就为我量身定制了成长方案。我很庆幸来到了洛科,也庆幸遇到了很负责任的老师。今天所有的成功都离不开洛科这个平台和老师的鼓励支持。"

如今的石创对目前的生活和工作都很满意,他也坚信在成为最好自己的路上,永远都会保持向上的心态和积极的生活态度。道阻且长,行则将至。石创知道未来还将遇到更多困难和挑战,但他会一路披荆斩棘,以勇气和信念为支撑,努力实现人生价值,抵达梦想的彼岸。

6. 顾京

顾京,洛阳科技职业学院艺术与设计学院2019级高职表演艺术01班学生,现为固始县申达职业技术学校团委书记、舞蹈教师。

"未来,掌握在自己手中。这个世界,根本就没有不劳而获的事儿。一分努力换不来一分回报,但是,十分努力就会收获十二分的成功。"

高中毕业后,顾京和其他同学一样面临着人生的一次选择。经过一番思考和对比,性格开朗的顾京选择了洛阳科技职业学院表演艺术专业。

随着时代的进步和发展,传播渠道的多样化使得表演艺术变得更加普及和亲民,而洛科"一专多能"型的综艺表演专业很符合顾京对自己未来发展的期待和定位。因此,一踏入学校大门顾京就制定了严格的学习规划和前进目标,并始终坚信自己毕业后一定能够学有所成。

进入大学后,从小就热爱舞蹈的顾京决定苦心钻研自己的舞蹈课程。但凡有舞蹈课,顾京都是第一个到达舞蹈室,从不迟到早退。课堂上的时间很有限,她不仅专注于老师的讲解,而且每节课都会认真练习舞蹈动作。如果觉得自己练习不到位,就会在课后对着镜子一遍遍模仿,有时还会虚心向舞蹈功底更强的同学请教。用她的话来说就是:"正是因为自己的执着以及对舞蹈的热爱,才会不断取得进步。"

进入大学后,顾京一直努力向上,各方面严格要求自己。她在班里担任副班长、文艺委员一职,平时积极配合辅导员老师的工作,带领同学们参加各类文艺活动,丰富大家的课余生活。同时她在班级工作中知道如何提出问题、发现问题、解决问题,而且踏实肯干,勇于迎接挑战。

除了课堂上的学习丝毫没有懈怠,顾京的课余生活也丰富多彩。她积极参加学校社团活动,丰富自己的课余生活,同时还积极参加志愿者活动,给予其他同学力所能及的帮助。

顾京在校期间曾担任学生会主席,她工作积极认真,细心负责,一丝不苟,认真踏实。每个月顾京都会做好学生会及相关学生干部考核工作,整理会议记录,起草学生会的各项规章制度。

在校党委和校团委的联合指导下,顾京带领学生会配合指导老师完成了校内举办的演讲比赛、志愿者服务、敬老院献爱心、清明祭英烈等一系列活动。此外,表现突出的顾京还受邀参加了河南林业职业学院第五次学生代表大会。

顾京说,那段时光令她记忆深刻。她清楚记得别的同学在放学、吃饭、回寝室,她在忙着开会、做表格,别的同学晚上已就寝,她在办公室忙到深夜才回宿舍。虽然很累,但她很满足,因为她做的全是自己喜欢且热爱的事。当然顾京的努力并没有白费,周围同学、老师对她的印象几乎都是"踏实能干的好学生"。

正是因为不服输的性格和较真的那股劲儿推动着顾京不断进步,在校期间她曾连续两年被评为优秀团学干部,多次被评为校级优秀学生干部,并获得舞蹈大赛一等奖、河南省大学生艺术节展演奖等荣誉。

毕业后,凭着扎实的文化基础,自信满满的顾京踏入社会开始了求职之路。在她的努力和坚持下,顾京顺利通过了固始县申达职业技术学校的面试,担任该校学前教育专业的舞蹈老师。

实习期间,顾京凭借着对学生工作的喜爱,主动向学校领导申请成立学生会,并毛遂自荐成为校学生会的指导教师。顾京从多次实践当中总结出管理的经验和办法,通过自己的不断努力,教学质量和学生工作得到领导和学生们的一致认可。

课堂上,顾京除了教授专业知识外,还时刻提醒学生树立正确的人生观和价值观,在掌握专业知识的同时,争做一名优秀的当代中职生。正是因为顾京的谆谆教诲,学生们的表现越来越好,顾京所管理的班级获得了优秀班集体称号,她自己则被学校评为"优秀班主任"。

2019级优秀毕业生代表——顾京

顾京的教学方法和带班能力引起了校领导的注意,学校多次安排她策划活动,负责学生干部管理工作,并派她外出参加团干部培训。学习回来之后,顾京开始着手负责团委工作,工作强度越来越大,她面临的压力也日益增大。但顾京却丝毫不惧,每天早五晚九不敢有一丝懈怠。顾京说:"在其位谋其事,做自己所爱之事,即使再辛苦也是值得的。"

如今的顾京在教师岗位上兢兢业业、勤勤恳恳,对母校洛阳科技职业学院的培养始终谨记在心。顾京用青春追逐梦想,不忘初心,牢记使命。愿所有人都能像她一样坚强勇敢,为实现梦想不懈努力。

7. 于家兴

于家兴，信息与数字工程学院软件技术专业2022届毕业生，专升本考试人工智能专业河南省第一名。

"首先，不管身处怎样的环境，要对自己的每一个决定负责，如果决定做那么就要坚持做下去。其次不要假装努力，过程可以造假，但是结果不会骗人。而且，我希望大家都能做一个自律的人，因为要得到就要学会付出，要付出还要学会坚持。越努力越幸运，相信努力的人一定不会被辜负。尽管路上会偶有坎坷，但是希望学弟学妹们一定不要放弃，广阔的未来一定会奔你而来。"

于家兴骨子里带着一种不甘，因为他总觉得自己可以更好。他比谁都清楚，除了努力，没有其他路可以走。

进入洛科后，于家兴有了更多的自由时间，可以凭自己所好参加各类活动，并且洛科丰富多样的社团文化，使他的能力潜移默化地得到了提高。

在老师以及辅导员的鼓励下，于家兴心态产生了变化。他时常会设想未来的路到底会延伸到哪个方向，毕业后自己的人生将会以何种方式继续。

洛科的育人理念和教学环境逐渐让于家兴找到了久违的自信，在老师和同学们的鼓励下，他不止一次自我暗示：大学是一个全新的环境，要对自己更有信心，从现在开始，你可以重新做自己。

于家兴运用榜样法则，对标那些学习成绩优秀的同学，他还会阅读各种关于学习方法的书不断提升自己的学习能力。

在此过程中于家兴养成了很多好习惯，比如坚持早起，坚持运动，坚持学习打卡，等等。他的思维方式开始发生了一系列的变化，开始思考自己接下来的规划。

虽然对于未来的路他还没有想得特别透彻，但他发现只要自律起来，他可以完成很多以前觉得不可能完成的事情。他也对自己提出了更高的要求,并决定考取本科。

"我深怕自己本非美玉,故而不敢加以刻苦琢磨,却又半信自己是块美玉,故又不肯庸庸碌碌。"于家兴比谁都清楚,下了决心就不能放弃。如果拼下去,可能有遗憾,但不至于后悔,不给自己退路,才能有出路。

备考的过程很紧张,很压抑,也很挣扎,但对于家兴而言,这段经历异常宝贵。专升本重在坚持,细在谋划,贵在心态。坚持自己的选择,再难也要学下去。

于家兴说,只要一个人有毅力,能吃苦,没有什么事情是做不到的。备考过程中生活枯燥乏味,做题也有令他崩溃的时刻,晚上还经常失眠。但他没有想过放弃,因为他知道,人生就像一条起起伏伏的道路,没有什么是一帆风顺的,雨过总能天晴。

"'条条大路通罗马',通往罗马的路不止一条,不要停止于眼前的失败,失败只是暂时的。看不清未来时,就比别人坚持久一点儿。在迷茫中找对方向,并为之奋斗。"

无论别人怎么告诉他不可能,于家兴始终都有一个信念,就是一定要拼尽全力自己去看看。有时候信念是一种定力,使得一个人在狂风暴雨、惊涛骇浪之中不翻船,还能让人摆脱犹豫、纠结以及所有心理情绪的困扰。

回顾以往的经历,于家兴说,他感觉所有的事情都能在过程中找到因果,所有的决定都在做出选择的那一瞬间埋下了伏笔。专升本对于家兴而言只是一个序幕,而人生的剧正是从序幕开始的。不耽于遥远的理想,也不陷于卑微的现实,把握住能把握住的点滴,脚踏实地,于家兴相信,每个人都能遇见更好的自己!

学长寄语:首先,不管身处怎样的环境,要对自己的每一个决定负责,如果决定做那么就要坚持做下去。其次,不要假装努力,过程可以造假,但是结果不会骗人。我希望大家都能做一个自律的人,因为要得到就要学会付出,还要学会坚持。越努力越幸运,相信努力的人一定不会被辜负，希望学弟学妹们一定不要放弃，广阔的未来一定会奔你而来。

8. 李晨星

李晨星，2020年毕业于电子商务学院，现为洛阳引科创业服务有限公司总经理，2022年入选洛阳青年人才宣传片。

2022年，洛阳市人力资源和公共就业服务中心为营造"此身安处是吾乡"的氛围，面向驻洛高校、洛阳欧美同学会等不同群体、不同行业、不同岗位遴选了23名在洛阳就业创业的青年高校优秀毕业生及海外归国优秀人才，洛科毕业生李晨星入选洛阳青年人才宣传片。活动以"我在洛阳挺好的"为主题，从个性化青年人的角度分享他们在洛阳的成长、就业、创业奋斗历程，见证与洛阳城市共同成长，展示他们在青春赛道上平凡但踏实进取的良好状态，通过身边典型带动，吸引更多驻洛高校毕业生留洛发展，进一步彰显洛阳市"青年友好型城市"建设理念。

在洛阳科技职业学院学习期间，李晨星抓住校园O2O平台风口，创业的项目先后获得了中国电子商务"三创"赛国家级比赛金奖、特等奖，中国娃哈哈校园团队营销组金奖，洛阳市玉洛汇计划扶持团队等10余个国家级、省级、市级奖项，他个人荣获河南省优秀毕业生。

2020年，临近毕业之际，他萌生了出去看看的想法，来到上海的一家上市公司上班。

在上海任职期间，他主要负责推动校企合作、产教融合等人力资源项目的落地。这一年，李晨星内心深处的创业梦想愈加清晰，加之洛阳各种就业创业政策及良好的发展环境，促使他决定回洛继续追逐创业梦！

在新的平台，他和他的小伙伴们立志向全国推广洛阳的文化和品牌，为全国大消费类企业品牌提供品牌全案策划落地服务。

"'00后'正在长大，他们正在逐渐变得优秀。"李晨星执着于自己对创业的热情以及对洛阳的热爱眷恋，让其他人更加向往这座魅力之城，也让洛阳人更加热爱这片土地。

学长寄语：为生活而歌，在这个温暖的城，成长为一个有温度的人；为青春去拼，这座希望之城等待你的出现。

2020届优秀毕业生代表——李晨星

学校始终坚持高质量就业，培养出了大批优秀人才，他们在不同的岗位发光发热，为祖国的建设而努力奋斗。下一步学校将继续加强就业创业指导服务，多措并举做好就业服务保障，持续完善"学校领导主抓、部门统筹、学院为主、上下联动、全员参与"的就业工作体系，充分落实各学院就业工作的主体责任，构建和完善就业工作考核评估指标体系。

此外，学校还将充分利用"互联网+就业指导"公益直播课等各类资源，提升就业创业指导课程质量和实效。通过职业规划大赛、简历撰写指导、面试求职培训、一对一咨询等多种形式，为学生提供个性化就业指导和服务。学校还会重点关注脱贫家庭、低保家庭、零就业家庭等的毕业生，建立帮扶工作台账，落实"一人一档""一人一策"帮扶要求。积极引导高校毕业生树立正确的就业观、择业观，找准自身定位，保持平实心态，从实际出发选择职业和岗位。鼓励他们到基层单位、中小微企业等就业，在实践中进一步成长成才。

第八章

五湖四海　双师双能

在学校的发展中,人是最宝贵的资源,是第一生产力。学校高度重视教职工队伍建设,坚持德才兼备,以德为先,顺应新时代职业教育改革新要求,制定职业教育师资素质培养提升计划,开发职业教育师资培养课程体系,开展定制化、个性化培养培训。深入实施高级人才引进、教师学历提升、双师型队伍建设等工程。设置灵活的用人机制,选聘行业企业的能工巧匠、专家名家走进课堂担任兼职教师。加大高学历高职称人才的引进力度。十年来,学校引进五湖四海的各类人才,强化双师双能,打造了一支师德高尚、素质优良、技艺精湛、结构科学、专兼结合的高素质专业化教师队伍,为学校的高质量发展提供了坚强有力的保障。

一、专任教师队伍建设

(一)招贤纳士,引进高层次人才

在专任教师队伍建设方面,学校坚持内培外引,全面提升人才层次、优化人才结构。通过鼓励教师攻读硕士、博士学位,改善师资队伍的学历、学缘结构。根据专业、岗位特点,设计多种形式的教师研修通道,为教师提供各类研修机会,促进教师学习能力提升。教师的继续教育坚持"在职为主、形式多样、加强实践"的原则,以中青年骨干教师为重点,着眼于加强师德教育、更新和拓展知识结构、提高教育教学能力。学校加强与企业、产业的联系,做到专业设置与产业联动,人培方案随企业需求变化,教授课程随岗位要求变化,重点聚焦区域内产业体系构建,追踪行业领域的研究热点,组织建立教师学习小组,共同研读前沿研究成果,关注真实生产任务,了解企业岗位特点,促进教师专业能力提升。近三年来,教师队伍中硕士研究生增加76.84%,中级职称增加436%,副高级职称增加386%,双师型教师增加24.8%。

完善人才激励机制,激发人才内在活力。学校制定《洛阳科技职业学院教职工薪酬管理办法》调动广大教职工工作积极性;制定《洛阳科技职业学院荣誉表彰管理办法》鼓励不同领域的贡献者不断涌现;制定《洛阳科技职业学院教职工福利管理办法》提升教职工体验、增强教职工归属感;制定《洛阳科技职业学院人才推荐奖励办法》提高人才引进工作的效率和质量;制定《洛阳科技职业学院新进教职工导师管理办法》推动学校新进教职工尽快适应学校的工作与生活环境,发挥原有优秀教职工的引领示范作用;制定《洛阳科技职业学院人才公寓补贴办法》吸引中高层次人才。

(二)聚四海英才,迎学校高质量发展

这十年,是洛阳科技职业学院飞速发展的十年,学校涌现出一批

又一批来自五湖四海的优秀教师。近年来,学校抢抓职业教育发展机遇,贯彻落实党中央、国务院关于新时代职业教育双师型教师队伍建设改革的决策部署,理顺双师型教师队伍建设机制,突出党建引领,依托"政-校-行-企协同育人"模式,涌现出了一批又一批的高素质双师型教师,打造了一支育人有道、教学有法、科研有果、专兼结合的高素质双师型教师队伍。

1. 领军人才

韩全力,教授,副校长,河南省高级双师型教师,国家质量工程项目"电气自动化技术专业国家级教学团队"带头人、教育部创新发展行动计划智能制造应用技术协同创新中心主任、国家骨干高职院校重点建设电气自动化专业负责人,河南省首届高层次人才特殊支持中原领军人才。

自2021年加入洛阳科技职业学院,韩全力对教学工作做出突出贡献,带领智能制造与汽车工程学院迈上新的台阶。他提出:教材是课程内容和行动导向,是教学模式实施的载体,教材内容必须能够实现"三教"改革的目的,为实现人才培养目标提供有效支撑。作为应用型大学,我们要让教材实现数字化,以企业真实工作过程或工作场景为案例,采用视频、动画、VR/AR、三维可视化等技术,通过线上线下相结合的方式,让学生真正容易学,喜欢学,让学生爱上课程,爱上教材,让知识更有效用。这有赖于"教材"改革的持续推进。他从宏观政策到微观实际操作层面,全面引领了学校"三教"改革。

2. 创新型人才

金卓,教授,艺术与设计学院院长,洛阳市政协委员,河南省高级双师,泰国马哈沙拉堪大学艺术学博士生导师;河南省教育厅学术技术带头人;在教育行业已有17年时间,从事教育的同时,亦在社会上有多个与设计产业相关的兼职身份。他结合自身在教育行业的工作经历,以推动设计新生力量崛起为己任,在推动设计行业发展的同时也带领教师团队对学生的专业能力进行培养。

他自2021年加入学校以来,多次带领教师团队共同研究社会课题,从"文旅融合""乡村振兴""校企合作"这三个方面进行研究,代表学校主持国家艺术基金项目1项,实现学校国家级课题零的突破,带领教师撰写论文共21篇,出版设计类教材2部、设计类著作1部,获得24项实用新型专利及2项发明专利。他促进了地域性资源与创新项目的整合提升,提升了艺术与设计学院青年教师的科研能力,为学校高质量发展做出了突出贡献。

3. 教学标兵

孙柳亚是电子商务学院的一名专职教师。作为一名老师,孙柳亚深耕教学一线,关心学生,以学生的成长、成才为目标,以研促教,主持并参与河南省社科联、河南省共青团、河南省民办教育协会等科研项目20余项,其中省部级项目1项、厅级项目15项。发表学术论文9篇,其中《让传统文化焕发新时代风采》在郑州市社科联、三门峡市社科联、宝鸡市社科联联合举办的虢文化论坛征文中获三等奖。

孙柳亚以学生为中心,重视理论与实践相结合,以赛促学,以赛促教,2022年获河南省教学技能竞赛一等奖,荣获"教学标兵"称号。除此之外,孙柳亚积极参与各类授课大赛,不断磨炼自己的教学能力,在学校的第二届精彩课堂授课大赛中,取得特等奖的成绩。孙柳亚注重将比赛的实战经验引入课堂,借助比赛中考察的不同技能点,进行更实用的教学设计,提升学生的综合能力。在学生技能大赛中,孙柳亚辅导50余名学生,荣获省级及以上竞赛奖项6项,市校级奖项若干。

二、兼职型教师队伍建设

师资队伍建设是制约高等职业学校发展的"瓶颈"。高校的竞争实际就是师资队伍的竞争,兼职教师队伍是高等学校师资队伍的重要组成部分。随着学校从中职到高职的转型,以及"建'双高',升本科,办高水平职业技术大学"战略目标的提出,学校以专职教师为主体的教师队伍无论从数量上还是从专业的广度上,都已不能满足学校高质量发展的需求。为了适应职业教育发展的新形势,兼职教师队伍迅速扩大,已成为学校师资队伍中不可缺少的力量。兼职教师队伍在学校的发展中发挥着越来越重要的作用。

(一)调优专兼比例,为学生寻觅名师

高质量就业是立校之本,这决定了许多学科不但需要具有理论知识的教师,也需要拥有实际经验的专家。由于专职教师的实践经验往往不够,就必须聘用一批工作于生产第一线的工程技术人员作为兼职教师,讲授实践性和应用性较强的课程以弥补不足。学校面向国内外高等院校、科研单位、企事业单位,聘请专家、学者、知名人士和专业技术人员,作为学院的特聘教授、客座教授、兼职教授、专业带头人、兼职兼课教师、兼职高级技能专家,有效推动了教科研及学科建设的协调发展,对优化教科研人员资源配置,进一步深化人事制度改革,转变用人机制,用好社会人才资源,提高办学效益起到了积极作用。学校同时制定《洛阳科技职业学院兼职教师聘用管理办法》,以提高教育教学质量,优化学校师资结构,建立相对稳定的兼职教师队伍。

(二)用"大国工匠"培养"能工巧匠"

张嘉伟是学校艺术与设计学院的一位兼职老师,被聘为艺术与设计学院的客座教授,是中国首届玉雕艺术家,中国首届玉雕大工匠,也是江苏省非遗项目淮派玉雕技艺代表性传承人。他积极进取,铸魂立志,利用自身资源结合产学研优势为行业发声、为产业献策。在他的开拓下,淮派玉雕艺术研究院持续开展了玉文化进校园、玉文化走出国门、玉器艺术研讨会、玉雕大师作品展、产业人才培训、玉雕艺术家人才培养等活动,为行业发展起到了积极推动作用。经过近几年的

发展,淮派玉雕已经成为中国五大玉雕流派之一,淮派玉雕艺术研究院也成为徐州重要的文化地标之一,由他发起并策划的"玉·见徐州"淮海经济区非物质文化遗产淮派玉雕技艺作品展更成为了淮海经济区文化艺术类现象级的品牌活动之一。

张嘉伟是中国传统玉雕的传承者。他在浩如烟海的史册卷帙中找寻方向,复原了汉代玉器另外一种神秘的雕刻技法——游丝毛雕。而在此之前,这一技法失传已久。众人拾柴火焰高,如今攻读完博士学位的张嘉伟,用自己的励志经历吸引和鼓励更多的人加入玉雕行业。"雕琢复雕琢,片玉万黄金。"张嘉伟的成长,就是淮派玉雕的发展,这个过程就如同雕玉一般,从一块顽石一直精雕细琢,到现在,绽放出它应有的光泽。张嘉伟用自己的一双手,让玉石与这个世界进行交流,让世界记住淮派玉雕的声音。

如今,张嘉伟对玉雕传承事业有了更深层次的思考和理解。来到洛阳科技职业学院后,作为艺术与设计学院专业带头人,责任的厚重、社会的肯定让他更坚定了初心和使命。

张嘉伟作为兼职教师的代表,用行动诠释手工艺大师对玉雕技艺的热爱和执着,彰显新时期大国工匠崇高的人生追求和道德情怀。

三、双师型教师队伍建设

双师型教师是教学改革和专业建设的实施主体。双师型教师最了解学校专业方向、课程结构、课程内容、专业技能等,了解社会生产实际所需的知识、技能和发展趋势。优秀双师型教师能够及时洞察预测行业发展变化,捕捉行业人才供求信息,及早调整专业培养方向以适应国内外两个市场对人才的需求。双师型教师是沟通社会生产实际与教学改革的桥梁,双师型教师能够驾驭先进的教学理念和手段,发挥先进的教学实验实训设施和场地的作用,实行双向互动式兴趣教学,从而提高教学质量。

（一）理实一体，双师型教师队伍不断壮大

结合学校教师队伍现状，学校深刻认识到，教师专业技能的提升在于企业实践，理论的提升在高校。教师的培训不仅要请进来，还得走出去。双师型师资队伍建设的关键是搭建全方位培训平台，阶梯式全面提升每个专任教师的能力。为加强和规范学校教职工培训工作，推动培训工作的常态化、制度化和流程化，建立和完善培训体系，保证培训效果，有效促进教职工整体素质的提高，学校制定了《洛阳科技职业学院双师型教师认定与管理办法》。通过多种措施，学校培养了一支既有专业理论知识，又具备相应专业技能，学术与实践能力并重的双师型教师队伍。

（二）从无到有，培育双师型教师300余人

李爽是智能制造与汽车工程学院的执行院长，也是河南省高级双师型教师。自2021年加入学校后，成功申报河南省职业教育示范性专业、河南省钨钼材料数字化成型工程研究中心，负责专业建设和工程研究中心建设工作，为学校建设了省级增减材制造技术专业教学资源库，建设了省级精品在线课程1项、省级课程思政示范课1项，为学院教学、教改做出了突出贡献。她主持省级及以上项目5项，指导学生在全国大学生金相技能大赛等赛事中获国家级奖项16项（国赛一等奖2项、二等奖4项、三等奖10项），获省级奖项15项，发表论文10篇，获得专利4项。她用理论支撑实践，用心钻研新专业的发展，提出学院新的建设方向，以机械制造及自动化专业群进行学院内涵建设，用电气自动化专业群打造产教融合示范点，用新能源汽车技术专业群打造基于OBE教学的改革示范点，为学生、学院、学校的高质量发展做出了应有的贡献。

李举峰，电子商务学院副院长，河南省课程思政名师、河南省高

级双师型教师。自加入学校以来,从教师到院长,他用扎实的教学能力,带领电子商务学院的教师"以教促改,以赛促教"。在教学方面,他带队获得了2019年河南省教学能力技能大赛省赛一等奖,2021年带队荣获河南省高职教师教学创新大赛二等奖,2022年带队荣获新高教精彩课堂大赛一等奖。他在教学方面屡创佳绩,激发了电子商务学院教师的积极性和创造力,使青年教师更加关注课堂,为探索教学新方法,引进先进的教育技术,开展教育实践研究,推动学校教育改革做出了突出贡献。在学生比赛方面,他"以赛促学",认真钻研,用心指导,在2021年带领学生参加"挑战杯"中国大学生创业计划竞赛荣获河南省银奖,2022年带领学生参加Shopee杯跨境电商比赛荣获华中区一等奖,2022年带领学生参加"互联网+"创新创业大赛荣获省赛二等奖,2022年带领学生参加"挑战杯"中国大学生创业计划竞赛,荣获省赛银奖3项、铜奖1项,2022年带领学生参加电子商务技能大赛荣获省赛二等奖。参加比赛促进了学生的学习和成长,提高了学生的学习动力和创新能力,多方面培养了学生的综合素质和个人能力。

四、思政教师队伍建设

习近平总书记在学校思想政治理论课教师座谈会上指出,"要配齐建强思政课专职教师队伍,建设专职为主、专兼结合、数量充足、素质优良的思政课教师队伍"。这为加强思政课教师队伍建设指明了方向。

(一)为党育人,为国育才

学校于2018年成立了马克思主义学院,承担大学生基础课和马克思主义课程教学任务。2022年学校成立"焦裕禄精神研究院",开始打造"焦桐大道""焦裕禄广场""桐花书屋",形成洛科特色红色校园文化,为学生"沉浸式"思政育人创设了优质的育人环境。

学校组建宣讲团,宣讲马克思主义理论、党的路线方针政策。2022年,为构建特色鲜明的"大思政"体系,拓宽"三全育人"格局,学校成立了"焦裕禄精神研究院",组建了焦裕禄精神宣讲团,形成了特色思政教育平台。2022年11月,学校开展了学习宣传贯彻党的二十大精神,以"学习二十大 启航新征程"为主题的系列培训学习宣讲活动,将党的二十大精神融入教学中,做好思政育人工作。2023年1月,马克思主义学院在新安县委党校、千唐志斋博物馆、新安县全国民主法治示范村刘杨村、隋唐大运河文化博物馆、八路军驻洛阳办事处纪念馆等多地进行"思想政治理论课实践教学基地"挂牌及双向合作交流活动。

认真落实"三会一课"制度,创新党课的教育形式。针对党课教育存在的形式不新、方法不活、效果不佳等问题,学校在党课形式上打破常规,大胆创新,通过支部书记带头上党课、党小组互动上党课,开展专家型党课、利用多媒体上党课等形式,尽可能使党课生动活泼,取得了良好的效果。采取"走出去、请进来"的形式,组织党员积极开展社会实践、外出参观,使"一课"形式更丰富。

(二)优秀模范思政教师

牛飞斐,2014年7月进入洛阳科技职业学院工作。作为一名普通教师,在工作岗位上她始终如一,严谨求实,勤奋刻苦,兢兢业业,较好地完成各项工作任务;作为一名共产党员,她能时时刻刻以优秀党员的标准严格要求自己,在政治理论学习、教育教学、联系群众和遵纪守法等方面都较好地发挥了共产党员的先锋模范作用。牛飞斐老师在2020年12月担任信息与数字工程学院党支部副书记,积极协助党支部书记开展党建工作。2020年11月至2020年12月,该同志积极参与学院省级样板党支部申报工作,并于2021年1月成功获批。2021年3月至今,该同志一直积极为加强推进党史学习教育努力,先后配合党总支策划组织八路军驻洛阳办事处纪念馆红色基地参观践学活动、洛阳博物馆大运河参观践学活动,撰写党史学习活动计划等,支持党支部组织委员发展教师和学生党员,充分发挥了一名基层党员干部的模范带头作用。

作为一名人民教师,牛飞斐清楚地认识到她的主要工作就是教好学生,为国家培养政治素质过硬、技术能力优良的人才,所以她以高度的责任感、使命感和工作热情,积极负责地开展工作。她以认真、严谨的治学态度,勤恳、坚持不懈的精神从事教学工作,认真参加学校的活动,以积极的态度上好每一堂课,在实践中探讨、贯彻新课程教学理念,积极参加学校培训,结合自身所感所思及时将所学应用到教学实践中,有效提高教学理论和实践水平,受到全校师生的一致好评。她勤勤恳恳、任劳任怨、淡泊名利、乐于奉献,用强烈的责任感、使命感、人格魅力和道德风范来影响教育学生,以自己的实际工作精神影响周围的同事,在细微之处彰显一名优秀共产党员干部的模范带头作用。

段天豪,专职思政教师,在遭遇重大灾情时,他挺身而出,组织救援,募捐物资,用实际行动诠释了"最美逆行者"的内涵。他是青年党员教师主动担当的典范。作为一名教师,他不仅教书育人,还以实际行动诠释了奉献精神。2021年"7·20"河南特大暴雨灾害发生时,正在郑州学习的段天豪面对突如其来的特大暴雨,毫不犹豫地投身于抗洪救灾第一线。

他不仅亲自参加救援,还在返回洛阳后,积极联系蓝天救援队整合相关信息提供给相关部门,确保救援行动有序展开。新乡灾情发生后,段天豪与救援队先后募集到240吨救灾物资(含消杀用品及衣物),装载6辆大型卡车和5辆小型卡车连夜运送至新乡灾区,以最快速度将物资发放到灾民手中。此后,段天豪还联系广东惠州南阳商会,紧急募捐到价值三百万的救灾物资,帮助受灾群众解决燃眉之急。

他在防汛救灾志愿服务中取得较大的社会影响,学习强国、河南高教、河南省教育厅、中共洛阳市老城区委宣传部等平台纷纷进行了报道。也正是由于他的影响,学校许多学生都自发参与抢险救灾行动。最终,段天豪获得洛阳科技职业学院"最美逆行者"光荣称号,被广大师生亲切地称为"勇敢哥"。他初心不变,脚步不停,在关键时刻义无反顾冲锋在前,保护人民的生命财产安全,以实际行动诠释了共产党人的初心和使命,彰显了洛科人的责任与担当。

五、育人导师队伍建设

为全面加强党对教育工作的领导,加强学校思想政治工作,推进"学院-书院双院育人"模式教育改革,学校开始探索"洛科书院"体制下的学生管理工作新模式。育人导师即传统意义上的辅导员,是指书院设在公寓内从事培养提升学生核心素养,对学生进行日常管理、就业指导、心理健康以及党团建设等方面工作的中共党员。他们是开展大学生思想政治教育的骨干力量,是洛科学生日常思想政治教育和管理工作的组织者、实施者、指导者。同时,也是学生成长成才的人生导师和健康生活的知心朋友。

(一)从"辅导员"到"育人导师"

学校秉承"以父母之心育人,帮助学生成就梦想"的办学宗旨,坚持把立德树人作为中心环节,把育人导师队伍建设作为教师队伍和管理队伍建设的重要内容,整体规划、统筹安排,不断提高队伍的专业水平和职业能力,保证育人导师工作有条件、干事有平台、待遇有保障、发展有空间。

学校积极选拔优秀育人导师参加国内外交流学习和研修深造,支持育人导师结合大学生思想政治教育的工作实践进行学术研究。学校鼓励育人导师在做好工作的基础上攻读硕士或博士相关专业学位，承担思想政治理论课或书院教育相关课程的教学工作，为育人导师提升专业水平和科研能力提供条件保障。学校积极为育人导师的工作和生活创造便利条件，根据育人导师的工作特点，在岗位津贴、办公条件、通信经费等方面制定相关政策。为了打通育人导师晋升通道，学校制订了《洛阳科技职业学院辅导员专业技术职务任职资格申报评审条件》，辅导员可通过职称评审，认定初级育人导师，评审中级、副高级、高级育人导师。

(二)典型育人导师

麦陆南，先后在洛阳科技职业学院从事育人导师、学生管理工作，经济与管理学院党总支书记、副院长。2020年初，在武汉疫情防控一线，作为学校疫情防控武汉临时党支部书记，他勇担责任，临危不惧，深入贯彻落实上级对疫情防控工作的部署要求，结合学校和实习企业防控工作的实际情况，带领团队和实习学生一起坚决筑牢疫情防线，织密疫情防控网，确保了在武汉实习的746名学生零感染、零疑似、零确诊，为学生健康安全撑起"保护伞"。他们的行为彰显了一名共产党员的责任与担当，并因此先后被授予"出彩河南人"最美教师称号和2020年河南省教育新闻人物。

郭鹏飞，先后在洛阳科技职业学院从事育人导师、学生管理工作。2019年荣获洛阳科技职业学院第二届育人导师素质能力大赛一等奖，2020年荣获河南省第八届高校辅导员素质能力大赛二等奖、"挑战杯"大学生创业计划竞赛省赛铜奖，2020年荣获洛阳科技职业学院"优秀员工""优秀育人导师"，2021年荣获洛阳科技职业学院"优秀党务工作者""最美洛科人"荣誉称号。学生工作是烦琐的，郭鹏飞却能把它当成生活中的乐趣。一方面，他注重学生良好学习风气的培养，号召学生干部们充分发挥模范带头作用，改善全班的学习风气。

另一方面,他及时把握学生的思想动态,真心为学生排忧解难。同时,对特困生、沉迷于网络的学生、成绩较差的学生和有心理障碍的学生等几类学生建档并开展个别跟踪教育。

在近两年的专职辅导员工作中,郭鹏飞最大的体会就是"累得快乐"。所谓"累",就是辅导员这份工作有它的琐碎和辛苦;"得",就是他在开展工作的同时也从学生们那里得到了支持、理解与信任,并在工作实践中迅速提高了个人能力;"快",就是在辅导员工作中逐渐学会了如何高效协调个人生活和工作的关系;"乐",就是参加工作至今,他把每天与不同学生打交道当作最快乐的事。为建立育人导师"学习+沟通+提升"的素质能力提升机制,郭鹏飞组织举办了2020年、2021年育人导师素质能力提升培训班、育人导师沙龙,开展征集育人导师优秀工作案例、论文活动,精心拟定每期主题和交流内容,同频共振、头脑风暴,从自我提升到群体进步,初步建立了较为科学完善的育人导师学习发展体系。在他的带动、感染和帮助下,学校育人导师群体综合素养大幅提升,学生工作水平显著提高。

六、最美洛科人

"最美洛科人"是学校自2020年起,为了寻找榜样人物,营造"心中有目标,身边有榜样"的干事氛围,引导学校广大教职工以赤诚之心、奉献之心、仁爱之心投身职业教育事业而开展的。

2021年"最美洛科人":

陈俞晓、李静雯、张爱丽、苗伟伟、周文文、赵瑞、郭鹏飞、姬兴洲、徐好芹、葛献洲。

2022年"最美洛科人":

丁家铭、邢军锋、朱小雨、李党、张杰、张盟盟、岳留洋、宗紫薇、段天豪、高炳芝。

2023年"最美洛科人"：

鲍丽娜、常翔、李倩、李秀娟、孙柳亚、王嘉豪、王晶晶、王洋利、于单阳、张爱芳。

30位"最美洛科人"，背后有无数的精彩洛科故事，这是洛科榜样的力量。

(一)李静雯——做澄澈热忱的"心灵捕手"

李静雯，电子商务学院中级双师，"以赛促教"带头人，在指导学生参加技能大赛方面成效显著。在学生技能竞赛中，她辅导50余名学生，获得国赛奖项2项，省级奖项7项。她先后指导学生获得河南省高等职业教育技能大赛省级一等奖，第十一届全国大学生电子商务"创新、创意及创业"挑战赛省级一等奖，第七届中国国际"互联网+"大学生创新创业大赛省级二等奖的优异成绩。

"予人星火者，必怀火炬。"这句话在李静雯心中一直有着沉甸甸的分量。自成为洛科教师的那一刻起，李静雯就知道这个平凡的岗位，有着不平凡的意义。

兴趣是最好的老师，怀抱这份热忱，李静雯自加入洛科教师队伍的那一刻起，就明确了自己肩上的责任和教学目标，并始终坚守初心、不倦不息，教书育人精益求精。除了精益求精，投入与激情是李静雯课堂教学的最大亮点。学生们喜欢这位李老师在讲台上挥洒自如的兴奋模样。李静雯自己也说，她的课堂没有特别的技巧，全身心投入是她最大的秘诀。在她看来，学生必须对学业有激情和热情才能学到真正的知识，而作为传授知识的老师，也应充满激情才能把每一堂课讲好。以这样一份激情去感染、引导学生，李静雯的课堂受到了极大欢迎，学生缺课的情况很少。她很享受讲台，"教师"二字对于李静雯来说，不仅仅是职业，更是一份事业。

李静雯像一朵心灵之花，美丽无比、芳香四溢；像一朵智慧之花，为学生们的成长之路指点迷津;像迷雾中的灯塔,点亮了每个学生的梦想;像绵绵春雨,润物无声,永远滋润着学生们的心田。而李静雯也始终坚信:念念不忘,必有回响;心有光芒,必有远方。

(二)张杰——让每一个年轻的梦想熠熠生辉

张杰,经济与管理学院中级双师。作为一名老师,张杰始终谨记教书育人的责任,教学方面,她紧扣学生实际,积极创新教学的方式方法,改变传统授课方式,将蓝墨云班课平台运用到日常教学中,采用线上线下混合的方式多措并举力促学生成长成才。

在授课过程中,张杰始终秉持"最以学生为中心"的理念,因此学生到课率、学生评教均位列同类课程前列。通过多年的课堂实践,她发现线上线下混合教学比较符合高职学生学习的特点。于是便以小组为单位进行项目驱动式教学,这激发了学生的集体荣誉感和参与感。与此同时,张杰善于挖掘学生身上的闪光点,并注重结合学生兴趣来设计知识点,使学生感兴趣、能听懂。

在张杰看来,"专业"是教师教学的基本功,在专业领域,教师应在课堂上将专业知识"讲对""讲活""讲透",既要提纲挈领、有理有据,也要丰富多彩、生动有趣,激发学生自主学习意识,让学生能够触类旁通、举一反三、学以致用。

在日常的学习生活中,张杰就像一位慈爱的长辈,给同学们以无微不至的关心与照顾,帮助学生解决生活中的烦恼。在课余时间,她会给所带班级学生进行一些简单的心理咨询,主动与一些听课状态不好,作业提交不及时的学生沟通谈心,了解他们的生活和对未来的期许,引导他们规划人生,激发他们学习的积极性。对学生负责是张杰从事教育工作秉承的原则,她时常把学生当作自己的朋友、孩子,掌握他们的心理和生活状态慢慢成了她的习惯。

为师者要有大爱,在张杰看来,教书育人就是教师以自身的道德行为和魅力、言传身教,引导学生寻找自己生命的意义、实现人生应有的价值追求、塑造自身完美人格的过程。从事教学工作多年的张杰用自己的实际行动绘出学生未来的蓝图,未有间断,不曾停歇。她感慨,如果时光倒流,她还是会毫不犹豫地选择教书育人,她也会永葆教育初心,让每一个年轻的梦想在她的引导下熠熠生辉。

(三)葛献洲——甘为平凡铺路石,宁做无私奉献人

不断涌现的"最美洛科人"是榜样也是力量,他们中有双师型教师,也有在背后默默服务的工作人员。

葛献洲,基建处水电工,技能高超,爱岗敬业,不怕苦累,在平凡的岗位做出了积极贡献。寒冬,学生宿舍突然断电,给学生们的日常生活造成极大困扰。深夜十二点,葛献洲接到了维修电话,他做的第一件事就是嘱咐学生们不要惊慌,千万要先保证自己安全,不可随意触碰或者私自检查宿舍内的插座和其他带电设置。当晚顶着寒风的葛献洲不到十分钟便出现在维修现场,他先对线路进行检测,找出问题所在,确定断电原因后又忙活了大半个小时,宿舍内的灯重新亮起,学生们欢呼雀跃,而葛献洲却默默收拾好工具包,一个人借着月色回家。

2021年5月24日晚,洛阳突降暴雨,连接两校区的涧桥引桥因雨水过大出现下陷,由于引桥下是2000立方米的污水池,污水外溢将造成重大环保事故。基建处接到通报后,葛献洲立刻动身赶往险情突发处。大雨倾盆,葛献洲冒雨冲进已经被雨水冲刷变形的泵房,当时情况危急,一旦泵房坍塌后果将不堪设想。但葛献洲不顾个人安危,果断打开污水泵。经过半个多小时的紧急抢修,终于成功完成此次污水外溢维修任务,使得污水顺利排放,避免了重大环保事故发生。有学生清楚记得有一天晚上下着大雨,学生宿舍铭恩楼整栋楼停电。葛献洲饭都没顾上吃,冒雨检修线路,采用临时方案,把整栋楼的电路及照明灯都检修个遍,一直忙活到凌晨才回家。第二天一大早,葛献洲本

着负责的态度,又对前一天刚检修好的电路进行复检,更换了新的大空开,原本损坏的线路也在他的努力下彻底恢复正常。

入职洛科以来,葛献洲始终怀着饱满的热情在水电工作一线做贡献。尽管早已业务娴熟,但他依旧以新手员工要求自己,对待工作始终兢兢业业,有事情就冲锋在前,丝毫不懈怠。葛献洲一直以来都怀揣着热情,在平凡的岗位上默默付出,用最负责的态度对待学校烦琐的水电维修工作。

怀揣热情,做好自己热爱的事,用热情服务师生、用热情回报工作是葛献洲最平凡也最伟大的心愿。从他的身上,我们看到了洛科水电工人立足本职、刻苦钻研的风采;从他的身上,我们也读出了洛科员工的风范——在奉献中发热发光。

第九章

人人持证　终身教育

就业是民生之本,技能是就业之源、立业之本、强国之基。习近平总书记高度重视技能人才工作,多次作出重要指示批示,明确提出要大规模开展职业技能培训,加快培养大批高素质劳动者和技术技能人才,加快构建现代职业教育体系,培养更多高素质技术技能人才、能工巧匠、大国工匠。《中华人民共和国国民经济和社会发展第十四个五年规划和2035年远景目标纲要》强调,加强创新型、应用型、技能型人才培养,实施知识更新工程、技能提升行动,壮大高水平工程师和高技能人才队伍。2021年4月,全国职业教育大会创造性提出了建设"技能型社会"的理念和战略,制定了"国家重视技能,社会崇尚技能,人人学习技能,人人拥有技能"的技能型社会目标。

2021年12月,河南省委办公厅、省政府办公厅印发《高质量推进"人人持证、技能河南"建设工作方案》,进一步明确要全力建设知识型技能型创新型劳动者大军,为现代化河南建设提供技能人才支撑。方案要求2025年河南省持证人员总量达到3000万人,基本建成全国技能人才高地,2035年从业人员基本"人人持证",实现"技能河南"。洛阳科技职业学院根据国家及省市政策要求,深入研究区域产业体系转型升级,实施统筹职业教育、高等教育、继续教育协同创新战略,一方面响应国家推动全民终身学习的号召,加强继续教育改革创新,支持在校学生和退役军人等社会人员提升学历;另一方面贯彻落实《高质量推进"人人持证、技能河南"建设工作方案》和《洛阳市高质量推进"人人持证、技能洛阳"建设工作实施方案》,充分发挥技能培训主阵地作用,按照"社会急需、适合成人、易于就业"的原则,针对下岗失业人员、农民工、新型职业农民等群体强化技能培训,开启了"终身教育"和"人人持证"融合新思路。

一、继续教育

(一)学历提升

"你想遇见更好的人,就要努力把自己变成更好的人。因为只有站在那个高度,才有接触的可能。你唯有上升到一个不一样的平台,才能拥有不一样的视野。"这是武汉科技大学研究生王莘的切身感受。

王莘是学校2020届毕业生。入校不久他就发现很多同学都制订了周密的学习计划,早起晚睡全身心扑在了学习上。被浓郁的学习气氛感染,王莘逐渐明白,一个人的学历,在很多情况下,代表着个人的能力和水平。洛科倡导学生积极提升自己,也鼓励他们抓住机会,利用多种渠道进行深造。学校为有志于提升学历的学生提供了第一手的资讯,激励他们努力学习,放手一搏。准备专升本考试期间,王莘与几位同学结伴,互相鼓励,一起学习,风雨无阻。学校教室、学生服务中心,随处都是他们备考的自习室。艰苦拼搏终有回报,他如愿获得了本科录取通知书。随后,他愈战愈勇,两年后被录取为武汉科技大学研究生。"曾经我连进入本科院校都不敢想,现在能走到研究生这一步,确实没想过。更重要的是,曾经遇到难题,我会退缩,会认为'我不行',现在,我可以从容地说'我试试'。"在给洛科学弟学妹介绍经验时候,王荦说道。不是所有人在一无所有后,都有从头再来的勇气,也许更多的人,是一蹶不振。而愈战愈勇,结局就会大不同。信心的重塑,是王荦这一路走来积累的宝贵财富。

在"最以学生为中心"的洛科,学校包容支持着每个学子的梦想,致力于让每位学生都能在这里绽放属于自己的光彩。继续教育学院的教师们都具有丰富的专升本指导经验,他们带领学生们高效备考,少走弯路。学校结合学生的知识水平和实际需求,将专升本考试的科目知识嵌入课程内容,在日常教学中加深学生对专升本考试内容的理解。为了激发专升本学子的拼搏精神,增强迎战专升本考试的信心,每年年底"专升本冲刺誓师大会"上,刘丽彬校长都会表达对同学们的殷切期望与关怀,叮嘱同学们要珍惜在校的宝贵时光,用最大的努力去争取最好的成绩。同时还指出:一是摆好心态、全心备考;二是学会坚持、树立信心;三是珍惜专升本机会;四是制订计划、讲究方法,提高效率;五是调节好生活作息,注意劳逸结合;六是教职工做好服务工作。升本路上送祝福,你我共筑青春梦。专升本考试前夕,学校举办专升本考前动员会。同学们围坐在教室里相互激励,有良师益友、有鲜花气球、更有鼓励与祝愿。老师们为同学们准备了鲜花、贺卡,学生都会收到一束向日葵,寓意大家可以一举夺魁!

近几年随着专升本报名人数的增加,专升本录报比逐年降低,竞争越来越激烈。为了高质量发展继续教育,学校持续优化教师队伍结构,探索高层次、高水平教师培养路径,建设双师型队伍。采取线上线下混合式教学,与校企合作单位共建的互联网教育平台——青书学堂网络学习平台,具备对外信息发布、招生宣传管理、教学教务管理、考试管理、校外教学点管理等功能,可提供学习资源、学习支持、互动交流、学习过程跟踪、学习评价等服务。教师可利用在线学习平台,对学生进行答疑、作业布置、批改、辅导等,随时查看学生学习记录和各种统计报表,及时掌握学生学习情况。同时建立健全学生管理机制,通过电话、邮箱、在线咨询、微信公众号留言等多样化的手段开展导学、促学、督学等服务。

优质的教学及服务水平结出累累硕果,2019—2022年,学校参加专升本考试学生共计2726人,其中专升本上线1402人,千余名专升本学生分别被河南科技大学、河南理工大学、河南牧业经济学院、河南师范大学、华北水利水电大学、黄河交通学院、黄河科技学院、洛阳理工学院、南阳理工学院、南阳师范学院、平顶山学院、商丘工学院等45所本科院校录取,录取率在河南省同类院校中名列前茅。

(二)高职扩招

高职扩招是党中央、国务院统筹产业结构、人才结构、教育结构作出的重大决策部署,是积极应对复杂严峻经济形势、缓解就业压力、解决技能人才短缺的战略举措,对实现教育强国、人才强国、制造强国、质量强国具有重要意义。

2019年,为贯彻落实党中央、国务院在全国两会上提出高职扩招百万的重大决策部署,根据《河南省教育厅等六部门关于做好高等职业院校扩招工作的实施意见》要求,学校迅速领会文件精神,响应政策要求,积极承担社会责任,扎实推进工作,保质保量完成高职扩招任务,并严格按照教育主管部门要求进行教育教学管理和培养。

高职扩招中的退役军人,在人生最美好的年纪选择了弃笔从戎、守卫家国,国家也对此群体的学历再提升从学费资助上做了较大力度的扶持,鼓励退役士兵回到地方积极进行学历再提升,增强他们退役后就业的竞争力和上升空间。学校积极进行政策宣传,主动联系当地退役军人事务局进行政策对接、招生宣传,使更多的退役军人享受到国家的优惠政策。

根据生源群体文化水平不一等因素带来的教育教学挑战,学校因材施教,主动分类管理,分类编制、修订人才培养方案,提高人才培养的针对性、适应性和实效性。学校结合扩招人员实际需求,编制有针对性的专业人才培养方案,按照"标准不降、模式多元、学制灵活"的原则,做好教育管理工作。对退役军人、下岗失业人员、农民工和新型职业农民等高职扩招群体采用单独编班、分类教学、分类管理。学生可以根据自身需要,选择全日制或者工学交替、弹性学制和弹性学期制,也可以利用周末、节假日、寒暑假等时间进行集中学习。对学生的学习结果考核标准严格参照学校全日制高职相同专业实施的课程标准,真正让学员在学历提升过程中学有所获、学有所成、学有所用。

针对扩招群体学员特性,学校在原有针对毕业生就业指导的基础上加大了就业指导和大学生职业生涯规划的指导,并采用了承包就业的导师模式,由专门的育人导师、就业导师对接,帮助学员高品质就业。在就业指导教育方面,学校开展有"就业指导""创新创业""大学生职业生涯规划"三门课程,覆盖全体学生,指导学生就业创业。

高职扩招专项工作开展以来,学校从招生考试、教育教学、人才培养、就业指导、办学条件等各方面取得了优异成绩,得到了高职扩招学生和家长的一致好评,赢得了良好的社会声誉。

二、社会服务

(一)证书考培

2019年《国家职业教育改革实施方案》出台,要求完善国家职业教育制度体系;构建职业教育国家标准,启动1+X证书制度试点工作;鼓励学校积极参与实施1+X证书制度试点,将职业技能等级标准有关内容及要求有机融入专业课程教学,优化专业人才培养方案,同步参与职业教育国家"学分银行"试点,建立有关工作机制。学校积极实施方案要求,提升层次,规模发展,出台证书学分认定与转换管理办法试行方案,结合各学院人才培养方案明确置换的课程和学分,以证代考,课证融通,并深入贯彻"人人持证、技能河南"方案,根据社会需求,分批次组织学生进行职业资格证考试工作。校内自主认定证书共5个批次,涉及职业(工种)主要有电子商务师、企业人力资源管理师、保育师等19个。学校培训取证主要工种为电子商务师、企业人力资源管理师、保育师、汽车维修工、计算机维修工、车工、电工、城市轨道交通站务员等131个。

经过多年探索,学校聚焦社会需求,优化学校优势资源,精心设计培训方案,打造专业培训团队,细化过程管理,着力培训落地生根,打造了"学生满意、能力提升、特色鲜明"的证书考培模式。

(二)技能鉴定

以服务区域社会经济发展和产业体系转型升级为目标,学校近年来积极开展各项技能鉴定工作,成效斐然。经过精心筹备和申报,2021年6月,学校成为洛阳市首批社会培训评价组织,目前开展评价的领域有22个职业、38个工种,基本涵盖了校内外师生所需的技能等级认定项目。

为进一步贯彻落实省委、省政府关于高质量推进"人人持证、技能河南"建设工作指示精神和洛阳市委、市政府高质量推进"人人持证、技能河南"建设部署要求,2023年3月,洛阳市人力资源和公共就业服务中心在学校设立"洛阳市人力资源和公共就业服务中心-洛阳科技职业学院技能实训基地"。基地重点开展技能培训项目、拓宽继续教育渠道、更新人员知识结构、服务区域社会、促进区域经济发展、共同培养高技能人才等工作,在促进"人人持证、技能河南"建设方面发挥了重要作用。

为保障技能鉴定工作顺利进行,学校制定《技能等级认定工作实施方法》,根据职业工种,与各类技工院校、高职院校、合作企业开展合作,联合开发试题库,实行资源共享。学校对照国家职业标准,调整制定各专业的具体培养目标、教学计划、教学大纲、课程设置,并严格按照校内自主评价组织及专项职业能力考核细则,整合学校和社会教育资源,加大培训认定力度,以满足校内外不同专业、不同群体的人才培训、认定、考核需求,同时为社会提供技能认定服务。

作为首批社会培训评价组织中的高职院校,学校充分发挥综合性高职院校的资源优势,构建"标准化、专业化、实体化"社会培训评价组织。近几年洛阳市高素质技术技能人才评价认定由洛科完成的超过三分之一,成果在全省名列前茅。2022年6月,河南省"人人持证、技能河南"建设工作暨职业院校教师培训工作推进会议上,学校优秀的技能人才评定成果获得省教育厅大力表彰。未来学校将持续发挥专业优势,积极响应国家政策,依据国家职业技能标准,充分发挥社会服务能力,面向社会人员按照市场化、社会化、专业化原则,不断提高评价水平,确保评价质量,全力开展形式灵活、层次多样、示范性强的技能等级试点认定评价工作,助推本区域高素质技术技能人才培养的高质量发展。

(三)乡村振兴

高素质农民队伍,是推动乡村振兴的主力军,其作用发挥好坏直接影响乡村振兴成果。扎实做好高素质农民技能培训和持证工作,是巩固拓展脱贫攻坚成果、有效衔接乡村振兴的迫切需要,是学校落实"人人持证、技能河南"建设、助力乡村振兴的重要任务。近几年,学校持续走访各县区人社局及各乡镇单位,组织包括高素质农民在内的各类乡镇人员进行培训及认定工作,年培训数量达近万人次。同时,联合各县区人社局就业培训中心连续开展职业技能提升培训,获得参训学员的高度评价。

授人以渔。为助力实体经济高质量发展,助力乡村振兴,激发企业内生动力,学校组建新业态讲师团,先后走进各个乡镇,开展"送技能、助力乡村振兴"及"送技能、进企业"等系列活动。"送技能、助力乡村振兴"活动中,各乡镇相关部门及驻村支部书记、村干部等学员积极参加技能培训。讲师团骨干讲师将课堂开在田间地头,采用"理论+实操"的教学方式,帮助参训学员了解电子商务新业态,熟练掌握账号运营、短视频拍摄及剪辑、直播带货等操作技能。"送技能、进企业"活动中,学校讲师团以线上线下相结合的方式,围绕电商创业、视频打造、直播带货等内容,为乡镇企业参训人员详细讲解了直播电商平台解析、账号内容输出、视频拍剪、账号运营、直播人气提升等内容,并现场指导学员上传产品信息链接,教授学员独立开展直播带货技能。为了进一步增强培训效果,学校还多次开展新业态技能培训班,培训全程在抖音上直播进行,来自全市的乡镇干部、企事业单位人员、个体工商户和新型农民等各类学员在线上参与培训,极大提升了参训人员的新业态新媒体技能运用水平。

拓宽致富路。党的二十大报告指出:"发展乡村特色产业,拓宽农民增收致富渠道。"学校充分发挥高职职教优势,助力区域乡镇特色产业发展,以实际行动落实乡村振兴战略。"以前农民生产的农产品不好卖,收入低。现在洛阳科技职业学院通过送技能下乡,帮助农民们依托电子商务平台,将自家的农产品卖得更好。"定点扶贫乡镇的干部多次发出这样衷心的感慨。洛阳市伊川县葛寨镇陡沟村是学校的定点帮扶村,艺术与设计学院教师团队承接了为陡沟村农产品打造一整套产品包装设计,拓宽农产品销售渠道的任务。村里农产品箱体上的精美包装设计,出自洛阳科技职业学院的师生之手。"通过前期的深入调研,我们发现陡沟村的粉条主打'手工制作'的特色,基于此,我们的产品设计就要突出天然与质朴的乡村之感。"设计团队根据产品特色,设计出简洁大方又符合富硒红薯手工粉条销售理念的包装,塑造和传播了老牌农产品的品牌文化,极大提升了市场声誉,同时有效打开了农产品的销路,提高了农民的经济收入。

助力脱贫。近年来,学校不断发挥职业教育优势,助力精准脱贫。在洛阳市委的统一领导下,学校先后承担完成新安县磁涧镇江沟村和伊川县葛寨镇陡沟村的扶贫任务。一方面以购代捐、以买代帮,切实做好"消费帮扶"工作,巩固脱贫成果。学校积极对接河南驻马店确山县,采购数十万元农产品为全校教职工发放节日福利,"消费帮扶,爱心助农"。另一方面积极开展区域电子商务精准扶贫,服务当地社区。电子商务实训平台承担政府乡村振兴的相关业务,先后建立了新安特色馆、宜阳特色馆、兰考特色馆和山东龙口特色馆,以实际行动助力乡村振兴。

"人人持证、技能社会"是国家实施创新驱动、科教兴国、人才强国战略的重大举措。展望未来,洛阳科技职业学院将继续立足区域,响应国家"人人持证、技能社会"建设安排,快速推进职业教育教学改革,加快推动人才链、教育链、产业链、创新链深度融合,创新职业教育人才培养模式改革,实现职业教育高质量发展。凝聚磅礴力量,加快实现人口数量红利向素质红利转变,以高素质技术技能人才培养助力区域产业体系转型升级和乡村振兴战略实施。

后 记

《览十载春华秋实 谱职教改革新篇——洛科这十年高质量发展记》马上就要付梓了,有一些话很想与读者分享。

《览十载春华秋实 谱职教改革新篇——洛科这十年高质量发展记》的编写过程是十分令人难忘的,跌宕起伏,层层推进,最后比较圆满地完成了任务。刘丽彬校长奉调洛阳科技职业学院后,高度重视校史编写工作,把校史编写工作列为学校重点工作,并成立工作专班,把校史、档案工作一体化考虑。工作过程中,我们遇到了许多意想不到的情况:一是历年来留存下来的资料比较少;二是人员变动大,真正了解学校情况,且能撰写校史的人员少之又少;三是校史馆的场所及规划有所变动。

在本书定名为《览十载春华秋实 谱职教改革新篇——洛科这十年高质量发展记》之前,原打算编写洛科校史,大纲出了几稿,有关资料亦在收集,但从梳理的情况看,难以支撑完整的校史书写。关键时刻,刘丽彬校长审时度势,决定把重点集中在洛科升格为大专这十年上,因而我们调整写作方向,把书名暂定为《洛科十年》,并转变思路,重新调整编写大纲。在向西南大学出版社报送选题的论证会上,西南大学出版社党委书记杨毅提出了书名调整意见,他认为既然要突出学校专科办学这十年,不如提得更鲜明些,就叫《洛科这十年》。斟酌后,大家认为改得好,赞同了杨书记的观点,此书就名曰《洛科这十年》。在随后的工作中,我们打造了洛科的精神图腾——洛科鼎,隆重召开了河洛文化传承与大学校园文化建设研讨会,在2023年10月15日隆重举行了大专办学十周年高质量发展大会等。会后在进一步审阅书稿的过程中,感觉《洛科这十年》这个名字好是好,但点题还不是太突出,有些工作还没能反映出来,有些抽象等。在这种情况下,大家经过讨论,感觉用校长在大专办学十周年高质量发展大会上讲话的题目"览十载春华秋实 谱职教改革新篇"可能更合适。因而,我们就再次对书名进行了微调,改为《览十载春华秋实 谱职教改革新篇——洛科这十年高质量发展记》。这大概就是书名的一些小小的变化,也算是编写花絮吧,感谢西南大学出版社的杨书记。

书名最终定下来以后,我们结合书名再次对编写大纲进行了认真推敲,根据国家职业教育白皮书的要求,结合学校十年高质量发展实际,把所要表达的问题设置为九个方面:洛科十年,厚积薄发;党建引领,思政铸魂;青年友好,文化育人;学院书院,双院育人;政校行企,协同育人;专业建设,适配需求;就业导向,人才辈出;五湖四海,双师双能;人人持证,终身教育。编写方面定的基调是,不求大而全,而要突出特色与故事性;不搞"三国志",而是利用现有的材料,写成"三国演义";弥补资料上的匮乏,力争写出有趣生动耐人寻味的东西。

编写的过程应该说是比较艰难的,主要是资料比较缺乏,编写人员因工作原因变化比较大,好在参与编写的同志们积极性比较高,能分工协作,群策群力,克服了编写过程中遇到的种种问题。在此对参与编写的各位同人表示衷心的感谢,对积极提供材料的相关部门表示衷心的感谢!更对在编写比较迷惘时领导的高屋建瓴的指导与大力支持表示感谢!本书是集体智慧的结晶,凝聚了团队的力量!

过去的十年,是洛阳科技职业学院高质量发展的十年,也是职业教育发展历程中具有里程碑意义的十年。这十年,国家出台了一系列促进职业教育发展的利好政策;这十年,洛阳科技职业学院努力把习近平总书记对职业教育"大有可为"的殷切期待转化为洛科人"大有作为"的生动实践。

后记

2022年10月16日,党的二十大胜利召开,习近平总书记在大会报告中强调要"统筹职业教育、高等教育、继续教育协同创新,推进职普融通、产教融合、科教融汇,优化职业教育类型定位",首次以马克思主义系统观、整体观阐发"三教"协同和"三融"发展思想;要求"加快建设国家战略人才力量",首次在党中央的报告中明确将"大国工匠"和"高技能人才"纳入国家战略人才行列。这为我们高职教育指明了方向,更坚定了我们办好高质量高职教育的信心。

习近平总书记关于职业教育的新论述为职业教育的创新发展提供了根本遵循,体现出党中央对职业教育推进中国式现代化寄予的新期待,服务科教兴国战略、人才强国战略、创新驱动发展战略、就业优先战略成为职业教育的重要使命。健全服务全民终身学习的现代职业教育体系,提升职业教育与普通教育、产业与科技协同创新和融合发展的能力,将成为未来推动职业教育高质量发展的重中之重。

逐光向上,共赴新程。洛阳科技职业学院将迈入下一个十年,即将迎来新的发展和机遇。我们将更加紧密地团结在以习近平同志为核心的党中央周围,全面贯彻习近平新时代中国特色社会主义思想,踔厉奋发、勇毅前行,为党育人、为国育才,在成为扎根中原大地的高水平职业技术大学的征程上,为实现中华民族伟大复兴的中国梦贡献洛科人的磅礴力量。

2023年11月16日